종이가
만든
길

Sur la route
du papier

종이가 만든 길

Sur la route
du papier

에릭 오르세나 지음

강현주 옮김

종이가
만든
길

Sur la route
du papier

지은이 에릭 오르세나
옮긴이 강현주

초판 1쇄 발행 2014년 4월 15일

발행처 도서출판 작은씨앗
공급처 도서출판 보보스
발행인 김경용
본문디자인 성미화

등록번호 제300-2004-187호 등록일자 2003년 6월 24일

주소 서울시 서초구 바우뫼로 7길 64-25 1층
전화 (02)333-3773 팩스 (02)735-3779
이메일 ky5275@hanmail.net

ISBN 978-89-6423-168-5 03900

이 도서의 국립중앙도서관 출판시도서목록(CIP)은 서지정보유통지원시스템 홈페이지
(http://seoji.nl.go.kr)와 국가자료공동목록시스템(http://www.nl.go.kr/kolisnet)에서
이용하실 수 있습니다.(CIP제어번호: CIP2014009677)

사람들이 종이가 위기에 처해 있다고 말하는 지금,
길을 떠나야 한다. 종이의 길을. 소중한 종이여!
고귀한 마법의 식물성 섬유 덩어리여!

– 에릭 오르세나

평면구형도

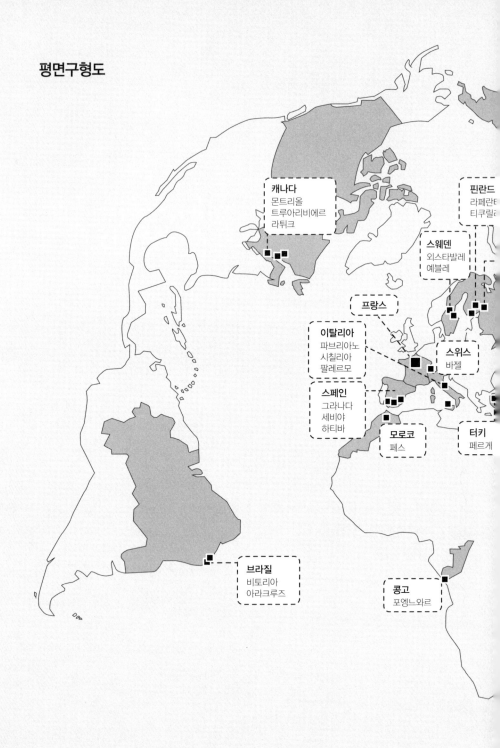

캐나다
몬트리올
트루아리비에르
라튀크

핀란드
라페란타
티쿠릴라

스웨덴
외스타발레
예블레

프랑스

이탈리아
파브리아노
시칠리아
팔레르모

스위스
바젤

스페인
그라나다
세비야
하티바

모로코
페스

터키
페르게

브라질
비토리아
아라크루즈

콩고
포엥느와르

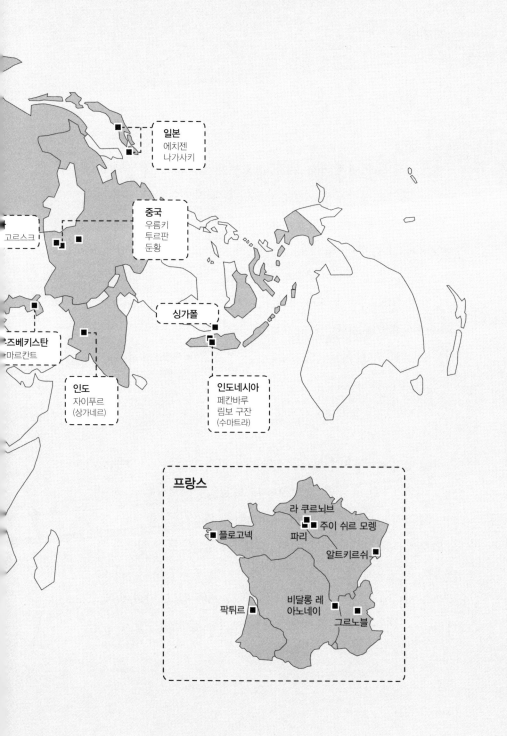

어느 날 문득 종이에 대해 고마움을 표현한 적이 없었다는 사실을 깨달았다. 나의 독서가 종이 덕분인데 말이다. 읽지 않는다면, 읽지 않았더라면 나는 어떤 사람이 되었을까? 지난 60여 년간 매일 아침 지우개의 도움을 받아가며 이야기를 써내려갔던 곳은 모두 종이다. 이야기를 쓸 수 없었다면 내 인생은 어떻게 되었을까?

늦진 않았다. 종이에 대해 경의를 표해야 할 시간이 되었다. 사람들이 종이가 위기에 처해 있다고 말하는 지금, 길을 떠나야 한다. 종이의 길을. 소중한 종이여! 고귀한 마법의 식물성 섬유 덩어리여!

* * *

나의 멋진 여행을 기원한다는 듯 어린 시절의 추억 하나가 떠올랐다. 어느 해인가 7월 초 우리 가족이 두 달 일정으로 브르타뉴^{Bretagne} 지방을 여행하려고 할 때였다. 사랑하는 브레아 섬^{ile de Bréhat}을 다시 볼 수 있으리라는 생각에 가슴이 설렜다. 좋아하는 책들을 몽땅 집에 두고 가야 한다는 생각에 한풀 꺾였지만. 그래서 나는 속임수를 쓰고자 했다. 방수복 사이에 『삼총사^{Les Trois Mousquetaires}』를 끼워 넣고, 장화 속에 『생 에티엔^{Saint-Étienne}의 무기와 자전거』 카탈로그를 집어넣고, 딸기와 사과 혹은 자두와 사과 혹은 복숭아와 사과로 만든 잼을 가득 넣은 5킬로그램짜리 상자 속에 『집 없는 아이Sans Famille』[1]나 『친절한 작은 악마Bon petit diable』[2]를 감추어두는 식으로 말이다. 그러면 아버지는 어떻게든 이 무단탑승자들을 찾아내어 내 방으로 다시 돌려보내곤 했다.

"도대체 무슨 생각을 하는 거냐? 창밖을 한번 내다보거라. 내 차는 화물차가 아니라 프레가트Frégate 혹은 샹보르Chambord[3]일 뿐이라고."

그러면 늘 그랬듯이 어머니가 나를 위로해주고 아버지에게 무안을 주려는 듯 소리를 질렀다. 어머니는 아버지가 역사적 지식이 아무런 가치가 없다고 생각하는 것으로 확신했다.

"그러게 말이에요. 에릭은 자신이 페르시아 재상인 줄 안다니까요!"

나는 놀라는 척했다.

"어떤 재상 말인가요, 엄마?"

"압둘 카셈 이스마엘Abdul Kassem Ismail"

그 당시에는 인터넷이 존재하지 않았기 때문에 나는 어머니와 개인적인 친분이라도 있을지도 모른다고 생각했던 이 대재상에 대해 더 이상의 정보를 알아내지 못했다. 압둘 카셈 이스마엘은 11만 7,000권에 달하는 자신의 책들에 대해 품고 있던 뜨거운 열정으로 유명하다. 단 하루라도 이 많은 책들과 떨어져 내릴 수 없다고 생각했던 압둘 카셈 이스마엘은 어디론가 여행을 갈 때마다 이 책들을 모두 가지고 다녔

---

1 프랑스의 작가인 H. 말로의 아동문학 작품
2 프랑스의 작가인 세귀르 부인의 작품
3 첫번째 것은 르노(Renault) 상표이고 두 번째 것은 Simca 상표인데, 출시된 그 시대의 자동차들 중 가장 평범한 자동차로 인식된다.

다. 그리고 그렇게 하기 위해 그는 매번 400마리의 낙타들을 동원해야 했다.

하지만 놀라운 사실은 그뿐만이 아니다. 군주나 대통령이 자신이 좋아하는 궁신들이나 물건들로 하여금 긴 행렬을 이루며 자신을 따르게 한 예는 무수히 많다. 압둘 카셈 이스마엘은 책뿐만 아니라 순서 역시 중요하게 생각했다. 따라서 400마리의 낙타들은 자신이 짊어지고 있는 책들의 알파벳 순서에 따라 줄을 지어서 길을 가야만 했다.

늘 그랬던 것처럼, 어머니는 이 기회 역시 놓치지 않고 작은 삶의 교훈을 주려고 했다. 갑자기 어머니는 영혼이 울릴 정도로 깊은 한숨을 푹 내쉬었다.

"네 방이 정신없이 어질러져 있을 때마다 엄마는 네가 결코 재상은 되지 못하겠구나, 하고 생각하게 된단다."

속으로 나는 어머니가 당연히 틀렸다고 생각했다. 그리고 우리 가족이 긴 여행을 하는 내내 나는 우리를 서쪽으로 데려가고 있는 이 RN12에서 벗어나서 사막과 오아시스, 그리고 17만 7,000권의 책이 꽂혀 있을 내 미래의 이동식 서재를 꿈꾸었다. 내 첫번째 낙타^{AA부터 AC까지의 책}들가 생 일레르 뒤 아르쿠에^{Saint Hilaire-du-Harcouët}에 도착할 때쯤이면 Z로 시작하는 책들을 실은 400번째 낙타는 어디쯤 가고 있을까?

차 례

제1부 과거의 종이

제2부 현재의 종이

제1부

과거의
종이

Papiers passés

브르타뉴 한복판의
중국인 거주지

플로고넥Plogonnec | 프랑스

학창 시절에 나는 인류가 중국의 4대 발명품인 화약, 나침반, 인쇄술, 종이에 대해 빚지고 있다고 배운 기억이 있다. 그렇기 때문에 나의 여정은 중국에서 시작되어야 한다. 하지만 중국은 너무도 광활하다. 나는 그곳을 아주 잘 알고 있다. 역설적인 주장이기는 하지만 고대 아시아에 대해 가장 해박한 사람들은 서양에 살고 있다고 한다. 어쩌면 프랑스 국립극동연구소École francaise d'Extrême-Orient를 오랫동안 이끌고 있는 사람들을 가리키는 것인지도 모르겠다. 그래서 어느 10월의 비오는 날 아침에 나는 캥페르Quimper와 두아르네네즈Douarnenez, 피니스테르 쉬드Finistère Sud 사이에 은밀하게 위치한 작은 마을, 플로고넥의 교회 뒤에 있었다. 프레스킬Presqu'île 거리에 있는 낡은 공증 사무소에서 까만 고양이와 장 피에르 드레즈Jean-Pierre Drège 씨가 나를 기다리고 있었다. 나는 드레즈 씨가 나에 대해 아무런 기대도 하지 않기를 바랐다. 첫눈에 나는 그가 박식하고 내가 무식하다는 사실을 알게 되었다. 겉으로 보기에 몇 가지 닮은 점이 있기는 했지만 말이다.

우리 둘 다 중간 정도의 키에 안경을 끼고 있었고, 머리 크기가 비슷했고, 탈모 정도도 거의 차이가 없었다. 시간을 더 지체하지 않고 고양이와 그 주인은 나에게 가르침을 주기 시작했다. 오랫동안 사람들이 믿어왔던 것과는 달리, 당시 궁중의 환관이었으며 서기 121년에 사망한 채륜蔡倫[4]이 종이의 발명가는 아니다. 고고학자들은 무덤이나 망루 등에서 그보다 훨씬 더 오래된 종이들을 발견했다. 그중 몇몇은 기원전 2세기의 것으로 추정되기도 한다. 날짜가 말해주는 진실 때문에 영광을 빼앗긴 불쌍한 채륜!

"오늘날 우리가 쓰고 있는 종이의 모태는 어떤 재료들로 만들어졌습니까?"

"주로 대마를 잘게 빻아서 만든 식물성 섬유로 만들었습니다. 아마, 대나무, 뽕나무 껍질을 사용하기도 했죠."

장 피에르 드레즈는 미소를 지었다.

"어떤 사람들은 낡은 옷가지나 썩은 고기잡이 그물로 만들었다고 말하기도 합니다. 하지만 저는 당신에게 그런 것들에 대해 말하고 싶지는 않군요. 늘 상상력은 경계해야 하는 법이니까요."

까만 고양이는 타고난 습성대로 주위를 어슬렁거렸다. 간간이 귀를

---

4 중국 후한 중기의 환관. 나무껍질, 베옷, 고기잡이 그물 등을 분쇄하여 만든 '채후지'라는 종이를 발명하여 기존의 제지법을 한층 발달시켰다.

쫑긋거리기도 했다. 마치 교사의 수업을 통제하는 감독관처럼 보이기도 했다.

"중국의 어느 지역에서 최초로 종이를 만든 것으로 알려져 있습니까?"

"제국 여기저기에 흩어져 있습니다. 만약 이 발명품들이 모두 북부지역, 즉 타클라마칸 사막이나 고비 사막 근처의 비단길을 따라 집중되어 있다면, 그것은 그곳 기후가 건조하기 때문일 것입니다. 종이는 겉으로 약해 보입니다. 하지만 종이는 그 무엇에도 잘 견딥니다. 단 한 가지 취약점만 빼고 말입니다. 그것은 바로 습기입니다."

어려서부터 나는 언젠가 이 유명한 길을 따라 가보고 싶다는 꿈을 꾸었다. 종이가 나에게 이런 선물을 주게 되는 것인가? 장 피에르 드레즈는 강의를 계속 이어갔다.

"'비단'을 뜻하는 한자인 絲^{피닌식 발음 기호로 '시'}는 두 개의 요소, 비단 실을 뜻하는 한자를 두 번 이어서 써서 만든 글자입니다. 종이를 뜻하는 한자인 紙^{피닌식 발음 기호로 '지'} 역시 두 개의 요소가 결합된 글자인데, 왼쪽에는 비단 실을 뜻하는 糸, 오른쪽에는 소리를 나타내는 氏를 썼습니다. 이런 방식으로 이 글자를 어떻게 발음해야 할지 알려주고 있는 것이죠. 이렇게 글자 덕분에 비단과 종이를 헷갈리지 않을 수 있습니다. 중국어의 우수성이 드러나는 부분이죠. 비단과 종이가 서로 닮지 않았습니까? 우리는 종이 위에 글을 쓰기 전에 비단 위에 글을 썼습니다. 만일 비단이 세계 도처에서 가장 호화로운 직물이었다면, 우리는 어쩌면 종이에 기름을 먹여서 옷을 만들었을지도 모르죠. 따지고 보면 종이는 가장 초라한 형태의 비단이니까요."

나는 모범생처럼 수첩을 꺼내서 열심히 적고 또 적었다.

"혹시 오른쪽에 있는 시氏라는 글자 또한 그 자체로 의미를 가지고 있다는 사실을 아십니까? 이 글자는 '가족의 이름'을 뜻합니다. '종이'뿐만 아니라 '종이가 아닌 것'에 대해 말할 때도 같은 글자를 사용한다는 것이 흥미롭지 않습니까?"

이제 우리는 학자의 연구실로 자리를 옮겼다. 책들, 따라서 온갖 표의 문자들로 가득 차 있는 2층의 넓은 방이었다. 나에게 친숙한 알파벳이 적힌 책은 거의 없었다. 고양이는 내가 그런 초대를 받을 만한 자격이 있는지 확신할 수 없다는 듯이 의심스러운 눈길로 나를 쳐다보았다. 장 피에르 드레즈는 종이 상자를 열어서 자신이 받았던 선물들, 대부분 아시아에서 온 아주 오래되고 토속적인 낡은 종이 조각들을 보여주었다. 중국뿐만 아니라 한국, 일본, 인도, 베트남에서 온 것들도 있었다. 우리는 화석만큼 오래되어 무엇인지 분간할 수 없는 소재들과 손상되지 않은 섬유들을 창문으로 들어오는 빛에 투명하게 비춰보았다. 잠시 머뭇거리며 나는 나의 꿈인 비단길에 대한 이야기를 꺼냈다. 장 피에르 드레즈는 자신의 보물에서 고개를 들어올렸다.

"중국전문가인 동료가 있는데 그 사람을 만나보는 것이 좋겠군요. 그 동료 이름은 카트린느 데스포Catherine Despeux입니다. 중국 사상을 연구하는 전문가예요. 그녀는 석굴 도서관에서 발굴된 문서들에 대해 연구를 했습니다."

석굴 도서관이라고? 나는 깜짝 놀라서 조금 더 알고 싶어 했다.

"아, 카트린느가 당신에게 직접 이야기할 것입니다. 만약 그녀가 원한다면 말입니다. 카트린느도 여행을 준비하고 있는 것으로 알고 있습니다. 어쩌면 카트린느가 당신과의 동행을 받아들일지도 모르겠군요.”

나는 어리둥절해하며 학자와 그의 고양이를 떠나왔다. 나는 다시 플로고넥으로 갔다. '성촉절La Chandeleur'이라는 이름의 크레이프 가게가 낡은 공증 사무소의 맞은편에 있었다. 나는 마치 수많은 거울들로 뒤덮인 방들을 가로질러나온 것처럼 어지럼증을 느꼈다. 내 조사는 온갖 종류의 유사, 비유, 은유로 풍요롭게 메아리칠 것으로 예상되었다.

상업과 국경

우름키Urumqi | 중국

누가 비단길을 만들었을까? 모든 황제들에게 그 영광을 돌릴 수 있지만, 한나라 무제의 이름을 언급하지 않을 수 없다. 기원 전 1세기 반경에 한 무제가 중국을 다스렸다. 어느 날, 한 무제는 끊임없이 침략과 파괴를 일삼고 있는 야만인들이 살고 있다는 것 외에는 그 어떤 정보도 알려지지 않은 서역이라는 미지의 땅에 대해 조금 더 많은 것을 알아보기로 결정했다. 서역에 맞서기 위해서 중국은 이미 100년 전에 만리장성을 쌓기 시작한 상태였다. 그래서 한 명의 관리가 지명되었다. 그의 이름은 장건이었다. 100여 명의 수행원이 장건의 뒤를 따랐다. 하지만 장건이 흉노에게 붙잡혀 포로 생활을 한 11년을 포함하여 13년 뒤에 다시 고향으로 돌아왔을 때 그에게는 단 1명의 수행원만이 남아 있었다. 장건은 자기가 보고 들은 것을 사람들에게 들려주었다. 장건의 이야기는 사람들을 매료시켰고 그들의 소명을 일깨워주었다. 장건의 이야기를 들은 수많은 사람들은 상인이 되고 싶어 했으며, 이렇게 해서 상인이 된 사람들은 다시 길을 떠나게 되었다. 한 무제는 장건을 '위대한 모험가'라고 불렀다.

로마 군대 역시 비단길 개척에 기여했다. 전해 내려오는 이야기에 의하면 로마 군인들은 파르티아와 전쟁을 벌이던 중 상대편 군대가 사용하고 있던 군기를 보고 깜짝 놀랐다고 한다. 파르티아의 군기에 사용되던 천이 그 무엇과 비교할 수 없을 정도로 부드럽고 광채가 났기 때문이다. 가까이에서 만져볼 수 있었다면 아주 부드러운 촉감이었을 듯했다. 이렇게 해서 로마 사람들 사이에 비단에 대한 열정이 싹트게 되었고, 신비로운 원산지인 중국에 비단을 찾으러 갈 위험을 무릅쓰게 된 것이다. 그 당시 사람들은 비단이 나무에서 자란다고 생각했다.

북경으로 가기 위해서 AF124를 타고 비행을 하는 내내 나는 카트린느 데스페가 나에게 들려주는 길 이야기에 귀를 기울였다. 그런데 길이라기보다는 길들이라고 말하는 것이 더 정확할 것이다. 왜냐하면 심지어 낙타도 지나갈 수 없는 유일한 장애물인 타클라마칸 사막이 자리 잡고 있기 때문이다. 그래서 사람들은 북쪽^{둔황, 투르판, 우름키}이나 남쪽^{둔황, 허렌}, 카슈가르^{Kashgar}로 우회해야 했고, 어떤 우회로를 선택하는가에 따라 수많은 경로가 존재할 수 있기 때문이다.

16세기에 대상인들은 서로 끊임없이 교류했다. 중국에서 온 상인들은 비단 외에도 철, 청동, 도자기, 향신료를 서양으로 가져갔다. 유럽이나 아랍에서 온 상인들은 금, 유리, 양털, 아마 등을 가지고 왔다……. 종교 역시 빼놓을 수 없다. 카트린느 데스페는 종교의 전파 과정에 대

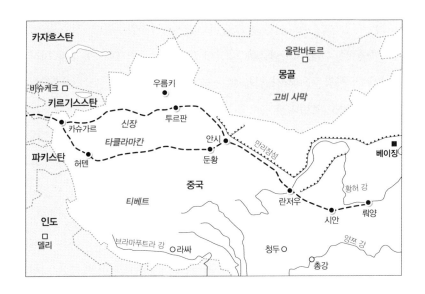

해서도 깊은 관심을 가지고 있었다.

"사람들은 불교가 인도에서 유래되었다고 알고 있습니다. 하지만 투르판이나 둔황의 오아시스에서도 불교적인 표현들을 볼 수 있습니다."

"둔황은 1000년경에 승려들이 벽에 아주 오래된 글들을 그려놓은 동굴이 발견된 곳이 아닙니까?"

카트린느는 곧바로 대답하지 않았다. 그녀는 자신이 좋아하는 또 다른 주제인 마니교도와 네스토리우스교에 너무 깊이 빠져 있었다. 또 다른 날에 카트린느가 나에게 이 주제에 대해 가르쳐준다면 다시 들려주도록 하겠다. 하지만 지금은 비단길 덕분에 서역에 전파된 것이 무엇인지를 알아보는 것이 더 중요하다.

* * *

중국 제국의 북서쪽 끝으로 날아가던 CZ6904은 착륙하기 직전에 대부분의 승객들은 중국 남방항공사China Southern Airlines가 친절하게 제공한 태극에 기반을 둔 체조 강좌를 성실하게 따라하고 있었다. 비행기는 롤랑 가로스Roland-Garros의 주경기장[5]으로 변하기 시작했다. 오히려 더 역동적이었다. 왜냐하면 우리는 규칙적으로 머리를 오른쪽, 왼쪽으로 돌릴 뿐만 아니라 발뒤꿈치만 바닥에 잘 고정시킨 채 어깨, 팔, 가슴, 종아리, 발목 등 온몸을 오른쪽 왼쪽으로 돌렸기 때문이다.

* * *

우름키Urumqi. 우름키는 '꽃이 만발한 초원'을 뜻한다. 마천루로 이루어진 이 도시는 휴스턴Houston이나 달라스Dallas와 비슷해보였다. 중국인들은 축소모형을 좋아한다. 중국인들은 축소모형을 통해 자신의 야망과 발전을 볼 수 있게 만든다. 주요 공원에 우뚝 솟아 있는 탑에서도 우리는 도시가 건설된 지 3년 정도 되었을 때의 우름키를 볼 수 있다.

1947년: 일종의 야영지
2000년: 인구 100만 명. 상업 발달
2010년: 인구 300만 명. 현재는 더 많을 것으로 추정.

우름키에는 특히 위구르 족이 많이 살고 있다. 이슬람교를 믿는 사람

---

5   프랑스 오픈 테니스 대회가 열리는 주경기장

들의 비율이 더 높고 최소한의 자치권을 요구하는 민족을 북경이 제국 곳곳에 그냥 내버려둔다는 것은 생각할 수도 없는 일이다. 중국은 너무도 광활하고 너무도 다양해서 너무도 많은 소수 민족들이 살아가고 있다. 따라서 국가적인 단일화에 대해 치열하게 고민하던 중앙위원회는 티베트와 같은 방식을 채택했다. 중국의 대표적 민족인 한족 중 수백만 명을 그들의 의사를 묻지도 않은 채 국경으로 보낸 것이다. 따라서 위구르족은 더 변두리로 쫓겨나고 소외되었다. 시시때때로 그들은 항의하고 폭동을 일으켰다. 한족에 대항한 위구르족의 폭동이다. 2009년 7월에 수백 명의 사람들이 목숨을 잃었다. 하지만 그러는 동안에도 도시는 과도한 성장을 이어갔다. 진지앙^{Xinjiang6} 지역의 토양에는 석유, 석탄, 철 등 자원이 풍부하다는 사실을 꼭 언급할 필요가 있다. 더구나 이웃하고 있는 높은 산맥인 텐샨 산맥이 농업에 필요한 물을 충분히 제공해주고 있다. 이런 환경 덕분에 우름키는 세계에서 두 번째 가는 토마토 생산지라는 경제적인 지위를 누릴 수 있는 것이다.

* * *

어떤 길에 이끌려서 당신은 여기까지 와 있다. 처음 몇 킬로미터에서 당신은 그 길이 이미 사라졌다고 말할지도 모른다. 단지 길 위에 움직임이 부족해서 그렇게 느껴지는 것은 아닐 것이다. 트럭이 낙타를 대신하고 다른 물건들이 비단을 대신하고 있기는 하지만 대상인들이 여

---

6 우름키는 북서중국 진지앙 위구르 자치구의 중심도시다.

전히 끊임없이 오가고 있다. 앞으로 TGV가 다니게 될 네 번째 선로가 만년설 사이로 보이는 모래와 자갈로 이루어진 전설적인 흔적을 충실히 따라가고 있다. 길은 멈추는 순간에 죽은 것과 다름없다. 그리고 길은 우름키에서 멈추었다. 남서쪽 카슈가르로 이어진 길이 있긴 하지만 그 길은 살아 있지 않다. 동방에서 온 것들은 모두 단지 제국의 보루를 건설하는 데 이용될 뿐이다. 과거에 비단길은 우리가 상인이라고 부르는 사람들 사이의 직물 거래의 장이었다. 오늘날, 중앙위원회는 그 길에서도 국경에서 하는 것처럼 신분 확인을 하고 있다. 나는 간신히 비행기에 다시 올랐다. 하지만 보물들이 가득한 동굴이 나를 기다리고 있었다. 아주 오래된 벽화가 그려져 있는 둔황의 도서관이 말이다.

역사 속의 천국

투르판Tulufan[7] | 중국

몇 시간 동안 자동차로 달렸지만 단 한 명의 사람도 볼 수 없었다. 자동차 외에는 그 어떤 생명체도 없었다. 내가 대상인들이 사막이라는 혹독한 환경을 피하기 위해서 비난 길을 이용했을 것이라고 생각하고 있을 무렵이었다. 자갈로 가득 차 있는 이 광활한 평야를 어떻게 받아들여야 할까? 내가 이 아이올로스[8]의 평야 한복판에서 본 것이라고는 움직이지 않는 낙타 두 마리뿐이다. 이 두 마리의 낙타는 몇 킬로미터마다 나타나는 풀숲을 오아시스로 착각하게 되는, 이 끝없이 펼쳐진 평야를 몇 주 동안 걸어갔던 그들의 조상들의 용맹성에 대해 생각하고 있는

---

7 중국 신장 위구르 자치구 동부의 분지
8 바람의 신

것일까? 이 지역이 바다 밑바닥이었다고 말하는 사람들도 있다. 300만 년 전에 말이다. 서서히 물이 말라버린 것이다. 비록 오늘날에는 이 지역이 바다에서 가장 멀리 떨어져 있으며 가장 고립된 땅이라고 하더라도 말이다. 이곳에는 여전히 소금이 남아 있다. 군데군데 남아 있는 특히 거대한 흰색 호수에서 사람들이 요리에 사용하는 소금들이 많이 생산된다.

"모래 바람이 부는군요."

운전기사가 말했다. 이상한 날씨다. 공기는 완벽히 평온하게 느껴졌다. 그런데 100미터 앞도 볼 수 없었다. 참, 운도 좋지! 어쩌면 예고되었던 산봉우리도 만년설도 볼 수 없을지도 모른다.

"어제 바람이 불었습니다. 그래서 황사가 생긴 것입니다."

운전기사가 설명했다. 나는 중국인들을 믿지 않는다는 사실을 고백한다. 중국인들은 작업대나 울타리를 모두 감추려는 습성이 있다. 중국인들이 자신들의 프로젝트에 방해가 되는 몇몇 산을 깎아내기 위해서 가짜 돌풍을 이용하는 술책을 사용하고 있는 것은 아닐까. 기사는 나의 빈정거림을 느꼈는지 기분이 상한 듯했다. 감히 이방인 주제에 특히 혹독한 기후 조건에서도 모든 분야에서 세상의 다른 나라들을 뛰어넘을 수 있는 중국의 능력을 어떻게 의심할 수 있단 말인가?

"지난달에는 돌풍이 화물차를 쓰러뜨리는 것을 제가 직접 보았습니다."

나는 얼이 빠진 듯한 표정을 지었고, 그는 그런 나의 표정을 흡족해했다. 나는 다시 한 번 비단길이 영광을 누리던 시절을 생각해보았다. 때로는 불에 탈 것 같은, 그리고 때로는 얼어붙을 것 같은 바람에 맞서서 며칠 동안 광활한 대지를 누비는 대상인들의 모습을 떠올려보았다. 남극에서의 경험을 통해 나는 정면으로 불어오면서 나를 집어삼킬 것 같은 바람, 그리고 불태워버리거나 갈갈이 찢어놓거나 마지막으로 마비시켜버릴 것 같은 바람보다 더 넘기 힘든 최악의 벽은 없다는 사실을 알고 있었다. 비로소 나는 '도달하다'라는 단어의 의미를 완전히 이해하게 되었다. 한 도시에 도달하다, 목적지에 도착하다, 이것은 여행의 다음 단계로 넘어가기 위해서 온갖 시련을 이겨내는 것을 뜻한다.

* * *

투르판. 얼핏 보면 오래된 유럽의 신도시처럼 보일지도 모르겠다. 하지만 너무 넓은 거리, 텅 빈 광장, 시간이 흐르면서 하나씩 생겨난 듯한 지나치게 반듯하고 지나치게 비슷하게 생긴 높은 건물들로 이루어진 도시는 유럽의 그 어느 신도시보다 훨씬 더 광활하고 조악했다. 간단히 말해서 아무런 매력도 개성도 없었다. 이런 진부한 광경을 보기 위해서 이렇게 멀리까지 올 필요가 있었을까?

실망감을 감추지 못하는 내 표정을 보고 카트린느 데스페는 재미있어 했다. 게다가 그녀는 자신이 선택한 나라의 땅에 발을 딛는 순간부터 모든 것이 즐겁게 느껴지는 듯했다. 중국에 대한 그녀의 사랑은 그녀가 다섯 살이던 시절부터 그녀의 할머니로부터 영향을 받은 것이었다. 그리고 지금 그녀는 나에게 약간의 인내심을 가지라고 반복해서 말하고 있다.

"사실, 에릭, 이건 당신의 첫번째 여행이 아니잖아요! 당신은 고대 중국이 아무런 반응도 하지 않은 채 당하기만 했을 거라고 생각하세요?"

그다음 순간 그녀의 말이 옳다는 것이 증명되었다. 우리가 '최신식'의 거리를 가로지르는 것으로 충분했다. 갑작스럽게 많아진 포플러나무가 곧 오래된 오아시스가 나타나리라는 사실을 예고해주었다.

포도향이 사방으로 퍼져 나갔다. 포도덩굴은 골목길에 그늘을 만들어주었다. 똑같은 층으로 지어진 집들 앞에서 꼬마들이 고양이를 데리고 놀고 있었다. 조금 열린 문 사이로 안마당에 침대가 나란히 놓여 있는 모습이 보였다. 여기저기에 다양한 색깔의 모스크[9] 축소모형이 놓여 있었다.

한 집안의 가장으로 보이는 남자가 운전하는 3륜 오토바이가 폭음을 내면서 지나가고 또 지나갔다. 그 남자의 아내와 아이들은 뒷자리의 붉은 매트 위에 서로 포개어 앉아 있었다.

전기로 움직여서 조용히 달리는 스쿠터들도 잇달아 지나갔다. 주름투성이의 누렇게 뜬 얼굴이지만 눈가에 미소를 머금은 노인들이나 언제나 아름답게 치장하고 둘씩 다니기를 좋아하는 아주 젊은 여자들이 타고 있었다. 자유로운 분위기였다. 어떤 여자는 얇은 차도르로 얼굴을 가리고 있기도 했지만, 또 어떤 여자들은 가리고 있지 않았다.

친애하는 위구르족이여! 당신들의 이슬람교는 퍽 느슨해진 것 같군요. 시장에서 사람들은 바삐 움직였다. 육체노동을 가장 많이 요구하는 직업은 수박을 한 장소에서 다른 장소로 날라서 정성스럽게 쌓는 일이

---

9 이슬람교의 예배당

었다.

좀 더 먼 곳에서 자연의 힘에 의해서 스킨헤드가 된 한 젊은 남자가 커다란 냄비를 뒤적이고 있었다. 가끔씩 아이들을 놀라게 하려는 듯이 그는 냄비에서 희끄무레한 창자 덩어리를 꺼내곤 했다. 식당들은 작은 아카시아나무 아래에 테이블을 나란히 배열해놓았다. 남자든 여자든 주로 독신인 사람들이 처음으로 그곳에 앉게 된다. 가족들은 좀 더 시간이 흐른 후에 찾아온다. 작은 꼬치들은 이미 준비되었고, 장난감처럼 생긴 수레에 놓인 숯에 불을 붙이기만 하면 된다. 대체로 유쾌한 분위기다. 한 무리의 양떼가 나타나서 오랫동안 교차로를 가로막았다. 어린 아이들은 갑자기 나타난 양떼 무리에 환호하였다.

저녁 무렵이 되자 포도 향기에 고기 굽는 강렬한 냄새가 뒤섞였다. 투르판이라는 오래된 도시 안에서 시간이 얼마나 흘렀는지 알아보기 위해서 굳이 시계를 차고 다닐 필요는 없다. 냄새를 맡는 것으로도 충분하다.

막 불이 켜진 가로등을 제외하고, 사람들의 일상은 천년 동안 정말로 변한 것이 하나도 없었다. 노새와 낙타가 좀처럼 속도를 늦추지 않는 바퀴가 두 개 혹은 세 개 달린 엔진 동력기로 바뀌었으며, 다시 길을 떠나기 전에 포도 넝쿨 아래서 잠시 쉬면서 12세기나 13세기에 대해 궁금해하는 내가 이 자리에 있다는 것 말고는 말이다.

* * *

종이는 기다리게 한다. 나의 인내심은 곧 보상을 받게 될 것이다. 웅장하고 근사한 모습의 투르판 박물관은 중앙로에 위치해 있었다. 입구에 황금으로 새겨져 있는 글자는 박물관의 메시지를 분명하게 전하고 있었다.

"영광스러운 우리의 과거로부터 교훈을 얻어라. 모든 민족, 즉 위구르족, 소그드족, 한족, 티베트족, 몽골족은 다양성을 바탕으로 세계에서 가장 풍요로운 문명을 만들어냈다. 그들을 본받아서 함께 발전을 이루어내자!"

나는 주저 없이 1층의 오른쪽 깊숙한 곳에 있는 작은 방으로 향했다. 내 여행의 목적물이 나를 기다리고 있었다. 수많은 보물들로 가득 차 있는 열 개의 진열창들. 4세기의 것으로 추정되는 문서에서 시작했다. 유럽에서 종이가 등장하기 900년 전의 것이다. 이것은 아스타나^{Astana} 고분군에서 출토된 것으로 펭 부인이라는 고인의 소유물들이 아주 명료한 필체로 정리된 목록이었다. 그다음도 마찬가지였다. 불교 경전이나 다른 종교 문서^{마니교와 네스토리우스교도 포함되어 있다!}뿐만 아니라 일상생활^{가계부, 수확물 대장, 노예 매입 증서 등}에서 사용되는 각종 문서들이 포함되어 있다.

나는 장 피에르 드레즈의 가르침을 떠올렸다. 대운하와 만리장성을 건설한 중국인들은 단순한 기술자들이 아니다. 그들은 늘 모든 것을 이해하고 시대 순으로 정리하고 싶은 강박적인 욕구를 가지고 있다. 종이는 그들의 이러한 광적인 편집증을 충족시켜줄 수 있는 소재인 것이다. 투르판 박물관에는 문서뿐만 아니라 종이로 만든 신발, 종이로 만든 의상, 종이로 만든 지팡이가 전시되어 있었다.

갑자기 비명 소리가 들렸다. 카트린느 데스페가 탕구트 어로 쓰인 페이지를 발견한 것이다. 그녀가 배우고 있는 탕구트어 말이다. 잘 알지 못하는 사람들을 위해서^{실은 나도 어제까지 몰랐다} 탕구트가 10, 11세기에 이 지역에서 살았던 티베트 출신의 소수 민족이라는 사실만 밝혀둔다.

이러한 소중한 유물들은 단지 아스타나에만 있는 것이 아니었다. 투르판 분지가 내려다보이는 화염산에 파놓은 석굴의 바닥에서도 발견되었다. 처음으로 이 길의 이름에서 '비단'을 빼고 지금의 현실에 적합한 다른 이름으로 바꾸고 싶다는 생각이 들었다. '대단한 보물이 보존된 길'이라는 이름으로. 중국의 북서쪽에 위치한 이 지역은 상업로일 뿐만 아니라 교차로이기도 했다. 이 일대에 살았던 모든 소수민족들이 만나고 싸우며 함께 살아가는 곳이었다. 소수민족들은 별로 오래갈 것 같지 않은 왕국을 만들고 또 만들었다. 이런 왕국은 때로는 몇십 년, 때로는 몇 세기 동안 지속되곤 하였다. 한 나라가 지배를 하기 전까지 말이다. 말하자면 이 땅에는 보물들이 가득하다는 뜻이다.

중국의 다른 어떤 지역에서도 고고학자는 이런 천국을 발견할 수 없을 것이다. 다른 지역에 비해서 접근하기가 어려웠기 때문에 약탈자들이 활동하지 못했던 덕분이기도 하다. 더구나 이곳의 혹독한 기후로 인한 메마른 땅은 이 보물들을 훌륭하게 보존해주었다. 베제클리크 Bezeklik[10] 유적지^{그곳에서 40여 개의 동굴이 나를 기다리고 있었다}를 방문하면서 나는 드레즈 교수의 비유가 떠올랐다.

"바닷가에 살던 우리 조상들은 낚시를 하러 가기 전에 신의 가호를 빌기 위해서, 혹은 폭풍우로부터 무사히 빠져나온 것을 감사하기 위해

---

10 중국 투르판 지역에 있는 석굴사원군

서 배 모형을 만들어 근처 예배당에 봉헌했습니다. 때로 가장 부유한 사람들, 주로 선주들은 예배당을 건축하기도 했죠. 중국의 관행 역시 다르지 않았습니다. 우리가 그곳에서 발견하게 될 것들은 바로 봉헌물들입니다.

당신이 5세기에서 15세기 사이에 비단길에 위치한 오아시스 마을 중 한 군데에 살았다고 가정해봅시다. 당신은 능력이 전혀 부족하지 않습니다. 그런데 당신은 당신의 마을을 보호하고 사업을 번창시키기 위해서 신을 당신 편으로 만들기를 원합니다.

그래서 당신은 이런 방법을 취할 수도 있습니다. 당신은 하나의 동굴, 혹은 친구들과 함께 동굴들이 여러 개 모여 있는 곳을 선택합니다. 약탈자나 파괴자의 접근을 막기 위해서 경사진 산비탈이나 포플러나무 그늘이 드리워진 강이 내려다보이는 경치 좋은 곳을 고를 수도 있습니다. 그런 다음 당신은 화가를 고용한 뒤 그에게 당신의 뜻을 전하겠죠.

"동굴에 우선 1,000개의 부처를 그려주세요."

화가는 고개를 끄덕입니다. 그리고 짐짓 놀란 척하겠죠. 그 당시에는 이미 수 세기 동안 다른 주제에 접근하기 전에 1,000개의 부처로 천장을 장식하는 것부터 하고 있었습니다. 화가는 안료를 모으고 양초를 켭니다. 그리고 더 이상 지체하지 않고 작업을 시작합니다.

그런 다음 당신은 화가^{혹은 그의 아들}가 작업을 끝마칠 때까지 30년 혹은 40년을 기다리게 됩니다. 그동안 만일 신이 당신이 그때까지 살기를 원한다면 당신은 동굴까지 기어 올라가서^{어쩌면 누군가가 당신을 동굴까지 끌어 올려 주는 쪽의 가능성이 더 높을 것이다}, 동굴 안 희미한 불빛 속에서 숭배물 한복판에서 있는 당신을 발견하고 놀라게 될 것입니다. 내가 당신에게 미리 해주고 싶은 말은 바로 이 순간에 감정이 너무도 벅차올라서 당신의 심장이 터질 수도 있다는 것입니다. 하지만 화염산의 불그스름한 품속에서 죽는 것을 누가 마다하겠습니까?"

* * *

또 다른 유적지와 또 다른 1,000년 이상 된 문서들을 찾아 길을 떠나면서 나는 비단길의 다른 이름을 생각해보았다. 어떤 이름이 좋을까?

무한한 가능성의 길

단 두 나라를 제외하고 세상의 다른 모든 나라들에게 사막은 분명히 난처한 조건이다. 모두 사막 앞에서 체념하고 만다. 사막에 있는 이 많은 모래나 조약돌은 아무런 쓸모가 없다. 심지어 어디론가 치워버릴 수도 없다. 하지만 이스라엘과 중국은 체념하지 않았다. 이스라엘은 협소한 영토라는 굴레를 벗어던지기 위해서였고, 중국은 그들의 본성이 개발하지 않고는 못 배기는 것이었기 때문이다.

비단길은 시냇물의 징검다리처럼 곳곳에 오아시스가 있다. 오아시스 사이에는 광활하고 넓은 불모의 땅이 펼쳐져 있다. 중국인들에게 이것은 참을 수 없는 광경이었다. 그래서 중국인들은 이 불모의 땅을 관개하고 정비하여서 공장과 마을을 짓고 우주탐사센터를 설립해서 로켓을 발사했다. 산이 방해가 된다면 그들은 산에 터널을 만들었다. 나는 중국에서 허공 위에 거대한 패널로 만들어진 입체 교차로를 본 적이 있다. 오른쪽은 라싸Lhassa[11]이고 왼쪽은 상하이다. 주위에는 수백만 그루의 어린 묘목이 심겨져 있었다.

오아시스가 서서히 확장된다. (앞으로) 언젠가 모래사장을 방문하였을 때 우리는 이렇게 말하게 될지도 모른다.

"자 보세요. 이것이 고비 사막의 남아 있는 전부입니다."

중국인의 의지를 꺾을 수 있는 것은 아무것도 없다.

돌로 된 낙타의 길

왜냐하면 아무런 생명체도 만날 수 없기 때문이다. 그들에게 너무도 유용하게 사용되어서 거의 조상과 같은 가치를 지니는 이 동물이 어떻게 생겼는지 아이들에게 가르쳐주기 위해서 만들었겠지만 오아시스 마을의 거리 곳곳에는 낙타 조각상이 널려 있다.

원료의 길

낙타를 볼 수 없다면 기계로 움직이는 말을 마주치게 된다. 철로 된 머리를 땅에 박고서 화석 에너지를 퍼내고 또 퍼낸다. 그리고 과거에 비단길이라고 불리던 이 길을 따라가다 보면 우리는 지구에서 온갖 금속을 뽑아내는 공장들을 볼 수 있다.

---

11 티베트의 수도

점막을 파괴시키는 길

길을 갈수록 공기의 질이 더 나빠진다. 자위관[12]을 지나가게 될 때쯤이면 축농증이 시작된다. 만리장성의 서쪽 끝에 있는 같은 이름의 요새에 그 책임이 있는 것이 아닌지 의심스럽다. 매캐하고 누르스름한 연기를 뿜어내고 있는 지나치게 많은 굴뚝들은 책임을 서로 떠넘기고 있다. 사람들은 나에게 인내심을 가지고 내 질병을 받아들이라고 충고하지만 나는 숨쉬기가 더욱 힘들어지기만 했다. 사람들이 옳았다. 란저우[13]에서 나는 숨이 막히는 동시에 일종의 자긍심에 사로잡혔다. 나는 극한의 경험과 기록을 사랑한다. 그리고 이 도시는 전 세계에서 가장 오염된 도시일 것이다.

중앙위원회는 다양한 경고성 캠페인을 벌이고 있다. 중국은 개발을 제한받을 수 있기 때문에 환경을 더욱 잘 보존해야 한다고 말하고 있다. 하지만 아무런 조치, 예를 들면 아무런 처벌도 내리지 않는다. 지방자치단체와 함께 수많은 기업들은 생태계에 대해 조금도 걱정하지 않은 채 최저의 비용으로 제품을 계속 생산해내고 있다.

멈추지 않은 거센 바람의 길

왜냐하면 세상의 끝에 있는 이 고원에서는 어떤 공기도 잠잠하지 않다. 그리고 그 공기는 모든 것, 예컨대 마을, 도시, 농장, 사람들을 끝없이 황폐하게 만들고 있다. 회랑 지대의 역할을 해주며 깊은 골짜기가

---

12 만리장성의 서쪽 끝
13 중국 간쑤성에 있는 도시

패여 있는 높은 산비탈도 마찬가지다.

모래 냄새의 길

앞서 말한 바람에 휩쓸려온 모래가 우리의 코로 들어와서 후각 중추에 자리 잡고서 여기저기에 존재하는 다른 냄새들, 양파나 포도나 자스민 냄새를 맡을 수 있는 자리를 내주지 않는다. 카트린느 데스페와 함께 나는 오랫동안 이런 이름들에 대해 논의했다. 학생들로부터 경외의 대상이자 좋은 스승인 그녀는 모호하고 이국적인 것 말고는 그 어떤 것도 싫어하지 않았다.

"중국은 그런 지적을 받을 만해요."

카트린느 데스페가 말했다. 그녀의 말이 옳다는 것을 어떻게 인정하지 않을 수 있겠는가?

석굴 도서관

둔황Dunhuang | 중국

만약 당신이 우울증을 앓고 있다면 리우 위안Liu Yuan, 프랑스어로 '수양버들 정원'이라는 뜻이다은 가지 않는 것이 좋을 것이다. 리우 위안은 내가 평생 동안 가보았던 장소들 중에서 가장 절망으로 가득 찬 장소로 기억될 것이다. 훼손된 정면, 빛이 바랜 색깔, 구멍이 패인 복도, 허물어진 제방. 버드나무의 슬픔이 이해된다. 정원은 흔적도 남아 있지 않다. 국가 개발 계획을 세우면서 중앙위원회가 이곳을 잊은 것이 분명하다. 어쩌면 오늘날에는 잊혀진 마르크스주의라는 '종교'에 대해 중대한 죄를 지은 사람들을 유배 보냈던 곳인지도 모르겠다. 혹시라도 주위에서 어떤 유쾌한 흔적이라도 찾을 수 있을 것이라고 기대하지 마라. 10여 군데의 구리 광산에서 나온 흙을 버리는 장소가 여행자들에게는 결국은 먼지만을 떠올리게 만들 뿐이다.

기차에서 내려서, 우리가 택시를 잘 고른 것일까? 택시의 입장에서 말하자면, 녀석은 거대한 아이올로스 숲인 것으로 판명된 마을의 신기루를 보여준 것을 제외하고는 120킬로미터의 거리를 가는 동안 단 하나의 기분전환거리도 단 하나의 마을도 보여주지 않고 줄곧 달렸다.

그렇다고 택시 기사가 우리를 긴장하게 만들었던 것은 아니다. 택시 기사는 계속해서 속도를 늦추었다. 휘발유가 부족해서였을까, 아니면 특별히 엄격한 제한 속도 규정을 지키기 위해서였을까? 중간 중간 목화가 섞여 있는 포도밭을 지나면서 우리는 손수레가 우리를 추월할 정도로 느린 속도로 목적지에 도착했다.

* * *

'둔'은 '반짝이다'라는 뜻이다. '황'은 '높은 장소'를 뜻한다. '반짝이는 높은 장소'란 무엇일까? 선원이라면 등대를 제일 먼저 생각할 것이다. 등대는 둔황의 역할이기도 하다. 둔황은 그 무시무시한 타클라마칸 사막으로 접어들기 전에 비단길에서 마지막으로 만날 수 있는 중국 도시다. 따라서 처음으로 희미한 불빛을 보거나 처음으로 인기척을 느낄 수 있는 장소이며, 우리가 장애물을 지나쳐서 위험한 곳에서 빠져나왔다는 첫번째 증거이기도 하다.

타클라마칸 사막은 마치 대양과도 같은 막막한 느낌을 준다. 바람이 몹시 거세게 불었다. 모래 파도는 바다의 파도만큼 높고 거세다. 폭풍우 속에서 배가 사라지는 것처럼 대상인들과 그들의 재산을 충분히 집어삼킬 정도이다.

나는 사람들이 지리라고 부르는 병에 걸렸다. 몇몇 장소는 나에게 너무도 매력적인 곳이어서, 어떤 위험을 감수하고서라도 그곳에 꼭 가보고 싶은 충동을 느낀다. 캡 혼Cap Horn이나 베링 해협[14]이 바로 그런 곳이다. 그렇다면 둔황은 왜일까? 다음 이야기를 들어보자.

1907년 3월 12일에 영국인 탐험가 아우렐 스타인Aurel Stein[15]이 둔황에 도착했다. 아우렐 스타인은 농부였다가 군인이었다가 도교 승려가 된 왕원록이라는 사람이 우연히 보물을 발견했다는 소문을 듣게 되었다. 왕원록은 마가오 근처의 산에 있는 수많은 동굴[492개] 중 한 곳을 청소하던 중이었다. 당시의 풍습에 따라 동굴은 벽화가 그려져 있거나 조각으로 장식되어 있었다. 그런데 벽화의 한 부분이 허물어지면서 숨어 있던 벽이 나타난 것이다. 왕 씨는 벽을 막고 있던 돌덩이들을 치웠다. 그러자 수천 개의 문서들이 쌓여 있는 작은 방이 나타났다.

"왕 씨라는 사람은 어디 있습니까?"

스타인이 물었다.

"자신이 진행 중인 복원 작업에 필요한 자금을 마련하기 위해 떠났습니다."

"언제 돌아옵니까?"

"한 3주 정도 지나면 돌아올 거요. 어쩌면 더 오래 걸릴 수도 있고……."

지칠 줄 모르는 스타인은 시간을 죽이기 위해서 성루를 지켰다. 마침

---

14 유라시아 대륙 동단의 시베리아와 북아메리카 대륙 서단의 알래스카 사이에 있는 해협
15 헝가리 태생의 영국 고고학자, 탐험가. 중앙아시아를 탐험하다가 중국의 천불동을 발견했다. 지리학과 사학, 고고학, 예술 등에 고문서 수집과 유물을 발견, 고대 동서문화 교류와 교통로 구명에 공헌했다.

내 왕 씨가 나타났다.

이 작은 남자에게 그의 멋진 보물들을 보여달라고 어떻게 설득해야 할까? 스타인은 어마어마한 인물, 이미 12세기 전에 죽은 신화적인 위대한 여행가인 현장Xuanzang[16]의 도움을 받기로 했다. 현장은 인도에서 스무 마리의 조랑말의 등에 가장 가치 있는 불경을 싣고 왔던 인물이다. 모두가 존경하는 이 인물 이야기에 넘어간 왕씨는 문서를 스타인에게 보여주기로 결심했다. 스타인의 조수였던 치앙이라는 사람은 밤새 그 문서들을 연구했다. 치앙은 학식이 뛰어난 사람이었다.

아침이 되자 환한 표정으로 치앙이 나타났다.

"제가 단언하건대, 이 문서들은 현장이 번역한 것입니다."

왕 씨는 비틀거렸다. 스타인이 말을 이어갔다.

"이것은 바로 위대한 여행가가 자신의 무덤에서 이 보물을 언제 폭로할지 그리고 누가 이것을 가지고 가야 할지 그 사람은 바로 스타인 저입니다!를 선택했다는 증거입니다."

그러한 압박 속에서 왕 씨는 물러설 수밖에 없었다.

왕 씨는 두 남자를 자신의 비밀의 장소로 데리고 갔다.

* * *

2011년 9월 18일 일요일, 오늘 내가 방문하게 되는 곳이 바로 그곳이다. 우리를 태운 택시의 기사는 여덟 살 난 아들을 키우고 있는 아름답

---

16 중국 당나라의 승려로 인도에 가서 불경을 가지고 돌아왔다.

고 수다스러운 스물다섯 살의 기혼 여성이었다. 그녀는 이렇게 말했다. "저는 시간을 허비하는 것을 아주 싫어해요."

우리의 지시를 무시하면서 그녀가 미친 듯이 택시를 운전한 것은 분명 이런 이유 때문일 것이다. 수많은 3륜 자전거를 (마지막 순간에) 잘 피하고 자동차와 트럭 사이를 요리 조리 빠져나온 후에 마침내 도착하긴 했지만 나는 신이 나를 살려주신 것에 대해 감사하면서 여전히 온몸을 떨고 있었다.

이 장소의 원천적인 힘을 제대로 느끼기 위해서는 여러 가지 정신적인 무장이 필요하다.

① 두 개의 (거대한) 호텔이나 (거대한) 역, (평범하지만 커다란 기계 장치가 잇달아 움직이고 있는) 공항도 보지 못한 척해야 한다.

② 이 고장의 과거의 영광을 찬양하기 위해서 가을 달맞이를 가느라 당신의 주위에서 기쁜 얼굴로 분주히 움직이는 사람들에 대해 관심을 주지 말아야 한다.

③ 국토개발전문가가 선택한 핑크 플로이드Pink Floyd[17] 류의 몽환적인 분위기의 음악 속에서 몇몇 새들의 지저귐을 듣기 위해 귀를 기울여보라.

④ 전설적인 산비탈에 전부 베이지색 도료를 덕지덕지 발라놓았으며, 492개의 동굴이 문으로 닫혀 있고, 그 위에 번호가 매겨져 있는 모습앞서 말한 번호를 고려해볼 때 그것은 이해할 수 있다을 발견했을 때 가능한

---

17 1965년 영국에서 결성된 프로그래시브 록 밴드

반감을 느끼지 않도록 노력하라. 이곳을 3층으로 쌓은 감방이라고 말하는 사람도 있기는 하다. 그리고 콘크리트 계단을 통해 동굴 입구에 접근할 수 있다.

이렇게 한다면, 당신은 100년만 더 일찍 이곳에 관광객이 아니라 탐험가로 혼자 오가나 혹은 노새를 이끌고 오지 않은 것을 후회하게 될 것이다. 당신은 어쩌면 이미 산에 구멍을 뚫어놓고 그 안에 작은 탑들을 여기저기 만들어놓은 다음 이 구멍들을 좁고 험한 길이나 사다리로 서로 이어놓은 낡은 사진을 본 적이 있을지도 모른다. 향수에 젖게 하는 광경이다! 감정이 북받쳐 오른다.

우리는 미래불로 여겨지는 미륵보살이 기다리고 있는 257호 동굴에 제일 먼저 갔다. 중앙 기둥 주위로 다양한 이야기들이 벽에 그려져 있었다. 그중에는 물에 빠져 죽을 뻔한 상황에서 구해준 남자에게 배신당하는 아홉 색깔의 사슴 이야기도 있었다.

그다음으로 우리는 156호, 296호, 419호 동굴로 계속 들어갔다. 새로운 부처 세계로 들어갈 때마다 나는 새로운 이야기에 흠뻑 빠져들었다. 새로운 동굴에 들어갈 때마다 나는 가족 모임에 초대받은 듯한 느낌이었다. 카트린느 데스페는 모두에게 인사를 했다.

"자, 보세요. 이건 석가모니와 다보불[18]입니다! 이건 아난다[19]이고요!

---

18 산스크리트어로 프라부타라트나(Prabhutaratna)라고 하며, 동방 보정세계의 교주로 일정한 모습은 없다.

19 석가의 10대 제자 중 한 사람으로 석가 곁에서 그의 말을 가장 많이 들은 것으로 전해진다.

이 두 보살[20]은 얼마나 우아한지요!"

나는 모든 숭배물이 그녀에게 대답하는 듯한 인상을 받았다.

"안녕하세요 카트린느, 찾아와주셔서 감사합니다!

당신의 동양어 대학은 잘 진행되고 있나요? 사람들이 이나클로 Inalco[21]라는 괴상한 이름으로 바꾸어 부른다는 것이 사실인가요?"

* * *

"혹시 도서관에 대해 잊으신 건 아니죠!"

늘 세심한 데스페 교수가 나에게 주의를 준 것은 참으로 다행스러운 일이었다. 이 동굴 저 동굴 둘러보느라 나는 마치 엄마의 몸에 바짝 기대어 젖을 빨던 시절, 그리고 엄마가 나에게 들려주는 이야기에 열심히 귀를 기울이던 시절로 되돌아간 것처럼 며칠을, 어쩌면 내 인생의 나머지를 그곳에서 보냈을지도 모른다.

나는 삶을 살아가는 대조적인 두 가지 방식에 대해 생각해보았다. 움직이지 않고 가만히 서서 어머니 같은 산의 움푹 패인 곳에 끝없이 이야기들을 그림으로 그리고 조각하며 살아가는 방식, 그리고 무한한 사막을 조용히 가로지르며 길을 가며 살아가는 방식.

---

20 산스크리트 보디사트바의 음사인 보리살타의 준말. '지혜를 가진 사람' '지혜를 본질로 하는 사람' 으로 풀이될 수 있으며 구도자로서의 석가를 지칭하기도 한다.
21 국립동양어대학

* * *

    내 여행의 목적지인 17호 동굴은 단지 평범한 동굴이었다. 3평방미터 넓이에 3미터 높이였다. 이 동굴은 16호 동굴의 한쪽 벽, 안으로 들어가서 오른쪽 편으로 패여 있었다. 지금 이 동굴에는 9세기 당나라의 승려였던 홍비엔의 조각상만이 자리 잡고 있다. 왕 씨가 이 출입구를 처음 발견했을 때 이곳에는 문서들로 넘쳐났었다.

    스타인과 치앙은 극도로 신중하면서도 서둘러서 문서들을 선별하였다. 이 지역의 부왕이 자료들을 란저우로 옮길 것을 명령한 터라 일을 빨리 처리해야 했기 때문이다. 왕 씨는 왜 문서들 중 일부를 연구의 대사원이 있는 머나먼 영국 땅으로 옮기는 것을 받아들였을까? 이 어리석은 승려는 오래 망설이지 않았다. 스타인이 그에게 그의 복원 작업을 계속할 수 있도록 엄청난 금액의 돈을 제안했기 때문이다.

    더 나중에 수천 가지 돌발적인 사건들을 겪은 후에 문서들이 가득 든 스물네 개의 상자들은 그림이 들어 있는 다섯 개의 다른 상자들과 수십 점의 조각, 화병, 보석, 자수 등과 함께 대영박물관에 무사히 도착했다. 스타인은 여왕에게 아주 자랑스럽게 자신이 군주의 재정에서 단지 130파운드만을 중국인에게 지불했다고 밝혔다. 프랑스인 폴 펠리오Paul Pelliot는 그다음 해인 1908년에 둔황에 도착했다. 사람들은 그에게 첫번째 목록을 보여주었다. 왜냐하면 그가 스타인보다 훨씬 더 박식했기 때문이다. 폴 페리오는 중국어를 포함한 열세 가지의 동양어를 할 줄 알았다.

    이 보물들을 보호하기 위해서 벽을 쌓은 시점을 대략 1000년경으로 추정해낸 사람은 바로 폴 펠리오였다. 해마다 다른 탐험가들이 나타났다. 일본인 요시카와 코이시로Yoshikawa Koishiro. 1911, 러시아인 올덴부르그Oldenburg. 1915, 미국인 랭던 와그너Langdon Warner. 1924 등……. 그들은 모두 벽화를 잘라냈으며, 각자 조각상들이나 서로 다른 수천 가지 문서들을 가지고 자신의 조국으로 돌아갔다. 이렇게 해서 1,000년 동안 감춰져 있던 총서들은 세계 곳곳으로 흩어지게 되었다. 그리고 또 다른 방식으로 훼손되기도 했다. 1920년 동안 러시아 백인 군인이 이 동굴에 갇혀 있었는데, 그가 동굴을 어떻게 훼손했을지는 굳이 말하지 않아도 충분히 상상할 수 있을 것이다. 문화재의 파괴는 1943년이 되어서야 비로소 끝이 났다. 그제야 중국 정부가 남아 있는 모든 유물들을 모아서 국립 연구소를 설립한 것이다.

아랍의 시대

사마르칸트Samarkand | 우즈베키스탄

수 세기 동안 종이는 중국에 국한되어 있었다. 그 후 서서히 상인들에 의해서 아시아 전역으로 퍼져 나갔다. 인더스 강 서쪽 지방에서 여전히 파피루스papyrus와 양피지만을 사용하던 시절이었다. 그러다가 751년 7월이 되었다. 이 날짜가 결정적이다. 종이와 인류 역사에 있어서 말이다. 이미 얼마 전부터 아랍인들과 중국인들은 중앙아시아를 서로 차지하기 위해 다투고 있었다. 아랍과 손을 잡고 있던 티베트가 중국의 상업로를 위협하자 당나라 행정부는 조치를 취하기로 결정했다.

두 군대는 사마르칸트에서 그리 멀지 않은 탈라스 강가에서 충돌했다. 닷새간의 격렬한 전투 끝에 중국이 항복했다. 중화 제국은 영토 확장을 멈출 수밖에 없게 되었다. 중화 제국은 서쪽 한계에 도달했으며, 더 이상 넘어갈 수가 없었다. 아랍인들은 이 751년의 전투로 732년의 일을 복수했다. 탈라스의 승리는 푸아티에[22]에서의 패배를 보상해주었다. 프랑스에서 멈춘 그들의 영토 확장이 극동지역에서 다시 이어질 수 있게 된 것이다. 이 일은 종이에게 좋은 소식이 되었다. 이제 종이는 새로운 세계를 정복할 수 있게 된 것이다.

* * *

사마르칸트를 정복함으로써 아랍인들은 중국의 장인들이 그곳에서 제작하던 경이로운 소재인 종이를 발견하게 되었다. 그 후로 아랍인들은 더 이상 종이가 아닌 다른 곳에 글을 쓸 수 없게 되어버렸다. 762년에 압바스 왕조[23]는 바그다드를 자신들의 수도로 정했다. 압바스 왕조는 종이를 높이 평가했다. 그런데 그 이유는 단지 종이가 우수했기 때문이 아니라 약점을 가지고 있기 때문이기도 했다. 종이는 사용하는 사람들로 하여금 정직할 것을 요구했다. 그때까지 사용하던 다른 소재는 그 뒷면을 손상시키지 않고도 잘못 쓴 글자를 긁어낼 수 있었다. 이름이나 숫자, 심지어 서명까지 그 누구도 알아차릴 수 없을 정도로 순식간에 고칠 수 있었던 것이다. 틀린 것을 이렇게 쉽게 고칠 수 있다는 사실은 광활한 제국을 통치하는 사람에게는 참을 수 없는 일이었다. 왕조는 자신들이 발송하거나 전달한 문서에 신뢰를 담을 수 있어야 했기 때문이다.

22　732년 프랑크의 궁재 카를 마르텔이 이슬람교도군을 격파한 전투
23　우마이야조의 뒤를 이어 750년부터 1258년까지 동방 이슬람 세계를 지배한 칼리프조

이것을 시작으로 종이는 서서히 서구 사회를 정복해나가기 시작했다. 처음 도달하기까지 시간이 걸렸지만, 일단 종이를 사용하게 된 나라에서는 더 이상 종이를 구입하는 데에 만족할 수 없었다. 더 많은 양을 확보하기 위해서 그들은 종이를 직접 제작할 필요성을 느끼게 되었다. 따라서 주로 중동 지방에 위치하고 있던 종이 생산지의 수는 급격히 늘어나기 시작했다. 특히 티그리스 강을 따라 수많은 제지공장이 생겨났다. 이집트 역시 종이에게 굴복하였다.

아랍의 종이가 지중해에 도달하였을 때 종이는 이미 그곳에서 3,000년 전부터 사용해오던 파피루스와 닮은 점이 많았다. 두 소재 모두 식물성 원료를 사용했다. 하지만 종이는 균질한 혼합물로 이루어진 물컹한 반죽으로 만들었던 데 반해 파피루스는 섬유를 직조하여 만든 것이었다. 파피루스의 원료가 되는 섬유는 주로 나일 강에서 잘 자라는 갈대의 일종에서 채취한 것이었다. 갈대의 줄기를 얇게 벗겨낸 다음 그 하얀색 속을 얇게 잘라서 수직으로 나란히 펼쳐놓았다. 그런 다음 얇게 잘라낸 또 다른 갈대의 하얀색 속을 그 위에 수평으로 교차하도록 펼쳐놓았다. 여기에 강물을 뿌렸다. 그리고 수직과 수평으로 포개놓은 갈대 속이 잘 겹쳐지도록 오랫동안 망치로 두들겨주었다. 이제 이집트의 강렬한 햇살 아래에서 하얗게 색이 바래면서 잘 건조되도록 내버려두기만 하면 된다.

이렇게 만든 파피루스는 글을 쓰기 더욱 쉽도록 표면을 돌로 문지르기도 하고 녹말을 덧바르기도 했다. 뿐만 아니라 여러 장의 파피루스들을 이어서 긴 두루마리 형태로 만들기도 했다. 글을 쓸 수 있는 이 두 소재의 유사성 때문에 수많은 언어권에서 이 새로운 발명품에 파피루스와 아주 비슷한 이름인 papier^{프랑스어}, papier^{독일어}, paper^{영어}와 같은 이름을 붙이게 되었다. 파피루스는 또한 성스러운 느낌이나 왕실의 분위기를 지니고 있었다. '파피루스'와 '파라오^{pharaon}'는 'papouro^{왕실의 성격을 지닌 물건}'와 같은 어원을 가지고 있다. 마지막 파피루스는 935년에 이집트에서 사용되었다.

＊ ＊ ＊

종이는 여러 지역으로 계속 퍼져 나갔다. 우선 마그레브 지역[24]을 정복했다. 카이로우안을 시작으로 튀니지, 페스, 모로코 지역을 차례로 정복했는데, 12세기 초에 이미 400여 개의 제지공장이 이곳에서 생겨났다. 860년경에 이슬람에 정복당하고 1072년에 다시 노르망디에 정복당했던 시칠리아는 문화와 지식의 교역지가 되었다. 이 무렵 종이는 이탈리아에 도달하게 되었는데, 그것은 팔레르모[25]를 통해서였다. 이 시기에 스페인 역시 유리한 상황에 놓여 있었다. 사마르칸트에서 중국인들이 했던 역할을 유대인 예술가들이 이 지역에서 수행하고 있었던 덕분이다.

이곳에서 종이를 만들고 판 사람들은 바로 유대인 예술가들이었다. 덕분에 스페인은 황금시대를 경험하게 되었다. 오메이야드가 세력을

---

24 알제리, 튀니지, 모로코 등 아프리카 북서부 일대를 합한 지역을 일컫는 말
25 시칠리아의 수도

떨칠수록 안달루시아[26]는 경제적 문화적으로 꽃을 피웠다. 하지만 알모하드 왕조가 수립된 후 유대인들은 그들의 주요 주거지인 코르두[27]에서 추방되었다. 따라서 유대인들은 그들의 지식, 물론 종이에 대한 지식을 포함한 모든 지식을 가지고 북쪽으로 이동하기 시작했다.

* * *

아랍인들에게 종이는 행정 절차와 상거래에 유용하게 이용되는 수단이기도 했지만 지식인들의 특권으로 여겨지기도 했다. 본래 거만한 성격을 타고난 프랑스인들은 백과사전적인 지식들이 모두 프랑스의 전유물이며, 18세기의 계몽주의조차 세계 각 지역에 지식을 평등하게 전파하지 못했다고 믿고 싶어 한다. 하지만 750년에서 1200년 사이에 아랍인들이 쓴 몇몇 저서들의 제목만 봐도 이런 프랑스인들은 입을 다물 수밖에 없을 것이다. 알 자히즈Al-Jahiz의 『동물에 관한 책 : 시학』을 포함한 모든 지식의 집대성. 압둘라지즈Abdulasis의 『진료 받을 수 없는 사람들을 위한 책』 : 모든 의학 지식이 총망라되어 있는 서른 권 분량의 전집. 라지스Rhazis의 『모든 것을 담고 있는 책』. 아비센느Avicenne, 아베로에스Averroès, 마이모니드Maïmonide도 빼놓을 수 없다. 그리고 조금 더 나중에 페르시아 출신의 박식한 다우드 알 바나키터Dawud al-Banakiti는 『지식인의 정원Jardin de l'intelligent』1317을 쓰기도 했다. 배우고 전하고 싶어 하는 그들

---

26 에스파냐 남쪽 끝에 있는 자치 지방
27 안달루시아의 도시

의 열망은 어쩔 수 없이 종이라는 공모자와 함께할 수밖에 없었다.

* * *

종이는 보다 숭고한 역할을 감당하기도 했다. 그것은 바로 신의 언어를 받아들이는 것이었다. 유대인이나 기독교인과 마찬가지로 이슬람교인들 역시 책을 사랑하는 민족이다. 책은 진리가 드러나는 곳이다. 그리고 책의 재료인 종이는 이러한 진실의 폭로에 참여하게 된다. 전설일까, 진리일까? 나는 코르두의 저택에서 밤낮으로 코란을 옮겨 쓰고 있는 170여 명의 여자들을 떠올려보았다. 19세기까지 이슬람 국가는 인쇄를 늘 거부해왔다. 예언의 말씀을 아무런 인격도 없는 눈먼 기계에 맡길 수는 없다는 것이 그 이유였다.

이미지를 복제하는 것이 신앙심이 없는 행위인 것과 마찬가지로 신의 말씀은 인간의 손에 의해서만 옮겨질 수 있다. 그렇기 때문에 서법敍法 역시 신성하게 여겼다. 또한 극도의 섬세함을 요구하는 글을 쓰는 행위는 바로 기도하는 행위로 간주되기도 했다. 여기에 사용되는 종이가 끝없이 사치스러워진 것도 바로 이런 이유 때문이다. 그들에게는 금도 대리석도 가장 값비싼 염료도 그 어떤 것도 지나치게 아름다울 수는 없었다. 왜냐하면 그곳은 신의 말씀이 머무는 곳이기 때문이었다. 모든 책은 신의 존재를 품고 있다는 점에서 회교 사원과 같은 지위에 있다.[28]

---

28 작가의 주_ 더 많은 내용을 알고 싶다면 Pierre-Marc de Biasi와 Karine Douplitzky이 쓴 『Le Sae du papier』(Adam Biro-Arte Éditions, 2002)를 참고하라. 이 페이지는 이 책에서 많은 자료를 얻었다.

마르케스^{Marches}와
움브리아^{Ombrie}에 대한 찬사

파브리아노_{Fabriano}[29] | 이탈리아

책을 읽는 것이 지루해지면 나는 길을 나선다. 비단의 길뿐만 아니라 그림의 길, 풍경의 길, 국수의 길, 올리브 오일의 길, 포도주의 길을. 당신도 짐작했을 것이다. 내가 지금 조사를 계속하고 있는 곳은 이탈리아이다. 아시아는 이미 오래 전부터 정복당했고, 아랍 세계 또한 유혹당했는데, 유럽은 종이의 매력과 장점에 굴복하는 데 왜 이렇게 오랜 시간이 걸린 것일까?

그 첫번째 대답은 조금은 가슴 아픈 이유 때문이다. 기독교인들은 종이가 필요하다고 판단하지 않았기 때문에 종이에 관심이 없었다. 중세 시대에는 수도사들이 읽고 쓰기에 대한 거의 전적인 독점권을 가지고

---

29 1264년에 설립된 이탈리아의 전통 문구 브랜드

있었다. 따라서 수도사들이 필사를 하거나 그림을 그리는 활동을 하기에는 양피지로 충분했다. 일단 어린 양이든 새끼 염소든 송아지든 새끼 낙타든 부드러운 가죽을 얻기 위해 어린 짐승을 고른다. 이런 측면에서라면 사산한 짐승만큼 좋은 것은 없다. 그런 다음에 이 가죽을 찢어지지 않을 정도로 잡아당겨서 근육질을 쫙 펴준다. 그리고 물에 담근다. 가죽을 흐르는 맑은 물에 깨끗이 씻은 다음 며칠 동안 석회 용액에 담가둔다. 일단 꺼낸 다음에 또다시 작업대 위에 펼쳐놓고 가죽을 잡아당겨서 늘어뜨린다. 그리고 더욱 부드럽게 만들기 위해서 망치로 두드리고 백묵에 문지른다. 이렇게 하고 나면 당신은 이런 모든 노력을 보상받을 수 있는 부드럽고 유연하고 질긴 양피지를 얻게 될 것이다.

유럽에 종이의 전파가 늦어진 또 다른 이유는 더욱 재미있다. 종이가 아랍에서 온 것처럼 보였기 때문에 종이는 악마의 작품, 불경스러운 물건으로 간주되었다. 그토록 정성스럽게 코란을 적었던 곳에 복음을 적을 수는 없는 노릇이었다. 이런 이유로 1221년에 프레데릭^{Frédéric} 황제는 모든 행정 문서에 이 불경스러운 물건을 사용하는 것을 금하는 칙령을 내렸다. 하지만 이러한 장애물로도 종이의 전파를 막기에 충분하지 않았다. 일단 일반적인 상업적 경로, 특히 베니스나 제노아 항을 통해, 그다음에는 이탈리아의 제지소를 통해 종이는 유럽 전체로 퍼져 나갔다. 머릿속으로 이런 역사적인 자료들을 생각하면서 나는 내 목적지에 가까이 다가갔다. 아레조^{Arezzo}와 페루지아^{Perugia}를 지나 아씨시^{Assise}로.

이탈리아 한가운데 자리 잡은 옴브리아와 마르케스는 유명한 이웃 도시인 토스카나만큼 온화한 지역은 아니다. 옴브리아와 마르케스의 자연 환경은 거칠고 혹독하다. 산이 많아서 음습한 골짜기도 많았다.

13세기에 성 프란체스코saint Francois가 기독교의 첫번째 가르침인 사랑으로 돌아가야 한다는 설교를 하면서 새로운 인본주의의 기초를 마련하게 된 곳은 바로 아씨시였다. 성 프란체스코는 모든 창조물에 대한 사랑을 가르쳤다. 그리고 사랑하지 않는 모든 것에 대한 멸시도 더불어 가르쳤다. 앞서 말한 가치들을 전파하는 데 중요한 역할을 하게 될 유럽의 제지산업이 탄생한 곳 역시 바로 아씨시다.

성 프란체스코 포베렐로의 무덤 앞에서 경의를 표하기 위해서 전 세계에서 바실리카 회당으로 모여든 순례자들과 나의 장점을 비교하고 싶은 마음은 없다. 하지만 오래된 제지산업의 중심지에 가려면 그곳을 거쳐야만 했다. 일단 좁은 계곡으로 들어갔다. 그런 다음 안코네Ancône30 항을 향해 바쁘게 움직이는 트럭들 사이를 서둘러 빠져나왔다. 그리고 이곳의 숲떡갈나무, 너도밤나무, 밤나무에 많이 자란다는 버섯을 따러가고 싶은 유혹을 참아내야 했다. 마침내 확 트인 공간이 나타나고 인구 3만 명이 살고 있는 조용하지만 산업이 발달한 소도시인 파브리아노Fabriano가 나타났다.

여기 이 외진 마을에 1250년대에 한 대로 시작한 제분기가 그다음에는 열 대로 또 그다음에는 예순 대로 늘어나서 유럽의 많은 지역에 종이를 공급할 수 있었던 상황을 어떻게 설명할 수 있을까? 이 질문에 대한 대답으로 전해져 내려오는 이야기가 하나 있다. 티레니아Tyrrhénienne

---

30 이탈리아 반도 중부에 있는 도시. 천주교의 본고장

해[31]를 휩쓸고 다니던 해적들 중에 한 무리의 아랍 출신 해적들이 있었다고 한다. 그런데 어느 날 아랍 해적의 배가 안코네의 선원들에게 조사를 받게 되었다. 그런 다음 아랍 해적들은 쉽게 탈출할 수 없는 외딴 장소인 파브리아노로 끌려와서 감금되었다. 그런데 이 아랍 해적들 중 몇몇은 해적이 되기 전 제지공장에서 일해본 경험이 있었다. 그들은 능력을 담보로 운명을 바꾸고자 했다.

나에게 이런 이야기를 들려주고 있는 클로디아 부인은 이런 소설 같은 이야기를 멈추지 않았다. 클로디아 부인은 경제에 대해 너무 잘 알고 있었다. 이 마을에서 가장 중요한 박물관인 종이 박물관에 대한 책임을 이 부인에게 맡긴 것은 우연한 일이 아니었다. 종이 박물관은 과거 성도미니크회 수도원으로 사용되던 우아한 분위기의 벽돌 건물이었다. 7세기 중반 이후로 지식에 대한 애정이 이 붉은 벽을 떠나지 않았다.

"우리가 알고 있는 것과 반대로 파브리아노는 종이와 더불어 생겨난 도시가 아닙니다. 오래 전부터 직조공들과 무두장이들이 우리 지역의 지아노Giano 강을 이용하여 일하고 있었죠. 대장장이들 역시 이 공짜 에너지를 이용할 수 있는 다양한 도구들을 만들어냈습니다. 터전이 이미 준비되어 있었던 셈입니다."

클로디아는 여러 개의 물갈퀴 판이 달려 있는 둥근 몸체, 다시 말해서 아주 큰 나무로 된 캠축이 있는 곳으로 나를 데리고 갔다.

"몇몇 사람들이 주장하듯이, 나는 세상이 우리 마을에서 만든 이 기

---

31 이탈리아 반도 서쪽의 바다. 지중해 중부에 위치하며 코르시카, 사르데냐, 시칠리아 등 여러 섬에 둘러싸여 있다.

계 덕을 많이 봤다고 생각해요. 이것 보세요. 다섯 개의 나무망치가 통 안에 있죠? 강물의 힘으로 움직이는 이 나무망치가 통 안에 담긴 종이의 원료인 섬유 조각들을 빻습니다. 과거에 이 힘들고 느린 작업은 모두 노동자들의 몫이었죠."

나는 박수갈채를 보냈다.

"두 번째 진보 역시 우리 마을이 이루어냈습니다. 종이 위에 글을 쓸 수 있으려면 종이의 표면을 다듬어야만 합니다. 그렇게 하지 않으면 잉크가 섬유 덩어리에 다 스며들어버리죠. 중국인들은 몇 가지 식물을 한꺼번에 끓인 물을 사용했습니다. 아랍인들은 또한 식물에서 얻은 전분을 이용했죠. 하지만 우리는 무두장이의 도움을 받았습니다. 그들이 가죽을 삶을 때 생기는 물을 우리에게 선물하게 된 것이죠. 그건 기적입니다. 첫번째 시도에서부터 동물성 젤라틴은 기대하지 못했던 놀라운 결과를 보여주었습니다. 쉽게 잘 붙는 이 접착제 덕분에 종잇장은 더 강해질 수 있게 되었을 뿐만 아니라 모든 종류의 필기구로 글을 쓰는 것이 가능해졌습니다. 식물의 섬유가 인간의 필요에 더욱 잘 부응하기 위해서 동물과 협력을 한 셈이죠."

나는 미소를 짓지 않을 수가 없었다. 클로디아 부인은 말을 계속 이어갔다.

"우리 기술자들은 경쟁심에 사로잡혀 계속해서 새로운 것을 만들어 냈습니다."

이탈리아에서 물레방아의 수는 점점 늘어났고, 곧 유럽 전역으로 확산되었다. 제조 비법을 새어나가지 않게 하기 위해서 파브리아노는 이 비법을 외지인들에게 알려주는 것을 금지하기로 결정했다. 그리고 그곳을 지나쳐가는 사람들은 재산을 몰수당한 채 가족과 함께 추방당하는 중벌을 받았다. 하지만 모방하는 것을 어떻게 막을 수 있을까?

파브리아노는 섬유 반죽을 올려놓았던 구리 여과기 때문에 종이에 생긴 가느다란 구리 자국을 그냥 넘기지 않았다. 이 자국은 종이를 빛이 들어오는 방향으로 들어 올렸을 때만 보였다. 이렇게 해서 투명무늬가 탄생하게 된 것이다. 그리고 이런 투명무늬를 이용하여 제지업자는 각자 상표의 역할을 해주는 자신만의 서명을 가지게 되었다. 모두가 질투하고 거짓말을 하는 것은 아니다. 투명무늬의 탄생 장소는 다른 어느 곳도 아닌 바로 이곳이다. 나는 이 매력적인 도시에 얼마간 더 머무르고 싶었다. 나는 역사의 중심에 서 있던 보물들 사이를 한가로이 거닐었다.

포데스타 궁전Palazzo del Podestà, 카리타Carità의 기도실, 테아트로 젠틸레Teatro Gentile 등 너무도 멋진 자전거 박물관에 대해 나는 그에 합당한 경의를 표했다아, 아이스크림 상인의 연한 노란색 자전거! 더구나 페달 작동 영사기라니……. 내가 이 도시에 며칠 더 머물렀다면 나는 몬테베르데Monteverde 가의 친구가 되었을지도 모르겠다. 무슨 일이 있어도 점심이나 저녁 식사를 하러 이 레갈로 벨로 거리로 되돌아왔을 것이다.

과거에는 (12세기에는) 귀족들을 위한 살림집이었으며, 오늘날에는 (맛있는) 식당, (희귀한 종이와 현대식 도자기) 상점, (나무나 플러시 천으로 만든) 장난감 가게가 있는 이곳으로 말이다. 이곳의 사람들은 당신에게 파르파델레[32]를 서빙하면서 건축에 대해 이야기하고 레오파르디

---

32 우리의 칼국수 면보다 2.5배 정도 넓은 파스타의 일종

Leopardi[33]를 인용할 것이다. 그리고 미소를 지으며 당신에게 세상은 어쩌면 선의를 가진 사람들 덕분에 살기 좋아지는 것이라고 확신에 차서 말해줄 것이다. 나는 다른 지역 특산물을 음미하고 맛보는 여행을 좋아한다. 가리발디Garibaldi[34] 역시 자신의 여행 목적이 특별한 살라미[35]에 있다고 말했다. 이렇게 미소 지으며 살아가는 데 천부적인 능력이 사람들을 떠나려면 마음이 아프다. 하지만 길이 나를 기다리고 있다.

나는 반드시 파브리아노로 다시 돌아올 것이다. 이 지역 출신의 세 명의 유명인에 대해서도 조금 더 언급할 필요가 있다. 프란체스코 스텔루티Francesco Stelluti. 1577~1652. 시인이자 수학자, 천문학자, 박물학자다. 피에르토 밀리아니Pietro Miliani. 1744~1817. 오늘날까지 여전히 번창하고 있는 유서 깊은 제지공장의 창업자이다. 마지막으로 언급하지만 앞의 사람들과 똑같이 중요한 레지날도 센티넬리Reginaldo Sentinelli. 1854~1913. 앞서 말한 특별한 살라미라는 진미를 갈망하게 만든 개혁가이다.

사람들은 이탈리아가 왜, 그리고 어떻게 그 모든 것에 저항할 수 있었는지 궁금해하곤 한다. 무능하고 외설적인 정권에 대해, 마피아의 활동에 대해. 그리고 유쾌하고 보편적인 무질서 등에 대해 말이다. 파브리아노는 이런 의문에 대해 어느 정도 대답을 해준다. 이탈리아의 도시들은 크건 작건 간에 중세 시대 이후로 도시 나름의 산업, 창의성이나 생산성을 지켜내는 방법을 알고 있었다. 각 도시들은 국가가 선천적으

---

33 (1798~1837) 이탈리아의 시인
34 19세기 이탈리아 통일 운동에 헌신한 군인, 공화주의자
35 이탈리아 원산의 얇게 썬 소세지

로 나약하고, 게다가 도시의 독립을 질투한다는 것을 알고 있었기 때문에 도시 스스로 자립하기 위해 노력해왔다. 오랫동안 이어져온 이탈리아에 대한 프랑스의 빈정거림이나 독일의 무시에 무관심할 수 있었던 것은 바로 이런 이유에서이다.

제분기 어휘사전

유럽

14세기, 유럽은 잠에서 깨어났다. 그리고 무척이나 아름답고 부드럽고 글이 쉽게 써지는 이 낯선 소재에 대해 점점 더 관심을 가지게 되었다. 왜 이런 멋진 소재를 아랍에서 계속 사야 할까? 우리가 직접 이것을 제작할 수는 없는 것일까? 이런 생각은 제분소를 정비하게 만들었다. 더 이상 빻을 밀도 올리브도 없는 겨울이면 제분소는 할 일이 없었다. 그래서 사람들은 제분기를 또 다른 가루, 즉 '영혼의 가루'라고 할 수 있는 종이를 만드는 데 사용하기로 했다. 이 제분소 중 한 군데로 들어가서 펄프제조공의 지휘 하에서 움직이는 사람들에 대해 알아보자.

우선 넝마 절단공이 있다. 이 여자들은 주로 원료, 다시 말하면 넝마를 준비하는 일을 한다. 우선 넝마를 선별하고 솔질하고 실밥을 뜯어내서 햇볕에 널어 표백시킨다. 그런 다음 넝마를 가는 조각으로 잘게 자른다. 그리고 물이 담긴 커다란 수조에 넣어서 몇 주 정도 물에 담가둔다. 이 불행한 넝마의 고통은 이제 단지 시작일 뿐이다. 왜냐하면 거기다 대고 못이 박힌 나무망치로 두드리기 때문이다.

몇 시간 동안 이런 난폭한 처리 과정을 거친 후 넝마는 반죽 상태로 변하게 된다. 그리고 반죽을 다시 용해시키기 위해서 맑은 물이 있는 통에 쏟아 붓는다. 그런 다음 종이 직공이 나서게 된다.

종이 직공은 손에 두 개의 도구를 쥐고 있다.

• 그중 하나는 형판이다.

이것은 장방형의 테두리에 일정한 간격으로 가는 전나무 막대가 나란히 배열되어 있고 그 위에 투명무늬 놋쇠줄을 교차된 형태로 부착해 놓은 것으로 여과기의 역할을 한다.

• 또 다른 하나는 금속망의 채를 끼웠다 뺐다 할 수 있는 조립식 액자틀의 형태를 한 덮개이다.

이 과정에서 종이 직공은 동료인 금박 직공의 도움을 받게 된다. 두 사람은 흐물흐물한 반죽이 가득 차 있는 통에 형판을 담근다.

형판을 다시 꺼내면 물이 망 틈새로 흘러나오고 원료만 투명무늬 놋쇠줄에 걸러지게 된다. 표면의 두께를 고르게 만들기 위해서 종이 직공은 형판을 앞에서 뒤로 오른쪽에서 왼쪽으로 움직이며 체질을 한다. 그러면 형판 속에 있던 반죽은 낱장의 종이가 된다. 종이 직공은 작업대 위에 모두 올려놓고 덮개를 빼낸다. 그런 다음 그 위를 펠트 천으로 덮는다. 그리고 빠른 동작으로 전체를 뒤집어주면 낱장의 종이는 펠트 천

위에 있게 되고 물은 빠지기 시작한다. 이제 형판이 제거된다. 형판은 자신의 일을 다 했다. 형판은 또 다른 종이를 만들 준비를 하게 된다.

종이가 건조되는 동안 놋쇠 줄 때문에 투명무늬가 나타난다. 17세기에 이르러서는 보다 섬세하고 가는 금속 줄로 된 격자망이 등장하면서 벨랭지[36]를 만들 수 있게 되었다. 두 명의 숙련된 노동자, 한 명의 종이 직공과 한 명의 금박 직공이 함께 일하면 분당 여덟 장의 종이를 만들 수 있다.

이제 식자공이 개입할 때이다. 왜냐하면 종이가 여전히 물을 머금고 있기 때문이다. 펠트 천으로 서로 분리되어 있는 스물다섯 장의 종이를 포개놓고 세 사람은 이 더미를 압착기로 누른다. 물이 빠져나온다. 회전 장치를 이용하여 종이를 낱장으로 분리시키는 것은 식자공의 일이다. 또 다른 여자들이 나타난다. 이 여자들은 낱장의 종이를 빨래처럼 줄에 고정시킨다.

이제 마지막 단계인 풀을 먹이는 공정이 남아 있다. 이 과정에서 종이에 풀칠을 하는 이유는 잉크가 종이에 번지는 것을 막아서 글을 쓸 수 있게 하기 위해서이다. 이때 사용되는 접착제는 주로 냄비에서 끓인 뼈나 가죽에서 걸러낸 동물성 젤라틴이다. 아교 포수공은 지체하지 않고 종이를 젤라틴이 든 욕조 속에 집어넣는다. 또다시 압착 과정을 거치고, 건조 과정을 거쳐서, 마침내 종이가 탄생한다.

아무리 오래된 책을 들여다본다고 하더라도 이 '영혼의 밀가루'를 만들기 위해서 필요한 직업의 수를 누가 알겠는가? 넝마 절단공, 종이 직

---

36 매우 섬세한 쇠망 형판으로 얻어지는 매끄러운 종이다.

공, 금박 직공, 식자공, 아교 포수공에게 경의를 보낸다. 물론 제분소 주인에게도 경의를 보낸다. 몇몇 제분소는 여전히 전통을 이어가고 있다. 만약 그곳을 찾아간다면 오늘날에도 옛날 방식으로 종이를 제작하는 방법을 배울 수 있다. 예를 들면, '오클레르Eaux claires[37]'라는 이름이 어울리는 강가에 위치한 푸이모이앙Puymoyen, 샤랑트이라는 도시에 있는 자크 브레주Jacques Bréjoux가 운영하는 베르제르Verger 제분소[38]가 바로 그런 곳이다. 자크 브레주는 이 분야 최고의 장인이다. 전 세계에서 그를 초청하고 있다. 나는 전 세계를 통틀어 일본에서만 그와 비슷한 정도의 지식이나 고지식함을 만난 적이 있다. 그의 아내인 나딘 뒤멩Nadine Dumain 역시 제본술을 가르치고 있다.

---

37 '맑은 물'이라는 뜻
38 작가의 주_ BP 7-16400 Puymoyen, 전화번호 05 45 65 37 33

넝마 전쟁

뫼르나크Moernach | 프랑스

프랑스의 알자스Alsace라는 아름다운 지방의 남쪽에 준트가우Sundgau 라는 이름의 작고 신비로운 마을이 자리를 잡고 있다. 이 마을은 칠로 에Chiloé, 칠레, 레이크 디스트릭트Lake District, 영국, 하이반 고개베트남, 아레 초Arezzo, 이탈리아 주위와 더불어 지상의 천국이라고 불릴 만큼 아름답고 근사한 곳이다.

그다지 깊고 험하지 않은 계곡은 일 년에 두 번 샤프란으로 뒤덮이 고, 둥근 언덕은 사람 수보다 더 많은 수의 양떼들이 차지하고 있으며, 아이들이 겁을 먹기에 충분히 어두컴컴한 숲이 자리 잡고 있다. 나에게 는 이 장소가 꽤 익숙하다. 나의 어머니는 나를 종종 이곳으로 데리고 오곤 했는데, 나는 그 이유는 빨리 간파했다. 이곳 길모퉁이에 러시아 출신의 한 의사가 살고 있었는데, 어머니가 그와 친하게 지냈기 때문이다. 그 의사는 위대한 가수인 샬리아핀Chaliapine[39]의 매니저이자 뛰어난 이야기꾼의 아들이기도 했으며, 레지옹 도뇌르 훈장[40]을 받은 적도 있었다.

들기를 좋아하는 나는 그때 이미 나 자신을 잊을 정도로 무언가에 빠져드는 재주를 가지고 있었다. 튀긴 잉어 요리가 차려진 식탁 앞에서 잠들기 전까지 나는 밀수입자들이 주로 등장하는 그들의 이야기들을 꽤나 즐겼다. 이 준트가우 마을은 스위스와 인접해 있었는데, 이곳 사람들은 바로 이웃한 이 국가에서 생계에 필요한 대부분의 물건들을 가져다 썼다고 한다. 만약 세관과 밀수입자 사이에 고양이와 생쥐 사이 같은 신경전이 없었다면 아마도 이 마을 사람들의 살아가는 재미는 살짝 줄어들었을 것이고, 이미 꽤 만연해 있던 음주 문화는 더욱 퍼져 나갔을 게 분명하다.

내가 열 살 정도 되었을 때 우리가 묵곤 했던, 그 당시에는 식당 겸 여인숙이었던 '두 클레Deux-Clés' 주막이 있었는데, 내가 처음으로 '넝마전쟁'에 대해 말하는 것을 들었던 장소가 바로 그곳이었다. 그 이야기에 충격을 받았던 나는 조사를 해보기로 결심했다. 구하기 힘들었던 책 한 권이 그 일에 도움이 되었다. 그 책은 바로 『알자스의 종이 역사에 대한 에세이Essai sur l'histoire du papier en Alsace』로 저자인 피에르 슈미트Pierre Schmitt는 이미 사망했다. 고인에게 이 책을 쓴 것에 대해 감사의 뜻을

---

39 구소련의 오페라 가수
40 프랑스 최고 권위의 훈장. 1802년 나폴레옹 1세가 전장에서 공적을 세운 군인들에게 수여할 목적으로 처음 제정했다. 정치·경제·문화·종교·학술·체육 등 각 분야에서 공로가 인정되는 사람에게 대통령이 직접 수여한다.

전한다.

넝마가 없었다면 종이도 없었다. 나무를 사용하게 될 때까지 넝마는 종이의 주요 원료였다. 넝마주이. 우리는 쓰레기통을 만들고 청소부가 정기적으로 쓰레기를 수거해가기 전까지 쓰레기를 모아갔던 이 사람들에 대해 잊고 있었다. 만약 넝마주이가 없었다면 종이를 만드는 제분기는 절대로 돌아가지 않았을 것이다. 인쇄술이 발명된 이후로 그 수요가 지속적으로 증가했다. 따라서 종이의 원료가 되는 넝마를 손에 넣으려는 넝마 전쟁은 날이 갈수록 치열해졌다.

"넝마주이처럼 싸운다"라는 표현이 우연히 생겨난 것은 아니다. 넝마의 부족이 너무도 심각했기 때문에 영국에서는 천을 다시 회수할 목적으로 죽은 시신을 수의에 입혀서 매장하는 것을 금지하는 법령까지 발표했다. 그리고 수도자들은 자신들의 책을 지키기 위해서 늘 신경을 곤두세워야 했다. 넝마주이들이 언제 그것을 싣고 제분소로 갈지 알 수 없었기 때문이다. 17세기 중반 무렵 알자스는 조치를 취해야만 했다. 독일과 스위스와 같은 이웃한 산업 국가들은 이미 어떠한 넝마든지 국경을 넘어가려면 큰 금액을 지불하게 했다. 따라서 다음과 같은 금지 조치를 내렸다.

어떤 상황에 처해 있는 사람이든 누구나 알자스 내에서 종이를 제작하는 데 사용될 수 있는 낡은 린넨이나 오래된 천 조각, 가죽이나 양피지 조각, 그리고 그 밖의 비슷한 소재들을 모아서 국경 밖으로 가지고 나가는 것을 금지한다. 그뿐 아니라 마부나 뱃사람, 행상인이 이러한 것들을 국경 밖으로 옮기기 위해 짐을 싣는 것 역시 금지한다. 다른 나라와 국경이 접해 있는 알자스에서 앞서 말한 물품들을 싣고 나가다가 적발될 시에는 물품뿐만 아니라 싣고 가던 말이나 수레, 배까지 함께 압수하고 3,000파운드의 벌금을 내야 하며, 벌금의 4분의 1은 밀고자에게 포상금으로 지급한다.

이러한 금지법을 통해 등에 보따리를 짊어지고 가는 사람들을 점점 더 엄격하게 감시하고 더욱 과중한 벌금을 부과했다. 그러나 그로 인해 밀 수입이 줄어들기는커녕 날이 갈수록 더욱 활개를 쳤다. 밀루즈Mulhouse[41] 남부의 국경에 접한 몇몇 마을 사람들은 아예 이 일을 주업으로 삼기도 했다. 조셉 켐프Joseph Kempf는 이런 마을들 중 한 곳인 쉴러바흐Schlierbach에서 살고 있었다. 그는 준트가우와 라인 강가에서 이루어지는 낡은 린넨 유의 밀 반입을 막기 위해서 늘 무기를 휴대하고 다녔다. 1760년 5월의 어느 날 이 켐프라는 사람은 누더기를 잔뜩 짊어지고 국경을 향해 걸어오는 열여섯 명 정도의 동향인 무리를 불시에 습격했다. 현장에서 그 무리를 체포하는 대신에 켐프는 또 다른 감시인이 그들을 추격하고 있다고 말했다. 그런 다음 그 무리에게 자신이 일러준 창고에 짐을 맡기라고 일렀다. 그로부터 이틀 뒤에 그 밀수입자 무리는 켐프의 집으로 찾아와 난동을 부렸다.

앞서 말한 켐프라는 사람은 정의를 모르는 사람이었다. 그랬기 때문에…… 켐프는 발로와Bâlois 지방과 거래를 하는 또 다른 넝마주이에게 자신이 손에 넣은 물건들을 이미 몽땅 팔아버렸던 것이다. 이미 시대가 바뀌었음에도 다른 거래 품목이 예전과 같은 관행에 따라 거래되고 있

---

41 프랑스 알자스 주 오랭 데파르트망(Departement)에 있는 도시

었다. 1981년 5월초에 두 번의 대통령 선거 유세 동안 나는 준트가우의 적막함 속에서 스물네 시간을 보내게 되었다. 미테랑 후보의 보좌관으로 나는 그 앞으로 온 편지들에 대한 답장을 수도 없이 써야 했다.

나는 페레트Ferrette[42]의 동쪽, 린스도르프Linsdorf, 생블레즈Saint-Blaise, 리벤스빌레Liebenswiller, 레이멘Leymen 등 무척이나 좋아하는 풍경 속에서 오랫동안 산책을 했다. 해가 저물면 길을 오가는 자동차 수가 훨씬 많아졌다. 하지만 대부분의 경우에 인적이 드문 이 길 위에서 나는 어떤 동요도 느낄 수가 없었다. 뫼르나크로 되돌아온 뒤 두클레 여인숙을 운영하는 친구들을 통해 알게 된 사실이다.

"이곳에 무슨 일 있어?"

내 어린 시절의 친구들인 데데Dédé와 가비 앙데르렝Gaby Enderlin은 나에게 너그러운 미소를 보여주었다.

"정말이지, 에릭 자네는 황소가 암소의 등에 올라타서 무엇을 하는지 묻던 시절 이후로 하나도 안 변했어. 너의 순진함은 고쳐지지 않았군! 이곳의 선량한 사람들은 좌파의 승리를 두려워해. 그래서 그들은 스위스에 돈을 맡겨놓았지."

은행의 지폐가 항상 면이나 넝마와 같은 원료를 가지고 옛날 방식으로 만들어진다는 점을 기억한다면, 시대는 다르지만 같은 장소에서 일어나고 있는 이런 비슷한 일들을 더 잘 느끼게 될 것이다.

42　알자스 남부의 작은 마을

비행의 역사

비달롱 레 아노네이Vidalon-lès-Annonay | 프랑스

날씨가 이상하다. 몇 주 전부터 날씨가 꽤 풀렸는데도, 나이 든 유럽은 오한을 느낀다. 또다시 눈이 내렸고, 나는 괴로웠다. 나의 소중한 자클린 드 로밀리Jacqueline de Romilly가 우리를 떠났다. 내가 자클린에게 고대 이집트에 대한 나의 관심을 말했을 때 그녀가 화를 내며 했던 말이 떠올랐다.

"어떻게 그럴 수 있죠? 죽음으로 희미해진 이 문명을…… 그리스인들은 오직 살아 있는 것만을 생각하죠."

내가 리옹 역에서 6609호 기차를 타고서 아르데슈Ardèche[43]로 항공술의 선구자들을 만나러 갔던 것은 이런 슬프고 찹찹한 기분에서였다. 종

---

43 프랑스의 주

이는 오래된 시간을 보관해주는 기억의 친구이다. 만일 당신이 흘러간 어떤 시절을 되돌아보고 싶다면 종이에게 물어보는 것으로 충분하다. 종이보다 더 친절한 것은 없다. 아니, 친절은 적절한 표현이 아니다. 종이에는 진정한 온정이 배어 있다. 어쩌면 종이가 낡은 넝마로 만들어졌기 때문일 것이다. 따라서 종이에는 향수가 깃들어 있다. 당신이 알지 못해서 아쉬워하는 시절로 들어가는 문을 열기에 4장 혹은 8장의 종이로 충분하다.

잘 알려진 대로 A7 고속도로[44]는 태양을 향해 쭉 뻗어 있다. 도로를 중심으로 론 강과 화학 공장들이 여기저기 흩어져 있다. 그날 나는 지중해가 아니라 18세기와 만남을 가졌다. 전화로 마리-엘렌 레이노 Marie-Hélène Reynaud가 길을 알려줬다.

"레아즈 드 루실롱Péage-de-Roussillon에서 고속도로를 빠져나와 15킬로미터만 더 가면 아노네이Annonay가 나와요. 원형교차로가 많으니까 거기서 조심해야 해요."

마리 엘렌의 말이 옳았다. 나는 화살표를 따라가기만 하면 되었다. 캉송 몽골피에Canson-Montgolfier 박물관까지. 마침내 나는 작은 골짜기에 도착했다. 마리 엘렌이 저택의 문 앞에서 기다리고 있었다.

"네, 이곳이 바로 몽골피에 집안 사람들이 살았던 곳입니다. 그들에게는 넓은 공간이 필요했죠. 아버지인 피에르에게 자식이 16명이나 있었거든요. 그리고 그들 대부분 제지업에 종사했습니다."

---

44 프랑스인들에게 파리에서 마르세유로 이어지는 A6, A7 고속도로는 '태양의 고속도로'로 불린다. 바캉스 시즌이 되면 레저용품을 실은 차들이 '태양'을 찾아 남쪽으로 이동하기 때문이다.

오른쪽으로 웅장한 건물들이 이어져 있었고 본관 건물 앞에는 〈왕립 제작소〉라는 간판이 위엄 있게 걸려 있었다. 마리 엘렌은 고개를 끄덕였다.

"여기는 제지공장이었어요. 1,000명이나 되는 직원들이 일했어요. 지금은 사무실만 남아 있지만요. 도의회는 이곳을 기업 양성소로 만들고 싶어 해요. 어떤 기업이냐고요? 한번 맞혀보세요. 몽골피에는 강 때문에 이곳을 선택했습니다. 됨Deûme이라는 이름의 강이죠. 곧 거기로 갈 거예요. 물소리 들리시나요?"

어떻게 잊을 수 있을까? 이 강에 대한 이야기들이 계곡을 가득 채우고 있었다. 이 강은 마을의 주인공이었다. 우리는 집 안으로 들어갔다. 마리 엘렌은 건강한 체격에 생기 넘치는 눈매를 가진 노인을 아버지라고 소개해주었다.

"아버지가 없었다면 아무것도 없었을 거예요. 아버지는 40년 동안 공장에서 일했어요. 다시 말해서 아버지는 종이에 대해 모든 걸 알고 있어요. 아버지가 기계를 하나씩 하나씩 다시 복원하셨거든요."

그런 다음 마리 엘렌은 관람 안내를 시작했다.

"저는 당신이 처음에 열기구 때문에 이곳에 오신 줄 알았어요. 하지만 무슨 일이나 때가 있는 법이죠. 인내심을 가지세요. 물론 그것이 당신의 장점이라고 생각하지만요. 몽골피에는 원래 종이를 만드는 사람들이었어요."

그런 다음 우리는 이 멋진 작은 박물관의 방들을 둘러보았다. 그리고 나는 세 가지를 얻게 되었다. 우선, 확신을 얻었다. 강이 없으면 종이도 만들 수 없다. 됨 강은 모든 공장의 모태였다. 이 강은 공장에 물과 에너지를 공급하고 있었다.

그다음, 증거를 찾았다. 종이는 가업이다. 몽골피에의 가계도는 하나의 숲을 이룬다. 제지업을 다시 시작한 이 캉송^{Canson}이라는 사람은 몽골피에의 수많은 딸들 중 한 명과 결혼한 사람이었다. 그리고 그의 강력한 경쟁자인 조아노^{Johannot} 역시 먼 친척이었다. 이러한 인척 관계는 직원들에게도 이어졌다. 주인이나 직원이나 모두가 한 식탁에서 점심을 먹고 모두가 같은 성당^{공장에 위치한}에서 함께 미사를 드리고 같은 곳^{한 집은 아니지만}에서 생활했다.

마지막으로, 감탄을 했다. 3세기 동안 몽골피에 집안사람들, 조아노 집안사람들, 그리고 캉송 집안사람들은 끊임없이 '창조'를 했다. 그리고 그들의 아이디어를 실현시키기 위해 투자를 아끼지 않았다. 마리 엘렌의 정신없는 사무실에서, 나는 집안사람들끼리 주고받았던 편지들을 볼 수 있었다. 한결 같은 열정 속에서 그들은 숫자와 도표와 계획을 서로 교환하고 있었다.

바로 이런 이유 덕분에 제지공장이 지속될 수 있었던 것이다. 마리 엘렌은 이 보물들을 상자 속에 정리했다. 그런 다음 다시 나와 마주 앉았다. 사무실에 휴가 분위기가 감돌고 있었다. 마리 엘렌의 모습을 보면서 나는 마치 하나의 프로젝트를 성공적으로 끝낸 것을 만족스러워하는 교수가 마지막 강의 강단에 선 것 같다는 생각을 했다. 박물관장, 아동 법정 배심원, 시의원, 다양한 협회 회장의 역할 외에도 마리 엘렌 레이노는 대학에서 역사학 교수직을 맡고 있지 않았던가? 마침내 때가 되었다. 마리 엘렌은 나에게 첫번째 유인비행에 대한 이야기를 들려주었다.

$$* * *$$

보잉Boeing의 본사가 있는 시애틀이나 에어버스Airbus의 본사가 있는 툴루즈Toulouse에서 비달롱 레 아노네이Vidalon-les-Annonay에 대해 알고 있는 사람이 있을까? 두 형제가 항공 운송 수단의 가능성을 증명하기 시작했던 곳은 바로 아르데슈의 이 작은 마을이었다. 이제 18세기로 돌아가 보자. 한 집안이 독점 운영하고 있던 제지공장은 300명의 직원을 두고 있다. 피에르 몽골피에가 그 사장이었다.

이 회사를 물려받게 될 사람은 사장의 열다섯 번째 아들인 에티엔Étienne이었다. 에티엔은 건축가였지만, 제지업과 무관한 일을 했던 것은 아니다. 왜냐하면 파리에서 레베이용Reveillon 제지공장의 건물 설계를 하고 있었기 때문이다. 그의 형이 세상을 떠나자, 아버지인 피에르 몽골피에가 그를 고향으로 불러들였다.

그때가 1774년이었다. 그러는 동안 몽골피에 형제 중 12번째였던 조셉Joseph은 과학, 특히 헨리 캐번디쉬Henry Cavendish[45]의 발견에 열정을 쏟고 있었다. '인화성 가스가 공기보다 두 배 더 가볍다. 그리고 그것은 바로 수소이다. 철 조각에 황산을 쏟아 부으면 수소 가스를 얻을 수 있다.'

이 일을 위해서 조셉은 그 당시에 교황의 통치 하에 있던 아비뇽

45　영국의 물리학자, 화학자. 정전기에 관한 기초적 실험, 지구의 비중측정의 개념 확립, 잠열, 비열, 열팽창, 융해 등의 연구를 하였으며, 화학에서는 공기 중 산소를 제거하고 얻은 질소가 화학적으로 순질소보다 무거움을 발견했으며 특히 수소의 발견, 물조직의 결정, 자연수의 정밀한 분석으로 화학 분야에 큰 업적을 남겼다.

Avignon에 들르곤 했다. 교황의 통치 하에 있다는 이유로 그곳엔 인쇄소가 많았다. 프랑스 행정부의 검열과 과세에서 자유로운 인쇄소들이었다. 역사에 의하면 조셉이 '항공술'에서 첫 성공을 거둔 것은 이 도시에서라고 한다. 바닥이 뚫려 있는 입방체의 비단 속에 들어 있는 공기를 따뜻하게 데웠고, 이것이 천장까지 떠오르게 한 것이다. 이때부터 이 두 형제는 실험을 거듭했다.

두 형제는 종이로 속을 댄 면으로 점점 더 큰 풍선을 만들어서 점점 더 기록에 남을 만한 고도까지 올려 보냈다. 1783년 4월에는 400미터, 7월에는 1,000미터까지 올라가서 10분 동안 비행을 한 뒤에 출발 지점에서 2킬로미터 떨어진 지점에서 비행을 마쳤다. 지금까지 몽골피에 형제들은 스스로 이 프로젝트에 필요한 자금을 조달했었지만, 이제는 왕을 설득하러 파리로 가야만 했다. 형제는 지금의 몽트뢰유Montreuil 거리31번지에 위치한 폴리 티통Folie-Titon에서 지내기로 했다. 이곳은 바로 왕립 제지공장의 본사였다. 이 회사는 두 형제의 친구이자 고객인 레베이용이 운영하고 있었다.

이런저런 사건을 겪은 후 1783년 9월 19일에 20미터의 높이에 달하는 열기구가 루이 16세에게 소개되었다. 이 열기구는 세 마리의 동물, 양, 닭, 오리를 각각 한 마리씩 싣고 400미터 고도까지 올라갈 예정이었다. 이 시험은 결정적인 결과를 보여주었다. 그것은 바로 생명체가 고도를 견딜 수 있었다는 것이었다. 이제 인간이 비행을 해볼 차례였다. 왕은 허가하기를 주저했다. 그래서 왕은 사형 선고를 받은 죄수를 상대로 시험 비행하는 쪽을 선택했다. 하지만 몽골피에의 아버지가 자신의 아들들이 이 위험한 게임을 하는 것을 공식적으로 허락하지 않았다.

이때 의사인 장 프랑소아 필라트르 드 로지에르Jean-Francois Pilâtre de Rozier가 자원하였다. 몇 달 전부터 이 프로젝트를 쭉 지켜보았기 때문에, 이 의사는 마치 화덕에 불을 때는 것과 같은 방식으로 짚단을 조절하여서 열기구의 상승과 하강을 조절할 수 있다는 것을 알고 있었다. 한 용감한 시민 역시 장 프랑소와와 함께하겠다고 나섰다. 그의 이름도 밝힐 필요가 있다. 이 용감한 시민은 바로 아를랑드의 후작인 프랑소와 로랑Francois Laurent이었다. 1783년 11월 21일 열기구는 뮈에트Muette 성파리 16구을 출발했다. 이 열기구는 25분 후에 뮈에트 성에서 9킬로미터를 떨어진 지금의 폴 베를랜Paul-Verlaine 광장파리 13구에 착륙할 예정이었다.

온 세계가 놀랐다. 몽골피에 가문은 작위를 받았다. 그들은 연구를 계속해서 '이런 방식으로 별까지 갈 수 있기를Sic itur ad astra' 희망했다. 아무튼 이것이 그들의 좌우명이었다. 하지만 신뢰가 부족했다. 그리고 곧 혁명이 터졌다. 폴리 티통의 노동자들, 즉 열기구 제작에 참여했던 바로 그 노동자들이 바스티유 점령에 중요한 역학을 하게 된 것이다. 레베이용은 소송을 걸기도 했지만 노동자들의 반란은 오랫동안 지속되었다. 에티엔은 아르데슈로 다시 돌아와서 오랫동안 방치했던 가업인 제지공장에 다시 손을 댔다. 자신이 늘 기술자라고 생각했던 조셉은 국가 산업 장려회를 만드는 데 참여하였으며, 이 일로 나폴레옹으로부터 레지용도뇌르 훈장을 받았다.

창조자의 고통

프랑스 국립도서관, 파리paris | 프랑스

　루이 니콜라 로베르Louis Nicolas Robert는 1761년 12월 2일에 파리에서 태어났다. 자유를 사랑하는 루이 니콜라 로베르는 열아홉 살의 나이에 미국 독립전쟁에 참전하기 위해 대서양을 건너갔다. 그리고 파리로 돌아오는 길에 그는 또 다른 비전을 찾게 되었다. 그것은 바로 종이였다.

　17세기 이후로 디도Didot 가문은 대대로 인쇄업, 출판업, 서점, 주물공장을 해왔다. 이런 전통을 따르기 위해서 피에르 프랑소와 디도는 에손Essonne 제지공장을 창업했다. 그리고 젊은 루이 니콜라를 고용했다. 이 회사의 주요 고객은 관공서, 특히 재무성이었다. 혁명으로 인해 금고가 텅 비어버린 프랑스 정부는 시중에 다시 돈을 돌게 해야 했다. 디도는 루이 니콜라에게 생산을 가속화시킬 수 있는 방법을 찾게 했다. 루이 니콜라는 얼마 지나지 않아서 그 방법을 찾아냈다. 1799년 1월

18일에 우리의 영웅은 '어떤 노동자의 도움도 없이 순전히 기계를 이용하여 특별한 크기의 종이'를 제작할 수 있는 기계에 대한 특허를 등록했다.

자동화 과정을 통해 기계는 익숙한 절차를 회복했다. 대형 탱크 속에 든 반죽을 삽이 달린 바퀴 모양의 장치가 퍼내어서 구리로 된 일종의 벨트 컨베이어 위로 쏟아 붙는다. 벨트 컨베이어는 반죽이 앞으로 이동하는 동안 골고루 잘 펼쳐지게 하기 위해 좌우로 흔들린다. 이때 중력에 의해 물기가 바닥으로 떨어져 내리기 시작한다. 그런 다음 반죽은 두 개의 롤러 속을 통과하면서 건조되기 시작한다. 바로 이 압착 과정을 거치면서, 우리는 로베르가 말했던 것과 같은 '끝없이 길게 이어진' 종이를 얻을 수 있게 된 것이다.

디도는 자신의 고용인인 로베르에게서 이 특허권을 구입했다. 그런데 그는 그 자리에서 돈을 지불하지 않고 제지공장에서 미래에 발생할 이윤을 넉넉히 나눠주기로만 약속했다. 그 무렵 디도의 처남인 갬블Gamble이라는 영국인이 나타난다. 이 두 처남 매제는 발명품을 발전시키기 위해 함께 일하기로 결정했던 것일까? 아니면 이 갬블이라는 사람이 도면을 훔쳐낸 것일까? 아무튼 갬블은 이 도면을 가지고 영불해협을 건너가서 또 다른 제지업자인 푸르드리네Fourdriner와 손을 잡았다. 그리고 자신의 이름으로 영국에서 특허를 출원해버렸다.

루이 니콜라 로베르는 이 과정에서 자신과 협의했다는 사실을 전혀 인정하지 않았다. 그는 이 일에 전혀 개입하지 않았기 때문이다. 디도는 로베르에게 발명품의 소유권을 돌려주는 것으로 이 상황을 끝내려고 했지만, 로베르는 디도에 대해 소송을 걸었다. 이제 로베르는 자신의 특허를 되찾기 위해 영국으로 가야만 했다. 하지만 이미 이 일은 이미 복잡하게 엉켜있었다. 푸르드리네가 가만히 있지 않았던 것이다.

갬블 주위에는 대단한 재주를 가진 두 명의 기술자들, 존 할John Hall 과 브라이언 도킨Bryan Donkin이 함께 일하고 있었다. 그들은 이미 로베르의 장치를 끊임없이 개선시켜왔던 것이다. 삽의 속도 개선, 벨트 콘베의의 작동 관리 개선, 건조 롤러의 압력 증가 등. 이리하여 시제품이 완성되었다. 작업 가능한 첫번째 기계는 1803년에 첫번째 종이를 제작하기 시작했다. 그 결과는 놀라웠다. 기계 하나로 재래식 대형 탱크 여섯 개 분량의 종이를 만들어냈다. 그리고 점점 더 성능이 좋은 기계들이 잇달아 등장하였다.

수제품은 이제 한물갔다. 새로운 세상이 시작된 것이다. 1810년에 디도는 결국 파산했다. 로베르는 다시 실직 상태가 되었다. 4년이 지난 후에야 내려진 법원의 결정은 이 기계의 부성애를 인정했다. 로베르는 메스닐 쉬르 레스트레Mesnil-sur-l'Estrée를 비롯한 다양한 제지업자들에게 자신의 기계를 소개했지만 모두 거절당했다. 낙심한 로베르는 과거를 잊고 다른 일을 하기로 결심했다. 그리고 몇몇 다른 새로운 발명품을 만들었는데, 그중에 글 쓰는 기계도 있다. 하지만 운명은 로베르에게 결정적인 타격을 가했다.

1826년에 앞서 말한 디도의 사촌인 피르멩 디도Firmin Didot가 메스닐의 제지공장과 설비 장비들…… 이제 돈킨의 이름으로 판매되고 있는 영국식 기계를 구입한 것이다. 루이 니콜라 로베르는 자신의 발명품들을 때려 부수고 모든 형태의 회사들과 작별했다. 그리고 그로부터 2년 뒤에 사망했다. 그의 운명은 수많은 다른 프랑스 발명가들을 떠올리게 한다. 발명을 했지만 신뢰와 재정 부족으로 그만 다른 재미와 이윤에 빠져들고 만 발명가들을 말이다.

아래에 서명한 사람들 중에서,

앙굴렘Angoulême의 인쇄업자인 다비드 세사르 2세David Séchard fils는 수작업으로 만든 종이를 균일하게 이어붙일 수 있는 방법과 지금까지 사용하던 넝마에 식물성 원료를 섞거나 혹은 넝마를 빼고 식물성 원료만을 사용함으로써 모든 종류의 종이의 생산 비용을 50퍼센트 이상 줄일 수 있는 방법을 찾았다고 확신했다. 따라서 다비 세사르 2세와 코엥네 형제Cointet Frere는 아래의 조항과 조건에 따라 이러한 기술에 대한 발명 특허권을 이용할 수 있는 회사를⋯⋯.

[⋯⋯]

1823년 상반기 동안 다비드 세사르는 콜브Kolb와 함께 제지공장에서 생활했다. 의식주에 대해서는 거의 신경도 쓰지 않았다. 그는 코엥테 형제가 아닌 다른 사람들에게는 구경거리에 지나지 않았을 문제들에 치열하게 매달렸다. 그는 그 어떤 다른 일에는 신경도 쓰지 않았다. [⋯⋯] 다비드 세사르는 남다른 통찰력으로 인간의 손길을 거치면서 사용할 수 있는 제품으로 변모하는 소재들의 신비로운 속성들을 꼼꼼히 살펴보았다. 어느 정도 저항력이 있는 속성의 소재들을 서로 결합하여 새로운 이차 속성을 가지게 할 때, 새로운 창조물을 얻을 수 있다는 산업 법칙을 추론했다. 결국 8월 말에 그는 그 당시에 공장에서 만들던 것과 흡사한 종이를 제작하는 데 성공했다. [……] 이에 당황한 다른 제지업자들은 옛날 방식을 고수했다. 하지만 질투에 눈이 먼 코엥테 형제는 그가 곧 망하고 말 것이라는 소문을 냈다.

[……]

9월이 되자 이 코엥테 형제는 다비스 세사르를 따로 불러냈다. 그리고 그에게 자신이 승리를 보장할 수 있는 일을 계획했다고 말하면 다비드에게 이 일을 그만두라고 말렸다.

"친애하는 다비, 마르삭Marsac에 가서 자네 아내를 만나서 피로를 좀 풀게. 우리는 망하고 싶지는 않아."

코엥테는 따뜻하게 말을 건넸다.

[……]

다비스 세사르의 발견은 마치 덩치 큰 짐승의 입에 먹잇감이 들어가는 것처럼 프랑스 제조법에 적용되었다. 넝마가 아닌 다른 소재의 도입 덕분에 프랑스는 유럽은 다른 어떤 나라보다 더 싼 가격에 종이를 제작할 수 있게 되었다.[46] [……]

사랑하는 아내와 두 명의 아들과 한 명의 딸을 둔 다비드 세사르는 취미 삼아 편지를 즐겨 썼다. 그는 돈을 잘 버는 부자로서의 행복하고 느긋한 삶

---

46 이렇게 해서 발작은 또 다른 혁명을 예고했다. 왜냐하면 넝마가 부족하면 우리는 나무를 제1원료로 사용하게 될 것이기 때문이다.

을 살았다. 하지만 영예롭던 삶으로 되돌아가지 않겠다고 작별을 고한 후에, 그는 주저 없이 몽상가과 채집자로서의 삶의 대열에 합류했다. 그는 곤충학에 몰두하여 지금까지 잘 알려지지 않은 곤충의 변태 과정에 대해 연구를 했다.

세사르를 불행한 발명가라고 부르면서, 발작은 스스로 이 기술을 완전히 이해하고 있었다는 사실을 보여주었다. 대형 건조장치가 없다면 종이 공장이 어떻게 돌아가겠는가? 압축과 증발을 통해 반죽에서 섬유를 움직이게 할 수 있는 물을 모두 빼내야 한다.

산업을 포함한 현실의 모든 것에 관심을 가지고 있을 때, 문학은 갈채를 받을 만하다!

위인들과의 친밀함 속에서

프랑스 국립도서관, 파리 | 프랑스

1월 27일 목요일 아침, 팔레 로얄Palais-Royal 역에서 내려서 같은 이름의 정원을 가로지른 다음 북쪽으로 다시 올라가서, 나는 역사의 본질을 만났다.

수석 보존원인 미셸 르 파벡Michèle Le Pavec은 마돈나가 가장 좋아하는 디자이너 부티크인 장—폴 고티에Jean-Paul Gaultier와 바로 마주하고 있는 비비엔느Vivienne 거리 5번지에서 나를 기다리고 있었다.

한창 진행 중인 수많은 작업들 때문에 나의 과거로의 여행은 일단 작업대 사이를 요리조리 피한 다음에, 발끝으로 걸어서 정기간행물 실을 지나고, 철로 만든 계단을 올라가서 왼쪽으로 꺾은 다음, 또다시 왼쪽으로 꺾어서 빛바랜 벽들 사이에 나 있는 긴 복도를 따라 가다가다가 (임시) 사무실 문을 여는 것으로 시작되었다. 역시 보존원으로 보이는 또 다른 부인이 나를 맞이해주었다. 그녀의 이름은 마리−로르 프레보 Marie−Laure Prévost였다. 아주 소중한 물건이라는 듯이 마리−로르는 세로 약 60센터미터, 가로 약 20센터미터의 크기의 누르스름한 플라스틱 상자에 들어 있는 물건을 양팔을 쭉 뻗어서 들어올리고 있었다.

마리−로르는 나에게 의자에 앉으라고 권했다. 그리고 나는 4,000년 전으로 되돌아갔다. 내 앞에는 파피루스를 하나하나 이어서 만든 두루마리가 놓여 있었다. 마리−로르가 그것을 천천히 펼치는 동안 사범학교 학생인 클로에 라가졸리Cloé Ragazzoli가 나에게 귓속말로 필요한 정보들을 전해주었다. 클로에는 율법학자들의 서체에 대한 논문을 쓰고 있었으며, 이 보물을 발견한 고대 이집트 연구가인 에밀 프리스 다벤느 Émile Prisse d'Avennes에 대한 모든 것을 알고 있었다.

"보세요, 이 텍스트는 간소화시킨 형태의 상형문자입니다. 이 문자들은 종렬이 아니라 행렬로 배열되어 있습니다. 이것은 보다 사용하기 간편한 문자인 셈이죠."

틈틈이 이 젊은 여자는 번역을 해주었다.

"어느 대신이 파라오 궁전에서 자신의 뒤를 이어서 일을 하게 될 자신의 아들에게 행복한 삶에 대해 충고하고 있어요. 그래서 제목이 『타호테프의 교훈L'Enseignement de Ptahhotep』이랍니다."

"전성기가 오면…… 쇠퇴기도 온다…… 시력이 저하되고 청각은 떨어지고…… 노화가 인간에게 하는 것은 이런 것이다. 온갖 질병과 더불어……."

자신의 책임을 다하기 위해서 스스로 충분히 이해하지도 못한 채 클로에는 계속해서 나의 가까운 미래에 대해 설명해주었다.

어찌되었든 결국 나는 그곳에서 시간을 거슬러 올라갔다.

이 머나먼 이집트에서 나는 별로 힘들이지 않고 되돌아왔다. 나와 함께 있던 박식한 세 요정은 서로 논쟁을 벌이다가 결국 합의에 도달했다. 대변인으로 선출된 마리-로르는 약간 어색한 듯 선언했다.

"과학적으로 그 어떤 것도 밝혀지지 않았다고 하더라도 우리가 찾아낸 책이 세상에서 가장 오래된 것이라고 생각하는 데는 몇 가지 이유가 있습니다."

나는 반나절 동안 이 문서 저 문서를 살펴보면서 인류의 대부분의 시간을 훑어보았다. 그러는 동안 내 시계 바늘은 더 이상 어디를 가리켜야 좋을지 헤매고 있었다. 하지만 나는 잔인하게도 규칙적인 간격으로 시계를 보았다.

10시 15분에 나는 중국의 둔황 석굴 중 한 곳에서 로터스[47]에 대한 글이 있는 경전의 반듯한 종이 모양과 또렷한 필체에 감탄하며 서 있었다. 사람들은 이것을 새로운 표의문자라고 말할지도 모르겠다.

아주 희귀한 것으로 보존되는 이 두루마리는 마지막 페이지[675]에 정확한 날짜와 필사생율법학자의 이름Yuan Yuan Zhe이 적힌 판권장을 가지고 있다. 1335년이라는 시간 차이를 두고, 나는 이 율법학자에게 찬사를 보냈다.

미셸 부인이 갑자기 나를 중단시켰다. 지금은 찬사를 보내고 있을 때가 아니라 정해진 일정에 따라야 한다고 말이다.

---

47 망각을 가져온다는 신비의 식물

벌써 10시 45분이었다. 12세기 유럽이 내가 며칠을 들여다봐도 모를 라틴어 고어사전과 함께 나를 기다리고 있었다. 이 고어사전은 부분적으로 양피지가 섞여 있었으며 그 밖의 다른 부분은 이미 종이가 사용되고 있었다. 과도기였음을 잘 보여주고 있었다.

몇 단계를 건너뛰어서 카사노바와 위험한 동행을 하기 위해서 18세기로 갔다. 누구도 빠져나오지 못했던 프롬Les Plombs이라고 불렸던 베네치아의 이 끔찍한 감옥에서 어떻게 카사노바와 함께 빠져나갈지 궁리하면서 말이다.

이 전설적인 바람둥이는 위대한 문집을 남겼는데, 거기에 그는 사람들이 상상할 수 있는 가장 모험적인 자신의 삶에 대해 절제되고 격조 있고 침착한 문체로 써놓았다. 완벽하게 행의 규칙을 지키면서 불규칙을 이야기하고 있을 때보다 더 당황스러울 때는 없다. 이 남자는 도주할 때조차 자제심을 잃지 않았다. 미셸 부인이 나를 감시하고 있었던 것은 참 다행스러운 일이다. 나 역시 마음을 빼앗길 뻔했다.

작가의 비밀을 그 무엇보다 잘 드러내주는 종이에 대한 고마운 마음이 들려고 할 때 빅토르 위고Victor Hugo가 유배지에서 쓴 『웃는 남자L'Homme qui rit』와 『바다의 노동자Les Travailleurs de la mer』 원고가 나를 기다리고 있었다.

빅토르 위고는 어디든지 글을 쓰곤 했다. 손닿는 곳에 있는 것이라면 비단, 조약돌, 모래 등 가리지 않고 무엇에든지 쓰고 그리고 색칠했다. 사실 빅토르 위고보다 더 기이한 사람은 없을 것이다.

빅토르 위고는 무엇이든지 노트로 사용했다. 심지어 제라르 드 네르발Gérard de Nerval이 보낸 편지의 뒷면에 글을 쓰기도 했다. 하지만 원고의 경우에 자신이 쓰고자 하는 작품의 성격에 따라 세심하게 선택했다. 예를 들면 색깔조차도 우연하게 사용하게 된 것이 아니었다. 빅토르 위고는 『바다의 노동자』는 흰 종이에만 썼지만, 『레미제라블Les Misérable』은 늘 똑같은 하늘색 종이에만 썼다. 브뤼셀Bruxelles이나 게르네시Guernesey 등 어디에서 어떤 시기처음 2년 반 동안 연달아 쓰고 난 후에 13년 동안 중단했었다에 쓰던 지 간에 말이다. 마치 종이의 색깔이 담고 있는 이야기의 집이라도 된 다는 듯이 말이다.

빅토르 위고가 각 작품을 위해서 구입한 종이의 양이 책의 두께를 결 정했다고도 말할 수 있다. 1866년 4월에 『바다의 노동자』를 탈고하면 서, 빅토르 위고는 다음과 같은 기록을 남겼다.

"나는 샤를르Charles가 2년 전에 사다주었던 마지막 종이에 마지막 페 이지를 적었다."

빅토르 위고는 심지어 텍스트와 그것을 전달하는 매개 수단 사이의 연관성에 대해서도 신경을 썼다. 시집 『내면의 목소리Voix intérieures』 중 한 편의 시는 자신의 동생의 부고통지서 뒷면에 적혀 있었다.

그리고 그가 '영어'로 쓴 책인 『윌리엄 셰익스피어William Shakespeare』, 『바다의 노동자』, 『웃는 남자』는 오직 런던에서 온 종이에만 썼으며, 『구십삼Quatre-vingt-treize』은 프랑스산 종이에만 썼다.

직업적인 특성상 외부의 권위로부터 자유롭고 출퇴근으로부터 자유 로운, 다시 말해서 오늘 당장 아무것도 하지 않을 자유가 있고 수많은 유혹에 빠져들거나 게으름을 정당화시킬 자유가 있는 작가들은 작품을 진행하면서 몇 가지 규칙을 스스로에게 만들어놓고 싶어 했다.

고독이 그들의 가장 가까운 동반자로 알려진 것과 마찬가지로 그들은 늘 또 다른 동반자를 찾고자 했기 때문이다. 그리고 그러한 역할을 종이가 수행했던 것이다. 몇몇 작가들이 자신의 아내나 연인에게 털어놓은 종이에 대한 사랑 고백을 보더라도 알 수 있다. 빅토르 세갈렌Victor Segalen은 한국의 종이를 찬양했다.

"꿈의 한지, 줄무늬가 있는 한지, 부드러운 한지, 진줏빛의 한지……."

하지만 더 서정적인 찬사는 폴 클로델Paul Claudel의 것이다. "멋진 종이! 당신은 그것을 어디에서 발견했습니까? 해초, 여인의 머리카락, 물고기의 힘줄, 별, 벌레, 연기, 변하고 있는 모든 세상, 그리고 내 안에 15년 혹은 1만 5,000세기의 추억을 간직하게 한 고대 중국에 대한 향수를 투명하게 보여주는 진줏빛 펠트……."

이렇게 해서 나는 2시간 30분 전에 시작된 4,000년 전으로 거슬러 올라가는 여행의 끝에 도달하게 되었다.

미셸 부인은 나에게 『탐색, 되찾은 시간La Recherche, Le Temps retrouvé』[48]의 마지막 노트[20번]를 내밀었다. 짙은 파란색의 표지에는 아무런 특별한 점도 없었다. 하지만 잠시 후 나는 현기증을 느꼈다. 거의 모든 페이지마다 온갖 크기와 형태의 쪽지들이 붙어 있었다. 명함보다 더 작은 크기부터 펼치면 1미터 정도나 되는 종이까지 다양한 종이들이 붙어 있었다. 마치 그의 기도문이나 봉헌물처럼 느껴졌다. 하지만 그것은 단순한 첨부물이었다.

---

48 마르셀 프루스트의 『잃어버린 시간을 찾아서』 중 마지막 권인 제7권이다.

질투심에 노트를 덮고 싶은 마음과 그 속을 들여다보고 싶은 마음이 내 안에서 당황스럽게 뒤섞였다. 왜냐하면 나는 창조의 이면, 심지어 프루스트Proust의 뇌를 들여다볼 때보다 머리에서 막 튀어나온 문장들이 펜을 거쳐서 종이에 쓰여지는 것을 볼 때 그를 더 잘 꿰뚫어보았다는 느낌이 들었기 때문이다. 그리고 마침내 나는 이 작품의 마지막 페이지 인 125페이지에 도달했다. 프루스트는 단 세 줄만을 써놓았다. 다른 줄 들이나 여백에 휘갈겨 적어놓은 것들은 모두 지워져 있었다.

첫번째 단어인 '넓은 자리une place considérable'는 분명히 앞 페이지에서 시작된 문장과 이어지는 단어였다.

"봐도 될까요?"

마리-로르 프레보스는 고개를 끄덕이며 내가 124페이지로 넘기는 것을 허락해주었다. 나는 그럭저럭 해독했다.

"적어도 완성할 수 있을 정도로 충분히 오랫동안 나에게 기력이 남아 있게 된다면 내 작업은 무엇보다 인간을…… 거주자로…… 충분히 묘 사할 수 있을 것이다. [……]"

그런 다음 나는 다시 마지막 페이지로 넘어갔다.

"거기에 공간 속에 한정된 자리가 아니라, 그와 반대로 한없이 연장 된 넓은 자리 [……] 여러 해, 여러 시대에 걸쳐 있는 거인처럼 수많은 날들이 그 안에서 움직이고 있는 '시간temps' 속에서 자리를 차지하는 인 간을 그려보련다."

음산한 분위기가 감도는 사무실에서 내가 감정 북받쳐 눈물을 흘리 기까지 오랜 시간이 걸리지 않았다. 종이 덕분에 나는 프루스트의 최후의 순간을 함께할 수 있었다. 프루스트는 마지막으로 펜을 잡았다. 그리고 서서히 죽어갔다. 나는 프루스트 병에 걸린 채 추억에 사로잡혔다.

프루스트는 1911년에 『잃어버린 세계를 찾아서La Recherche du temps perdu』를 쓰기 시작했다. 그로부터 1년 후에 프루스트는 1,400페이지에 달하는 원고를 썼고, 그는 그것을 한 권의 책으로 출간하고 싶어 했다. 지드Gide의 『신프랑스 평론La Nouvelle Revue française』[49]을 비롯하여 프루스트가 접촉한 모든 편집자들이 이 원고를 거절했다. 프루스트는 어쩔 수 없이 그중 일부만 『스완 댁 쪽으로Du côté de chez Swann』라는 책으로 출간할 수밖에 없었다. 그것도 작가가 모든 것을 책임지는 조건 하에서 말이다.

나는 지금 내 앞에 놓여 있는 이 마지막 페이지의 〈끝〉이라는 단어와 더불어 온전히 남아 있는 세 줄의 문장이 1913년에 쓰여졌다는 사실을 떠올렸다. 1922년 11월 18일에 죽음을 맞이하게 되기까지 9년 동안 프루스트는 이미 끝난 작품을 끊임없이 손을 보았다. '종이쪽지'나 '첨부물'은 나선형으로 계속 뻗어가는 그의 생각들을 계속 손보았다는 증거였다. 이런 생각에 내 심장은 더욱 강하게 두근거렸다. 자신의 운명을 피할 목적으로 이미 끝났다고 선언한 이 작품을 완성할 시간이 있을지조차 알지 못했던 병든 작가의 고뇌와 나는 함께할 수 있었다.

그렇다면 과학자들은 어떠했을까? 과학자들을 빠뜨리지 않기 위해

---

[49] 프랑스의 문예지로 1909년 앙드레 지드를 중심으로 J. 슐럼베르제, H.G. 리비에르 등이 참가하여 창간되었다. 제1차 세계대전 중에는 휴간했으나 1919년 리비에르를 주간으로 하여 복간, 문학의 여러 장르 중에서 소설과 평론에 중점을 두었고 또 해외문학의 소개에도 힘을 썼다.

서, 나는 또다시 날을 잡아서 이곳 문서실로 돌아왔다.

작가들은 종이를 자신의 전유물로 생각하고, 종이를 사용하는 다른 사람들을 위선자, 기껏 잘 봐줘야 아마추어라고 생각하는 경향이 있다. 루이 파스퇴르Louis Pasteur의 노트를 비롯하여 이런저런 노트들을 살펴보다가 나는 문득 부끄러워졌다. 파스퇴르에게 메모나 기록은 40년 1848~88 동안 자신의 속마음을 털어놓을 수 있는 진정한 친구였으며, 발효 연구나 바이러스에 의한 질병 치료를 위한 누에의 신진대사 연구를 비롯한 수많은 연구의 벗이었다.

파스퇴르는 매일 발생한 모든 사건이나 사실뿐만 아니라 생각이나 증명, 가설까지 세심하게 노트에 기록했다.

"어떤 기록을 보고 싶으세요?"

마리 로르가 나에게 물었다.

"우리는 100가지 이상의 기록을 가지고 있어요!"

내가 머뭇거리자, 마리 로르가 자발적으로 13번 노트를 나에게 가져다주었다. 그런 다음 1885년 7월 6일자 기록을 펼쳐 보여주었다. 겉으로 보기에는 중요해보이지 않는 이 몇 줄의 기록은 의학 역사상 중요한 발명 중 한 가지 발명의 핵심을 드러내고 있었다. 동시에 우리는 한 인간의 아주 놀라운 모험을 따라갈 수 있었다. 우리는 노트에서 젊은 소년의 삶에 대해 직접적인 책임이 있는 학자의 다양한 감정들을 읽을 수 있었다. 용기, 의심, 고뇌, 고집, 위안, 교만까지······.

분노　첫번째 주제　　어린이에게 내성 있는 상태의 제품

　　　　치료 대상　　광견병에 걸린 개에게 물려 매우 위험한 상태

1885년 7월 6일 나는 세 사람의 방문을 받았다.

첫번째는 메이셍고Meissengott에서 식료품 가게를 하고 있는 테오도르 본Théodore Vone 씨로 7월 4일에 자신의 개에 팔을 물렸지만 옷 위에 물렸기 때문에 셔츠도 찢어지지 않았고 외상도 없었다. 나는 그에게 화를 내지 말라고 말하며 안심시킨 뒤 집으로 돌려보냈다. 물론 화를 내지 않는다는 것이 불가능하다는 것은 알고 있다.

두 번째는 지난 2월 21일 이후로 찾아오고 있는 아홉 살의 조셉 마이스터Joseph Meister[50]이다. 그는 오른쪽 가운데 손가락과 허벅지, 종아리를 개에게 심하게 물렸다. 광견병에 걸린 그 개는 소년을 땅에 쓰러뜨린 채 소년의 옷도 다 찢어놓았다. 만약 쇠몽둥이를 든 석공이 달려와서 개의 머리를 박살내지 않았더라면 소년을 삼켜버렸을지도 모른다.

사체 부검 결과 이 개의 위 속에서 지푸라기와 나뭇조각이 발견되었다.

MM의 상처 확인 참고

Vulpain과 Grancher. 별도의 문서

---

[50] 1885년 7월에 파스퇴르는 개에게 심하게 물려서 의사들도 포기했던 아홉 살 소년 조셉 마이스터에게 예방접종을 실시했다. 마이스터에게 독성이 더욱 강해지는 토끼의 골수를 연속적으로 투여한 것이다.

엄마와 아이를 보클랭Vauquelin으로 보냈다. 아이는 병원에 가는 것을 싫어했다.

아이는 복부 약간 위쪽 늑골 하부 허리 주위에 치료를 받았다.

7월 6일	저녁 6시~8시 20분 1/2ser.	7월 21일 골수	15일 골수	
7	아침 9시	상동	23	14일 골수
7	저녁 6시	상동	25	12일 골수
8	아침 9시	상동	27	11일 골수
8	저녁 6시	상동	29	9일 골수
9	오전 11시	상동	7월 1일	8일 골수
10	상동	상동	3	7일 골수
11	상동	상동	5	6일 골수
12	상동	상동	7	5일 골수
13	상동	상동	9	4일 골수
14	상동	상동	11	3일 골수
15	상동	상동	13	2일 골수
16	상동	상동	15	1일 골수
17	상동	상동	17	골수

- 저녁에 토끼 2마리의 개두 수술을 통해 25의 골수를 얻었다. 7월 30일, 8월 2일, 8월 11일, 8월 19일에도 마찬가지로 진행.
- 토끼 2마리의 개두 수술로 27/29의 골수를 얻었다. 7월 20일, 8월 2일, 8월 11일 상동(8월 19일 상동).
- 토끼 2마리의 개두 수술로 3의 골수를 얻었다. 이 토끼 중 한 마리는 설사로 죽고 다른 한 마리는 7월 30일까지 잘 지냄(8월 2일 상

동). 8월 9일 상동 / 8월 11일 상동 7월 11일 역시 토끼 2마리 개두.
한 마리는 26일에 죽고 다른 한 마리는 병에 걸림.

- 토끼 2마리의 개두 수술로 7의 골수를 얻었다. 설사로 사망(23일).
- 토끼 2마리의 개두 수술로 같은 양의 골수를 얻었다. 한 마리는 설사로 죽고 다른 한 마리는 7월 30일까지 무사. 8월 2일 상동. 8월 11일 상동.
- 토끼 2마리의 개두 수술로 22의 골수 채취. 하루 하루 지체된다. 23일과 24/7일 사망.
- 토끼 2마리의 개두 수술로 골수 채취. 27일 사망.

13번 접종 이후로 접종을 멈췄다. 아이가 경련을 일으킨 것을 12일 저녁이다. 주사.

역사적인 날들을 훑어보는 동안 파스퇴르에게 느끼게 되는 이 친밀함이라는 선물은 무엇 덕분일까? 처음에는 반듯하게 써내려가다가 아무것도 빼놓고 싶지 않아서 아주 작은 여백조차 남기지 않고 점점 더 작은 글씨로 써넣는 바람에 알아보기 힘들어진 이 파스퇴르라는 학자의 글 덕분일까? 그의 글씨가 점점 더 알아보기 힘들어진 것은 고단한 하루 일과를 끝내고 점점 더 늦은 시간에 양초나 잉크를 사용하여 글을 썼기 때문이라고 짐작할 수도 있고, 펜을 꽉 쥔 손으로 압지를 사용했기 때문이라고 상상할 수도 있다.

* * *

도서관을 방문하기 전부터 이미 나는 종이와 글쓰기가 한 쌍을 이룬다고 믿고 있었다. 그리고 오늘 그 사실에 더 확신을 가지게 되었다. 결혼 예물 중 종이는 자연^{나무, 면}을 접촉할 수 있게 해준다. 반면에 글쓰기^{손으로 쓰는}는 자신을 드러나게 하고 뇌로 향하는 길을 열어준다.

　현대 사회는 끊임없이 통신 수단을 개발하고 있다. 하지만 이러한 시도들 때문에 가장 오래된 관계들은 단절되고 있다. 마카담식 포장도로 혹은 우리가 신고 있는 신발의 안장이 우리를 땅과 분리시켜놓은 것처럼 말이다.

인간문화재

에치젠Echizen[51] | 일본

종이에 대한 일본의 열정은 서기 600년경 에치젠에서 시작되었다. 산 발치에 자리 잡은 에치젠은 일본 서부지방에 위치한 마을이다. 이 마을 한쪽은 한국과 가까운 바다와 접해 있었다. 언젠가부터 고요한 아침의 나라에서 온 상인들이 중국의 발명품을 이 마을에 소개하게 되었다.

도쿄에서 에치젠으로 가기 위해서는 기차만큼 좋은 운송수단이 없다. 첫차는 빨리 달린다. 오른편에 있는 후지야마와 왼편에 있는 태평양이나 스즈키Suzuki 공장의 웅장한 모습을 볼 겨를도 없을 정도로 빨리 달린다. 에치젠으로 가려면 교토로 가기 전 마지막 정착역인 마이바

---

51 일본 혼슈(本州) 주부지방(中部地方) 후쿠이 현에 있는 도시

라 역에서 내려야 한다. 다른 쪽 플랫폼에서 첫차보다 훨씬 더 느린 특급열차가 당신을 기다리고 있을 것이다. 하지만 당신은 그 달팽이 같은 속도에 감사하게 될 것이다. 왜냐하면 가을이 되면, 전나무는 변하지 않는 초록색을 간직하고 있지만 다른 나무들, 예컨대 버찌나무, 단풍나무, 자작나무들은 각자의 리듬에 따라 색깔을 바꾸기 때문이다. 무심하게 서 있는 은행나무의 독립심에 대해서는 나중에 이야기하도록 하자.

긴 터널들은 단지 산을 가로지르기 위해서 나 있는 것만은 아니다. 터널들은 수세기를 거슬러 올라가게 해준다. 계곡에서 계곡으로 지나가면서 당신은 점점 종이의 원산지에 가까워진다. 오늘날 에치젠이라는 이름은 반은 농사를 지고 있고 반은 상업_{모든 요리사들로부터 인정받고 있는 칼 제작지로도 유명하다}에 종사하는 서민들의 공동체를 가리킨다.

역사적 중심지이자 전설의 출발지는 바로 이마다테[52] 마을이다. 나무로 지은 집들이 작은 강을 따라 신사까지 이어져 있었다. 마흔 가구가 여전히 그곳에서 종이를 제작하고 있다.

요시나오 수기하라^{Yoshinao Sugihara}는 상인이다. 그의 아버지, 그의 할아버지, 또 그 윗대의 조상들처럼. 족보를 보면 그 이전 열두 세대의 조상들이 종이를 팔았다고 되어 있다. 적어도 2세기 이상 지난 오래된 그의 나무 집으로 들어갔다. 아주 낮은 탁자를 사이에 두고 다다미 위에 맨발로 앉자 수기하라 씨가 종이에 대한 강의를 시작했다. 전기 난방기가 이미 내 온몸에 스며들고 있는 눅눅한 추위와 싸우기 위해서 애쓰고 있었다.

---

52 일본 후쿠이 현의 군으로 이전에는 사베이 시의 대부분과 에치젠의 일부를 포함하고 있었다.

"에치젠은 운이 좋았습니다. 우리에겐 물이 있었습니다. 우물과 산에서 내려오는 강물이었죠. 우리 조상들은 노동을 즐겼으며 고집이 있었습니다. 조상들은 우연히 산책하다가 가장 적합한 세 종류의 소관목을 발견했습니다. 가장 좋은 것은 닥나무kozo[53]입니다. 섬유가 가장 길죠. 두 번째는 삼지닥나무mitsumata라 불리죠. 같은 종류의 나무이지만 더 가늘다는 특징이 있습니다. 세 번째는 안피gampi입니다. 안피나무는 흉내 낼 수 없는 광채를 띠는 특별히 얇은 종이를 만들 수 있게 해줍니다. 처음 두 나무는 재배할 수 있기 때문에 많은 농부들의 수입원이 되기도 합니다. 그리고 다른 장점도 있습니다. 빨리 자란다는 것이죠. 하지만 마치 우연인 것처럼 가장 특별한 안피는 아주 느리게 자라며 야생 상태로만 볼 수 있습니다. 그래서 더 귀하고 구하기가 힘들죠. 그래서 값도 더 비싼 것입니다."

좋은 선생님인 수기하라 씨는 내가 노트에 자신의 말을 받아 적는 것을 보는 일로 만족하지 않았다. 그는 나에게 종이들을 내밀었다. 나에게 그 원료를 맞춰보라고 했다. 안피의 경우에는 쉬웠다. 하지만 다른 두 종류를 구분하는 데는 좀 더 많은 시간이 걸렸다.

나의 선생님은 두 번째 강의로 넘어갔다.

"점액이 무엇인지 아십니까?"

나는 나의 무지를 고백했다.

"그렇다면 점성이라는 말은 들어보셨죠?"

나는 내 기억 속에서 화학과 물리학에 대한 오래된 추억들을 찾아보

---

53 학명은 Broussonetia kazinoki으로, 뽕나무과에 속한다.

앉다. 끈적끈적한 액체가 그것을 구성하는 분자들 사이에서 일종의 마찰력으로 그 흐름을 막는 것을 뜻하는 것일까? 이것이 종이와 어떤 관계가 있을까?

"점액은 종이 반죽에 점성을 줍니다. 다시 말해서 물에 섞여 있는 섬유를 움직이지 않도록 해주죠. 물이 빠지는 속도를 늦추어서 종이 반죽을 여과기에 펼쳐놓기 쉽게 만들어줍니다. 가장 좋은 점액 물질은 하이비스커스 뿌리입니다. 이해되십니까?"

다시 한 번 사전 설명을 한 뒤 수기하라 씨는 나에게 일본 종이의 긴 역사에 대해 요약해주었다.

"우선 종이는 종교적인 목적으로 사용되었습니다. 불교 경전을 옮겨 적은 100만 여 개의 두루마리를 100만 여 개의 나무로 만든 작은 탑에 넣어서 각 지역으로 보냈습니다. 그런 다음 안피가 영광을 누리는 시기가 찾아왔습니다. 사람들은 연애편지를 쓰기에 안성맞춤인 안피의 우아함을 사랑했습니다. 그 후 사무라이의 시대가 되었죠. 사무라이들은 더 단단하고 두꺼운 종이를 원했습니다. 바로 닥나무로 만든 종이였죠."

밤이 되었다. 수기하라 씨는 그 정도에서 마무리했다. 어쩌면 그는 내가 불쌍했는지도 모른다. 나는 추위에 떨고 있었다. 그는 나에게 다음 날 만날 약속을 해주었다.

* * *

첫번째 작업장이다. 심장이 마구 두근거렸다. 마치 오래된 왕궁 속으로 들어가서 아주 오래된 비밀을 엿보는 듯 유치한 기분이 들었다. 불빛이 약했기 때문에 나는 아무것도 보지 못하고 단지 물소리만 들을 수 있었다. 그곳에는 대형 수조가 있다고 했다. 여자들이 나무로 만든 채를 회색의 혼합물로 가득 차 있는 커다란 시멘트 통에 담그고 또 담갔다.

여자들은 둘씩 짝을 지어서 일을 하고 있었다. 박자가 잘 맞았다. 일을 하는 동안에는 아무런 말도 하지 않았다. 여자들은 똑같은 동작으로 채를 들어 올렸다. 무슨 일이 일어났을까? 여자들이 들어 올린 채에는 혼합물이 남게 된다. 이렇게 채에 걸러진 낱장의 종이 표면은 고급 직물처럼 보일 수도 있다. 여자들은 이것을 이미 다른 종이들이 건조되고 있는 받침대 위에 올려놓고 건조시킨다.

한 여자가 파란색 플라스틱 양동이 속에 막대기를 넣고 심각한 분위기로 휘젓고 있었다. 나는 몸을 구부려 살펴보았다. 끈적끈적해보였다. 틀림없이 점액질이다. 그때까지도 나는 작업장에서 남자를 보지 못했다. 작업장의 한쪽 구석에서 처음 봤던 여자들보다 나이가 더 많아 보이는 세 명의 다른 여자들이 희끄무레한 물질이 떠 있는 물이 가득한 통 앞에 나란히 앉아 있었다. 여자들은 머리 위로 챙 없는 하늘색 모자를 쓰고 있었는데, 그것 때문에 꼭 간호사처럼 보였다. 자신들의 일을 하느라 여자들은 우리의 존재를 눈치 채지 못했다. 수기하라 씨는 내 오른쪽 귀에 대고 일본어로 속삭였다. 왼쪽에 있던 나의 통역관인 키가 큰 젊은 아가씨 소코가 나에게 완벽한 프랑스어로 수기하라 씨의 말을 전해주었다.

"사실 저것은 닥나무입니다. 가운데는 삼지닥나무, 앞쪽은 안피나무죠. 제가 어제 종이의 원료가 되는 세 가지 종류의 섬유에 대해 말씀드렸던 거 기억하십니까?"

"여자들은 무엇을 하는 거죠?"

"저분들은 껍질의 잔해물, 즉 불순물을 제거하는 중입니다."

"하루 종일요?"

"에치젠은 아주 작은 결함도 허용하지 않습니다."

한 여자가 일어나서 노래를 부르기 시작했다. 안피나무를 맡고 있던 가장 나이가 많은 노파였다. 단조로운 선율의 노랫가락이 흘러나왔다. 노파의 목소리는 전혀 떨리지 않았다. 가장 낮은 음과 마찬가지로 가장 높은 음에서도 흔들림 없이 마치 산책을 하면서 자신의 감정들을 하나씩 하나씩 주워 담는 것처럼 노래했다. 우리는 숨을 죽였다. 갑자기 노래가 멈추었다. 노파는 다시 자리에 앉아서 오른손으로 안비나무가 담긴 통에서 불순물을 꺼내기 시작했다. 노파 곁에 앉은 두 여자는 쉬지 않고 일했다.

우리는 발끝으로 걸어서 그 자리를 떠났다.

"종이에 관한 많은 노래가 있습니다. 18세기부터 이 노래를 불러왔던 것 같습니다."

수기하라 씨가 말했다. 그리고 이번에는 그가 콧노래를 흥얼거리기 시작했다. 잠시 후 그는 입술 끝으로 수줍게 부르고 있었다. 소코가 통역을 해주었다. 늘 유쾌해 보이는 소코는 과연 울기도 하는지 갑자기 궁금해졌다.

견뎌야 해,

이건 금만큼 소중한 거야!

돈은 인내의 나무에서 꽃피운다네.

만일 아내를 고른다면

일 잘하는 여자를 고르게나.

그리고 맑은 피부를 가진 여자를 골라야지.

하지만 무엇보다

종이를 만들 줄 아는 여자를 골라야 한다네!

잘 건조된 종이의 흰색을 닮은

깨끗한 마음으로

늘 깨끗한 물을 사용하게나!

* * *

손으로 만든 종이에는 귀가 있다고 일본인들은 말한다. 그래서 그들은 종이를 절단기로 단숨에 잘라내지 않는다. 손톱 끝으로 종잇장을 세심하게 뜯어낸다. 이렇게 하기 때문에 일본 종이는 가장자리가 매끈하지 않다. 마치 바다를 몹시 사랑하는 해안도로를 닮아 있다. 바다에서 절대로 멀어지지 않으려고 돌고 또 도는 해안도로를 말이다.

종이의 가장자리를 따라 쭉 보풀이 남는다. 어린아이들에게나 남아 있는 귓가의 솜털 같은 보풀이다. 내가 묵었던 전통 가옥에서 나를 에워싸고 있던 벽이 거의 모두 종이로 되어 있었다는 사실을 이제야 알아차렸다. 이제 나는 왜 종이에 귀가 달렸다고 하는지를 알 것 같다.

* * *

밖에서 마을 사람들은 눈이 내릴 것에 대비하고 있었다. 머지않아 내리기 시작하는 눈은 3월까지 계속될 것이다. 그래서 마을 사람들은 서둘러서 마지막 라디54를 땅에서 깨냈다. 성소의 정면을 장식하는 조각들은 커다란 흰 천으로 덮었다. 가장 시간이 걸리는 작업은 나무를 무장시키는 일이었다. 눈의 무게가 지금의 형태를 얻기 위해 몇 년 동안 키워온 나무를 부러뜨릴 수도 있기 때문이다. 이곳에서의 눈에 대한 인상은 이런 것이었다. 나무줄기의 버팀목이 되어줄 긴 대나무를 땅 속에 박았다. 그런 다음 나뭇가지에 이어져 있는 가는 끈을 대나무 끝에 걸었다. 가장 약한 품종의 나무들은 마치 갓난아기를 포대기로 감싼 것처럼 천으로 감싸주었다.

* * *

마을이 한눈에 내려다보이는 사원으로 나를 안내하면서, 길 끝에서_그 _{너머는 이미 숲이라는 작은 장벽에 부딪히게 된다} 수기하라 씨는 조용히 에치젠의 주민들은 종교와 아주 단순하고 건전한 관계를 유지하고 있다고 설명해주었다. 마을 사람들은 결과를 원했다. 만약 어느 신이 그들에게 만족스러운 결과를 보여주지 못한다면, 그들은 신을 바꾸었다.

"우선 당신도 일본에서는 그 어떤 것도 오래 가지 않으면 그 누구도

---

54 작은 무의 일종

오래 가지 않는 것에 대해 가슴 아파하지 않는다는 사실을 알아야 합니다. 만약 어떤 것이 무너지거나 불에 타게 되면 일본 사람들은 다시 짓습니다. 당신이 보게 될 사원에 도착하기 전에 적어도 대여섯 개의 사원들을 연달아 지나게 될 것입니다. 첫번째 사원에는 불교의 신을 모셨는데, 그 신은 자신의 능력을 충분히 입증하지 못했습니다. 그래서 마을 사람들은 자신들에게 더 잘 맞을 것이라고 상상했던 다른 신으로 바꿨습니다. 그리고 그 신에게 가와가미 고젠Kawakami Gozen이라는 이름을 붙여주었습니다. 이 이름이 아무리 진부하다고 하더라도 마을 사람들에게 '신' 또는 '강의 높은 곳에 사는 부인'이라는 뜻의 가와가미 고젠은 종이의 여신이었습니다."

전통에 따라 두 그루의 은행나무가 사원의 입구를 지키고 있었다. 전설에 의하면 은행나무는 내부에 물을 많이 가지고 있어서 불이 날 경우에 불이 번지는 것을 지연시켜준다고 한다. 그리고 부차적인 효과로 은밀한 성소에 악취를 풍기게 하는 효과도 있다. 그 어떤 것도 이 은행나무 열매가 썩을 때 나는 냄새보다 더 고약한 것은 없기 때문이다. 이 썩은 냄새에 금방 코가 익숙해진 방문객은 단지 감탄할 뿐이다.

돌로 지은 웅장한 누각을 지나고 나면 누각을 에워싸고 있던 구름까지 닿을 듯이 높이 자란 키 큰 서양삼나무들이 보였다. 계단을 오르다가 오른쪽에 있는 앞발을 구르면서 서 있는 청동 말이 마치 살아 있는 것처럼 보여서 나는 잠시 머뭇거렸다. 이미 겨울 준비를 하느라 모습을 감춘 종이의 여신은 보지 못할 것이다. 하지만 기묘하게 생긴 건물 지붕이 나를 위로해주었다. 아주 작은 나무의 껍질들을 서로 잘 붙여서 지붕을 만들어놓았다. 지붕의 곤두선 형태는 마치 화난 바다를 연상시켰다. 혹은 지각의 판들이 충돌을 일으키는 이 나라의 자화상을 보여주는 듯하다. 따라서 그들에게는 이러한 혼란 속에서도 평정을 유지하기 위해 종이의 신, 영혼의 힘이 필요했던 것이다. 말을 하지 않으면서 말을 하고, 주제를 언급하지 않으면서 주제가 다가가는 아주 일본적인 방식으로 수기하라 씨는 결국 공허한 표정과 시선으로 나에게 아쉬움을 털어놓았다.

"종이라는 1,000년이 된 이 숭고한 물건에 대한 당신의 관심을 고려해볼 때 나는 당신에 대해 안타까운 점이 있습니다. 당신을 여기까지 길고 위험한 여행을 시도하게 만든 강력한 힘이 무엇이라고 생각하십니까? 만약 내가 당신을 종이와 이어주는 관계에 관해 단지 감성적 명령에 따른 까다로운 관심이라고 생각한다면 당신은 나를 용서하지 않을까요? 이 관계를 생각하면 나는 슬프다고밖에 다른 할 말이 없습니다. 서로 너무도 풍요롭고 아름다운 하루를 보냈다고 하더라도 말입니다."

나는 멋진 소코에게 미소를 지으며 감탄했다. 전혀 마음 약한 모습을 보이지 않으면서 소코는 이 이해할 수 없는 아쉬움이 무엇인지 하나씩 풀어주었다. 나는 더욱 간단한 질문으로 소코에게 대답했다.

"슬프다고요? 어떤 슬픔을 말씀하시는 거죠?"

"네, 당신처럼 자신의 연구에 열성적이고 정통해 있는 사람이 그것을 놓친 것이 얼마나 큰 손실인지 모르겠어요."

나는 궁금해졌다 ^{그리고 약간은 초조해졌다}.

"제가 무엇을 놓쳤죠?"

"33식년제죠. 유감스러운 일입니다!"

완전히 충격을 받은 듯한 내 모습에 소코는 설명을 해야만 했다. 8세기 이후로 33년마다 에치젠의 주민들은 신을 위해 축제를 벌인다. 왜 하필 33년일까? 일본인들에게 숫자 3은 행운을 가져다주는 숫자이다. 어쩌면 그들은 3이면 이미 충분히 많다는 지혜로운 생각을 했을지도 모르겠다. 나는 공연히 주제에서 벗어난 엉뚱한 말로 소코의 생각을 혼란스럽게 하고 싶지 않아서, 예수가 33세에 죽었다고 말해주고 싶은 것을 참았다.

5월의 어느 정해진 날에 마을의 힘센 남자들이 행진을 시작한다. 그들은 두 집단으로 나뉘어서 각각 화려한 장식에 금도금한 무거운 나무 제단을 짊어지고 걸어간다. 그들은 33년 전부터 두 신을 목이 빠지게 기다려온 두 군데의 신사, 각각 불교의 신과 신도의 신을 모시는 두 군데의 신사가 나타날 때까지 산을 오른다. 이 신사를 방문한 후에 다시 산을 내려올 때의 즐거움은 굳이 말하지 않아도 될 것이다. 왜냐하면 제단을 이미 신사에 올려놓고 가벼워진 걸음으로 마을로 내려오기 때문이다. 이제 이 두 신들은 가와가미 고젠과 함께하게 된다. 이렇게 해서 세 신들을 기리는 축제가 시작된다. 쉽게 짐작할 수 있듯이 이 축제는 사흘 동안 지속된다.

내가 2008년에 축제를 보지 못한 것을 위로하기 위해 수기하라 씨는 나에게 다음 축제에 꼭 오라고 당부했다. 나는 머릿속으로 빨리 계산해 보았고 다음과 같은 세 가지 결과가 나왔다.

① 첫번째 축제는 721년 5월에 개최되었다.

② 다음 축제에 참가하려면, 나는 $2008 + 33 - 3 = 2038$년 5월까지 기다려야 한다.

③ 그러므로 나는 내 나이²⁰³⁸⁻¹⁹⁴⁷ 91세에 축제를 구경하러 와야 할 것이다. 누구나 꿈은 꿀 수 있다.

* * *

활기찬 마을이다. 이 마을은 세상의 관심을 끄는 법을 잘 알고 있었다. 1989년에 이 마을은 세상을 놀라게 하기로 결심했다. 모든 장인들이 이 프로젝트에 참가했다. 여섯 달 동안 그들은 반죽을 준비하고 틀을 만들었다. 그리고 서로 완벽한 조화를 이루기 위해 같은 동작을 반복하고 또 반복했다.

드디어 J의 날이 되었고, 그들의 작업은 세 달 동안 지속되었다. 열여섯 명의 힘센 사람들이 양쪽에 여덟 명씩 나눠 서서 틀을 대형 통 속에 담그고 또 담궜다. 그런 다음 에치젠이 지금까지 전혀 보지 못했던 크기의 종잇장을 체로 떠서 압축하고 건조시켰다. 이러한 노력의 결과는 기네스에 기록되었다. 그것은 손으로 만든 가장 큰 종이였다. 가로 7.1미터 세로 4.3미터 무게 8킬로그램이었다.

* * *

일단 말하기로 결심하고 나면 그 누구도 이 인간문화재를 막을 수 없다. 하지만 처음에 인간문화재는 우리가 그의 왕국의 문을 밀었을 때 심지어 돌아보지도 않았었다. 작업실은 전혀 안락해보이지 않았다. 종이를 만드는 데 필요한 최소한의 용품들만 있었다. 통, 닥나무 양동이,

점액을 만들기 위한 식물 뿌리들이 담겨 있는 더 작은 양동이, 벽에 아무렇게나 쌓여 있는 틀, 분쇄기, 섬유질을 두드리는 탁자, 압축기 등.

방 한가운데 전기 난방기의 불그스름한 빛이 따뜻해질 가능성을 말해주고 있었지만, 그건 아마 저녁 때 혹은 그다음 날이 되어야 가능할 듯했다. 적당한 시간, 약 30분 동안 나는 그가 일하는 모습을 지켜보았다. 채를 움직이게 하는 그의 팔의 움직임. 반죽에서 필요한 것을 정확하게 얻기 위해 통 속에 들어가기를 반복하는 채의 움직임. 마치 1,000년 전에 살았던 나와 형제처럼 닮은 한 남자가 바로 이 작업실에 들어와서 이 광경을 지켜보고 있는 기분이었다. 내가 보고 있는 동작들을 그 남자도 완전히 비슷한 관점에서 보고 있었다. 내가 터널을 경계하는 데에는 나름의 이유가 있다. 예측하지 못한 상태에서 터널은 나로 하여금 시간을 거스르게 하기 때문이다. 장인이 말을 하기 시작한 것은 바로 그때였다. 그는 서른 살이 되어서야 비로소 종이를 진심으로 존중하는 법을 알게 되었다고 말한다.

"그럼 그 전에는 무엇을 하셨나요?"

"종이를 만들었죠. 에치젠에 사는 다른 모든 사람들처럼요. 하지만 종이를 충분히 소중하게 여기지는 않았습니다."

이치베이 이와노Ichibei Iwano는 속도를 조금 늦출 뿐 여전히 자신의 일을 하면서 말했다. 그는 팔순에 가까운 나이였다. 뾰족한 그의 머리는 야윈 새의 머리와 닮아 있었지만 야윈 새는 그처럼 웃음 짓는 눈을 가지고 있지 않을 것이다. 나는 그에게 한 주 동안의 시간 사용에 대해 물었다.

"이틀은 당신이 보았던 것처럼 형태를 만들지요."

나는 마침내 그가 자신의 몸을 추스르는 것을 보고 그를 칭찬해주었다. 그가 킥킥 웃었다.

"당신은 종이에 대해 잘 모르는 것 같군요. 나머지 닷새 동안에는 반죽을 준비하지요."

나는 어린 시절부터 인간문화재에 매료되곤 했었다. 그들은 최고의 정통한 지식과 숙련된 능력을 가지고 있기 때문이다. 오늘날 320명의 사람들이 예술주로 음악과 연극과 수공업특히 도기와 염색을 대표하는 인간문화재였거나 현재 인간문화재이다. 그중 다섯 명은 종이와 관련된 인간문화재이다.

일본을 퍽이나 좋아했던 클로드 레비 스트로스Claude Lévi-Strauss[55]는 가치 있는 사람에게 작위를 주는 바로 이런 제도에 열광했다. 1999년의 어느 날 도쿄에서 문화부 소속 사람들이 에치젠으로 왔다. 그들은 이치베이 이와노가 일하는 모습을 지켜보았다. 그들은 이치베이에게 질문을 던지고 그 내용을 메모하기도 했다. 하지만 문화부 소속 사람들은 텃밭에는 전혀 관심을 가지지 않았다.

세 달 뒤에 행정적인 결정이 전달되었다. 이치베이 이와노가 인간문화제로 지정된 것이다. 법령에서 요구하는 기준을 충족시켰던 세 가지 이유는 그가 만드는 종이가 '예술적으로 숭고한 가치'를 가지고 있으며, '그것이 역사적으로 중요한 자리를 차지하고 있고' '그 뿌리를 한 장소인 에치젠에 두고 있기' 때문이라고 밝히고 있다.

---

55 구조주의 인류학의 창시자

* * *

"텃밭 좋아하세요?"

이것은 이치베이 이와노가 나에게 던진 유일한 질문인지도 모르겠다. 인간문화재는 종이와 그 부수물 외에는 아무런 관심도 없었다. 그런데 텃밭이라니. 분명 내가 잘못 생각했다. 그는 자신의 텃밭에 대해 종이만큼 자부심을 느끼고 있을지도 모른다. 나는 잘 자란 라디에 대해, 그리고 풍성한 샐러드 채소에 대해 그를 칭찬해주었어야 했다.

텃밭 분야의 인간문화재라도 있는 것일까? 인간문화재에 대한 두 가지 자격이 한 사람에게 수여될 수도 있는 것일까? 이치베이 이와노가 내 공상을 막았다.

"경작하는 법을 모르는 사람은 절대로 종이를 만들 수 없습니다."

나는 잠시 생각에 잠겼다. 두 가지 활동 사이의 명백한 연관성을 찾을 수 없었기 때문에 나는 감히 질문을 던졌다. 하지만 아무런 대답을 들을 수가 없었다. 장인은 그토록 명백한 진실에 대해 말하는 것은 자신을 너무 낮추는 것이라고 생각했는지도 모르겠다. 혹은 내가 이 어린아이 같은 수수께끼조차 파악하지 못할 정도로 어리석다고 판단하고 나에게 창피를 주려는 것인지도 모르겠다. 아니면 인내심을 요구하는 긴 과정^{종이-텃밭} 속에서 자기 자신을 정복해야만 한다는 지혜를 전해주려고 한 것인지도 모르겠다.

* * *

"들어보세요!"

나는 귀를 기울였다. 멀리서 들려오는 개 짓는 소리, 더 가까이에서 들리는 짐승의 으르렁거리는 소리, 큰 가마솥에서 나는 소리, 그리고 작업장에서 들리는 체에서 물이 흘러내리는 소리 말고는 주위 깊게 들을 만한 어떤 소리도 듣지 못했다. 나는 나의 실패를 실토했다. 잠시 화가 난 듯이 인간문화재의 이마가 주름졌다.

"당신도 다른 사람들과 같군요. 당신은 본질을 잊고 있습니다. 물, 당신은 물소리가 들리지 않습니까?"

나는 그에게 물소리는 들린다고 말했다. 그런 다음 이렇게 덧붙였다.

"당신은 물이 중요하지 않다고 생각하십니까? 아니면 심지어 모든 물이 비슷하다고 생각하십니까? 물은 종이의 진정한 1차 원료라는 사실을 명심하십시오. 어떤 날은 아무것도 할 수 없는 날이 있습니다. 그러면 확인해야 하죠. 모든 것이 적합해야 하기 때문이죠. 그래서 마을로 가서 친구들에게 물어보았습니다. 그들 역시 좋은 종이를 만들지 못하고 있더군요. 그러다가 시간이 조금 지난 후에 다시 좋은 종이를 만들 수 있게 되었습니다. 바로 물 덕분에 말입니다."

나는 몸을 기울였다.

"당신은 온도에 대해서는 아무런 말씀도 하시지 않았습니다."

"당신은 이 주제에 대해 책을 쓰신다고 하셨죠? 그래서 나는 당신이 알고 있을 거라고 생각했습니다. 종이는 여름을 좋아하지 않습니다. 탄성 때문인데, 누구도 어떻게 해결해야 할지 그 방법을 알아내지 못했습니다. 여름이면 물이 지나치게 미지근하고 지나치게 불안정하거든요. 종이에 대해 가장 정통한 내 고객들은 마을이 충분히 추운지를 나에게 묻곤 합니다. 단지 그럴 때만 주문을 하죠."

* * *

나는 1,000년이 된 이 동작들을 구경하는 것을 그만 둘 수가 없었다. 나는 닷새 동안의 준비 과정을 생각해보았다. 똑같은 정확성과 똑같은 세심함이 엄격하게 요구되어진다. 이러한 정성 덕분에 그는 인간문화재라고 부릴 만하다. 그런데 문득 우상파괴론적인 생각이 들었지만 나는 그것을 감히 표현할 수는 없었다. "무엇을 위해 이 모든 것을 하는 것일까? 종이가 그럴 만한 가치가 있는 것일까?"

이치베이 이와노는 내 생각을 간파했다.

"나는 오직 예술가들을 위해 종이를 만듭니다. 예술가들이 나를 찾아옵니다. 그리고 나에게 자신들의 바람과 필요, 재질, 두께에 대해 말합니다. 그 누구도 같은 것을 원하지 않습니다. 그런 다음 나는 만들기 시작합니다. 그들이 만족하면 나는 자긍심을 느낍니다. 나는 무엇보다 판화를 좋아합니다. 판화는 최고의 종이를 원하니까요."

* * *

이치베이 이와노는 자신의 나이 때문에 다섯 시면 일을 멈춘다고 말했다. 하지만 이미 오래 전부터 밤이 찾아와 있었다. 네온 불빛 아래에서 반죽은 초록빛이 감돌았다. 그리고 인간문화재는 계속했다. 마치 종이를 소중하게 여기지 않았던 자신의 처음 30년 인생을 용서받으려는 듯이.

* * *

그날 저녁 텔레비전에서 세계 최고의 제지업체 중 하나인 다이오 페이퍼Daio Paper의 사장이자 창업주의 손자인 마에 이카와Mae Ikawa가 체포되었다는 소식을 보도하고 있었다. 그는 회사 자금의 일부를 자신의 노름빚을 갚는 데 썼다고 한다.

* * *

그다음 날 나는 근심이라는 아주 허약한 감정에 사로잡혀서 떠나기 전 마지막으로 중앙로로 뛰어갔다. 나는 가능한 한 많은 장인들에게 인사를 전하고 싶었다. 내가 다음에 찾아와도 그들 모두를 살아서 다시 만날 수 있을까? 누구에게나 신분이나 공로에 합당한 예우를 해야 한다. 그래서 나는 또 다른 인간문화재이긴 하지만 지방에 한정된 인간문화재인 헤이자부로 이와노Heizaburo Iwano를 먼저 찾아갔다. 나는 종이 위에 섬이나 강을 그리는 그의 기술에 감탄했다.

나는 전통과 기계를 결합시켜서 색지를 만들고 있는 히데아키 타키Hideaki Take의 문을 두드렸다. 나를 맞이해준 오사다Osada 가족은 키치 스타일의 크리스마스 트리부터 명품 잡지에 사용될 벽지까지 그의 제품들이 얼마나 무한하게 다양할 수 있는지를 보여주었다. 안타깝게도 필리핀 사람들이 그를 모방하고 있다고 한다. 하지만 요즘 세상에서는 어쩔 수 없는 일이기도 하다. 필리핀 사람들은 저급한 품질 때문에 더 낮은 가격에 제품을 공급하고 있다고 한다. 그러면서 그것이 경쟁을 위해서라고 말하지만 사실은 다 거짓말이다.

야마기Yamagi 가족은 다섯 색깔의 용이 달력으로 사용될 검정색 종이에 얼마나 잘 붙는지를 보여주었다.

"내년은 용의 해예요!"

"누구의 해라고요?"

"용이요. 우리가 장사를 하기에는 가장 좋은 해죠."

나는 이런 식으로 저녁까지 장인들을 찾아다녔다. 이국적이고 목가적인 분위기의 고요한 마을 모습과는 달리 에치젠은 박물관에 갇혀 살아야 한다는 운명에서 벗어나기 위해 그리고 15세기 동안 이어져온 오래된 끈을 자르지 않고 계속 생산하기 위해 투쟁하는 전사들만이 살고 있다.

나는 이 계곡으로 나를 데려다준, 끝없이 뻗어 있을 것 같은 터널에 대해 다시 한 번 생각해보았다. 현대성이 가지고 있는 폭력을 걸러줄 수 있는 나의 여과기를 더 튼튼히 만들어줄 아이디어가 떠올랐다. 기다리는 동안 나는 여신에게 기도를 드리는 신사까지 올라갔다. 여신이 이런 모든 상황에 대해 아무것도 알지 못한다는 사실이 그리 놀랍지는 않다.

종이의 영원성

일본

일본의 전통적인 가옥들은 모두 나무로 지어졌다. 살다보면 수많은 화재들이 발생하곤 한다. 집에 불이 나면 가장 먼저 해야 하는 시급한 일은 집과 가문의 기억을 보관하고 있는 소중한 종이들을 구하는 일이다. 일본 사람들은 소중한 종이들을 일단 우물 속에 던졌다.

불이 꺼지고 나면 물에 잠겼지만 화재를 피한 종이들을 아주 조심스럽게 건져 올린다. 그런 다음 종이들이 잘 마르도록 펼쳐놓는다. 집은 더 이상 남아 있지 않다. 지워지지 않는 잉크로 쓰인 글자만이 그대로 남아 있다.

히로시마

일본

어떤 다른 소재보다 더 많은 이야기를 담을 수 있는 종이는 모든 것을 허락한다. 심지어 내가 주제에서 벗어난 이야기를 하는 것까지. 이러한 점을 이용하여 잠깐 두루미에 대한 이야기를 하고자 한다. 하지만 걱정할 필요는 없다. 태곳적부터 아주 먼 곳을 여행하더라도 항상 떠나온 곳으로 다시 돌아가는 이 새가 내가 횡설수설하는 것을 막아줄 테니까. 사실을 말하자면, 우리는 새로운 지식으로 더 풍요로워진 채 우리의 주제로 다시 돌아올 것이다.

동의하기 힘든 애매모호한 이유들 때문에 '두루미'를 창녀에 비유하는 프랑스와는 달리, 이 커다란 섭금류의 새는 아시아 전역에서 소중한 새로 여겨지고 있다. 무엇보다 이 새에 대해 순수함^{시베리아 흰두루미의 몸은 순백색이다}의 이미지를 부여하고, 정조의 상징이라고 생각한다. 봄에 수컷은 암컷을 고르고서 몇 시간 동안 날카로운 비명을 지르면서 암컷을 쫓아다닌다. 정확하게 예측하기는 어렵지만 어느 순간에 암컷은 스스로 충분히 저항했다고 판단한다. 그러면 암컷은 가만히 멈추어 서서 커다란 날개를 편다. 이것은 암컷이 수컷의 사랑을 받아들이겠다는 표시다.

수컷은 이 기회를 놓치지 않는다. 수컷은 암컷의 등에 올라타서 4초 동안 몸을 흔든다. 이렇게 사랑을 확인하고 나면 이들은 평생 동안 함께하게 된다. 죽음 외에 그 어떤 것도 그들을 갈라놓지 않는다.

두루미가 가진 또 다른 이미지는 장수長壽이다. 다시 시치미 뚝 떼고 원래의 주제로 돌아가자. 두루미목 새들은 서열이 가장 높은 새들 중 하나로 6,000만 년 전에 처음 세상에 나타났다고 한다. 이 새들의 조상은 호감을 얻을 만한 부분이 하나도 없었다. 큰 덩치에, 위험해 보이는 부리를 가졌으며, 날기에는 몸이 너무 무거워 보였다. 라틴아메리카를 두려움에 떨게 만들었던 포르스라쿠스phorushacos[56]도 그중 하나이다이 새는 꼬리를 제외한 몸길이가 3미터가 넘는다.

캐나다 두루미는 1,000만 년 전부터 북미의 하늘을 누비고 다녔다고 한다. 아마 살아 있는 새들 중에서 가장 오래된 종種일 것이다. 머나먼 옛날부터 존재했던 것으로 알려진 새이기 때문에 아시아 사람들은 이 섭금류의 새들이 특별히 장수하는 능력이 있다고 생각했다. 심지어 이 새들이 600년은 거뜬하게 산다고 믿었다. 그리고 해마다 만물이 소생

---

56 신생대 제4기 플라이스토세 초기에 절멸된 날지 못하는 새. 길고 끝이 뾰족한 부리를 가지고 먹이를 잡아먹었으며, 한때는 생태계에서 최고의 정점에 있었을 것으로 보인다.

하는 봄이 되면 두루미들이 꼬박꼬박 돌아왔기 때문에 그들은 특별한 삶의 주기를 가지고 있다는 믿음을 주었다.

두루미는 지혜, 고귀한 정신분명히 이 새가 거의 해발 4,000미터 이상의 상공에서 날기 때문일 것이다, 우아함긴 목과 다리를 가졌기 때문에 그 몸짓이 느리고 고상하다, 용기1644년에 승려였던 팡치니앙(Fang Chi Nian)이라는 사람이 만주족의 침입에 대항하기 위해서 '학권'이라는 무술을 만들었다를 상징하기도 한다.

그리고 종이에 얽힌 감동적인 이야기도 있다. 사다코 사사키Sadako Sasaki는 1943년 1월 7일 일본 히로시마의 한 마을에서 태어났다. 1945년 8월 6일 8시 15분에 히로시마에 원자폭탄이 터졌을 때 사다코의 나이는 두 살 반이었다. 사다코는 원자폭탄이 터진 곳에서 2킬로미터 떨어진 곳에서 가족들과 함께 살고 있었다. 이웃집들이 대부분 부서지고 이웃들은 죽거나 부상을 입었다. 하지만 사다코는 피가 나거나 아픈 곳이 없고 팔과 다리를 자유롭게 움직일 수 있어서 자신이 아주 운이 좋다고 생각했다. 그 후 많이 자란 사다코는 도보 경주를 선택했다.

자신이 여전히 살아 있다는 것을 확인하기 위해서였다. 어쩌면 또다시 그런 일이 발생한다면 가능한 빨리 도망가기 위해서인지도 모르겠다. 그런데 1954년 시합을 하던 도중에 사다코는 그만 정신을 잃고 쓰러지고 말았다. 백혈병이었다. 그때 누군가가, 아마 사다코의 친한 친구였을 것이다, 사다코에게 1,000마리 학에 대한 이야기를 들려주었다.

옛날부터 전해 내려오는 이야기에 의하면, 종이로 천 마리의 학을 접으면 소원이 이루어진다고 했다.

"나, 나는 낫고 싶어."

사다코가 말했다.

그리고 사다코는 종이학을 접기 시작했다. 쉴새없이 접었다. 아침부터 저녁까지 접었다. 사다코는 눈에 띄는 종이라면 화장지, 주문서, 처방전도 가리지 않고 종이학을 접었다. 사다코의 종이학 접기는 밤에도 이어졌다. 간호사들이 잠을 자지 않으면 종이학을 모두 **뺏겠다고** 협박할 정도였다. 마침내 사다코의 방은 종이학으로 가득 찼다. 500마리 정도 접었을 때 사다코의 병세는 호전되었다. 사다코는 자신의 소원이 이루어지는 것이라고 믿었다. 사다코는 퇴원하고 집으로 돌아갔다. 하지만 일시적인 호전은 일주일에 그쳤다.

사다코는 144마리의 종이학을 더 접을 수 있었다. 그런 다음 1955년 10월 25일에 숨을 거뒀다. 그때 사다코의 나이 열두 살이었다. 사다코의 학급 친구들은 사다코를 위해 종이학을 계속 접었다. 순식간에 그들은 1,000마리의 종이학을 완성했다. 하지만 친구들은 종이학을 계속 접었다. 그들 나름의 생각이 있었던 것이다. 이 종이학을 판매한 수익금으로 원자폭탄의 폭격을 당한 모든 어린이들, 그 즉시 사망했거나 사다코처럼 시간이 지난 후 후유증이 나타난 어린이들을 위한 동상을 히로시마 한복판에 세우기로 했던 것이다. 이 관행은 계속 이어졌다. 해마다 세계 각 지역의 수많은 학교들이 무수히 많은 종이 접기 작품들을 히로시마로 보내고 있다.

사실 사다코 사사키는 학법을 창시했던 중국인 승려인 팡치니앙의 동생이라고 할 수 있다.

과거 돌아보기

루브르 박물관, 파리 | 프랑스

세느강을 따라 걷다보면 루브르 박물관의 서쪽 끝에 있는 플로르 별관le pavillon de Flore 이층에 복원실이 있다. 왼쪽으로 강이 흐르고 있다. 그랑 팔레의 거대한 유리창 뒤로 샤이요 궁이 부드럽게 솟아 있다. 오른쪽으로 튈르리 공원은 리볼리Rivoli 거리와 접해 있다. 그리고 이 거리를 쭉 걸어가면 샹젤리제로 이어진다.

다른 걸작품에 몰두하느라 이런 경치에는 관심이 없는 여자들이 루이 14세 시대의 화가인 샤를르 르 브렝Charles Le Brun의 그림을 손보고 있었다. 나는 그중 노예와 더 멀리 있는 〈승리〉라는 작품을 알아보았다. 이 두 작품은 베르사유 궁전의 복도 천장에 있던 작품이다. 복원가들로부터 그들의 작업 계획에 대한 설명을 듣는 동안 나는 일본을 떠올렸다. 일단 이 그림들을 가장 잘 보호해줄 수 있는 소재 위에 조심스럽게 올려놓아야 한다. 그래서 커다란 아마포를 펼쳐놓은 후 그 위에 종이를 한 장 붙이게 되는데, 그때 사용하는 종이의 소재는 물론 닥나무이다. 약간 무시하는 듯한 눈빛으로 복원가들이 나를 쳐다보았다. 분명히 지금까지 그들의 방문객들은 닥나무에 대해 전혀 몰랐을 것이다. 어쩌면 나도 이 단어를 모른다고 생각했을 것이다. 살짝 미소를 지으며 나는 복원가들에게 에치젠에 다녀왔다고 말했다.

그때부터 우리의 관계는 바뀌기 시작했다. 조금 전까지 나는 성가신 이방인이었다. 하지만 이제 그들의 동료로 거의 인정받은 듯했다. 오랫동안 우리는 닥나무의 품질과 그 유연성과 견고함에 대해 이야기를 나누었다.

"우리가 르 브룅의 그림들을 위한 최상의 소재를 발견한 것이 아닐까요?"

반론을 제기할 내가 아니었다.

이 복원실의 젊은 책임자인 발렌틴느 뒤바르Valentine Dubard는 다른 여의사들이 오래된 종이들을 가지고 작업을 하고 있는 다른 작업대로 나를 데리고 갔다. 그곳에서도 똑같은 엄격함과 박식함을 볼 수 있었다. 왜냐하면 각기 문서들은 서로 달랐고, 각각의 상처들도 서로 다른 특별한 처방을 요구했기 때문이다.

그곳에서 발렌틴느는 『루이 14세의 축제, 가면무도회, 연극 의상Costumes des fêtes, mascarades et théâtre de Louis XIV』이라는 화보집을 보여주었다. 채소, 부리, 깃털을 연상시키는 이상야릇한 그림들을 보호하기 위해 각 페이지마다 어떤 작업을 하는지 설명해주었다. 거기서 인간은 동물들,

특히 새들과 태평스럽게 어울리고 있었다. 나는 국가 원수, 특히 태양왕이 그런 기이한 복장을 하고 있는 모습을 상상해보았다. 루이 14세는 그 당시의 훌륭한 무용수 중 한 명이 아니었을까?

조금 더 떨어진 곳에 또 다른 작업대가 있었다. 장 밥티스트 다고티 Jean-Baptiste Dagoty, 1740~86가 그린 초상화는 표면이 얇게 벗겨지고 있었다. 더 자세히 보기 위해 쌍안경의 도움을 받으며 한 여자가 위험한 부분을 아주 가는 붓으로 조준하고 있었다.

누군가가 철갑상어 부레[57]로 만든 접착제를 사용하고 있다고 나에게 말해주었다. 그런데 왜 그 누구도 오래된 작가에 대해서는 이 정도의 관심을 쏟지 않는 것일까? 우리의 원고 역시 균열이 생기는데 말이다. 내가 딴생각을 하고 있다는 것을 눈치챈 발렌틴느가 나를 또 다른 박식한 복원가에게로 데리고 갔다. 전시회 때문에 이 복원가는 들라크루아 Delacroix[58] 그림 몇 점의 구체적인 상태를 점검하고 있었다. 종이에 가장 해를 끼치는 장본인이 몰식자산 수용액에 황산철을 첨가한 잉크라는 사실을 알게 된 것은 바로 그곳에서였다.

"보세요."

나는 화가가 호랑이들을 초벌로 그려놓은 수첩의 페이지를 들여다보았다. 불쌍한 맹수들! 질이 나쁜 잉크들이 그들의 모습을 부식시키고 있었다. 머지않아 호랑이들의 모습을 담고 있는 종이마저도 남지 않게 될 것이라고 말했다. 잉크와 종이는 마치 한 쌍의 커플처럼 서로 결합

---

57 어류에 있는 공기 주머니
58 (1798~1863) 프랑스 낭만주의 화가

된 것처럼 보인다. 그런데 그들의 관계 속에서 가해지는 이러한 폭력을 어떻게 설명해야 할까? 그리고 그것을 개선하기 위해 무엇을 해야 할까?

19세기까지 대부분의 화가들은 잉크를 직접 만들어서 사용했다. 그래서 아주 다양한 재료들을 혼합하곤 했다. 포도주 찌꺼기, 나무껍질, 오배자[59] 열매 등. 그리고 일반적으로 제일 마지막에 아라비아의 고무로 만들어진 광물복합체를 더했다. 이 잉크는 부식되는 소재였지만 종이는 대부분 아마로 만들어져서 공격을 잘 견뎌냈다. 그런데 1830년, 1840년경에 종이가 원료를 바꾸게 된 것이다. 나무가 직물을 대신하게 된 것이다. 당연히 품질이 떨어졌다.

같은 시기에 잉크 역시 공장에서 생산하게 되었다. 사람들은 잉크에 점점 더 독한 화학성분을 섞게 되었다. 잉크와 종이라는 오래된 커플이 헤어지게 된 것은 이렇게 해서이다. 이 커플의 경우에 각자 이 가슴 아픈 메커니즘을 멈추기 힘들다는 것을 알고 있다. 그래서 복원가들은 그들이 할 수 있는 것만 한다. 치유할 수 없다면 보강할 뿐이다. 느리지만 분명히 공격이 계속 진행되고 있는데도 말이다.

* * *

나는 이 섬세한 사람들 중에서 유일한 끼어 있는 남자에게 다가갔다.

---

59 옷나무과에 속하는 낙엽 소교목인 붉나무에 기생하는 벌레집. 오배자 열매란 오배자나무(붉나무)에 달리는 곤충, 곰팡이 등에 의하여 원인이 된 식물체상의 혹과 같은 표기물

앙드레 르 프라André Le Prat는 이 작업실의 책임자인 발렌틴느의 선임자였다. 최근에 은퇴한 그는 도저히 마법에서 풀려날 수가 없었다 나도 그를 무척이나 잘 이해할 수 있다! 그래서 그는 언제든지 도울 준비를 하고서 여전히 작업실로 출근하고 있는 것이다. 오늘 그는 마분지 상자의 바닥과 내벽에 얇은 안피와 닥 조각을 붙이고 있었다. 하지만 이 역시 나쁜 잉크의 공격을 받았기 때문에 곧 특별히 부드러운 양피지를 붙여야 할 것이다.

"누구를 가장 질투해야 합니까?"

수 세기 동안 자료실의 서랍 속에서 잊혀진 채 이런 갑작스러운 관심을 기대하지도 않았던 양피지일까요? 혹은 앙드레 르 프라일까요? 앙드레 르 프라의 얼굴에 아주 가벼운 미소가 번지면서 그는 이 작은 행동들이 그에게 어떤 즐거움과 평화를 주는지 보여주었다.

가족사진

브르타뉴Bretagne | 프랑스

"만약 둥글게 잘 말리는 종이를 원한다면…… OCB 종이입니다."

나의 할아버지 장Jean은 나를 '시 주르 사이클리스트Six Jours cyclistes[60]'에 데리고 가곤 했다. 우리는 지상전철을 타고 파리에 있던 동계 경륜장에도 가곤 했었다. 그곳에서 슈크루트[61]를 먹으면서 달리고 있는 경주자들을 향해 샴페인잔을 높이 들곤 했다. 그 당시에 나는 열 살 정도였던 것으로 기억한다. 3~4분마다 스피커가 지직거리면서 광고가 흘러나오곤 했다. 모두 같은 내용이었다:

---

60 그르노블에서 해마다 열리는 자전거 경주로 '6일간의 자전거 경주'라는 뜻이다.
61 양배추 절임

"바나나, 챔피언의 과일! 과일의 챔피언!"

우리가 제일 좋아하는 광고는 이것이었다.

"만약 둥글게 잘 말리는 종이를 원한다면……."

브르타뉴에서 살고 있던 우리 친척들은 바다 가까이 흐르는 오데 Odet 강변에 위치한 팡아르Penhars에서 살고 있었다. 나의 삼촌인 페르낭Fernand은 농기계 판매업을 하다가 곧 도기제조공장인 HB 앙리오HB Henriot에서 일했다. 나의 숙모인 마고Margot는 하늘 색깔보다 더 빨리 변하는 파란색 눈을 가지고 있었다. 화가 나면 거칠어졌다가 금방 다시 (무한한) 애정과 (늘 새로운) 살아가는 재미를 보여주었다.

파리 출신의 어린 소년이었던 나는 강의 물살을 따라 예인으로 위를 걷곤 했던 기억이 있다. 나는 밀물이 이렇게 먼 육지 한가운데까지 밀려드는 모습을 상상만 할 수 있었다. 나는 사람들이 켕페Quimper 지역의 상류에 종이를 만드는 물레방아가 있다고 말했던 것을 기억한다. 그리고 파리 동계 경륜장에서 그토록 자주 들었던 세 글자의 의미를 그곳에서 알 수 있었다. 오데Odet의 O, 이웃하는 강과 동음이의어이기도 했으며, 에르게 가베릭Ergeé-Gabéric 시피니스테르 주라고 불리는 곳이다.

카스카덱Cascadec의 C, 스카에르Scaër 시피니스테르 주라고 불리는 곳이다. 볼로레Bolloré의 B, 오데와 카스카덱에 최초의 공장을 세운 제지회사의 창업주 이름이다. 나는 최초의 담배가 세바스토폴Sebastopol, 1854~55에서 근무하던 한 브르타뉴 사람에 의해서 발명되었다는 이야기를 들었다.

그 당시까지 사람들은 파이프 담배를 높이 평가하고 주로 파이프 담배를 씹거나 피웠다. 군인이었던 코렝탱 르 쿠에딕Corentin Le Couedic은 파이프를 공에 부딪혀 깨뜨리고 말았다. 그래서 그는 담뱃잎을 자신의 약혼녀가 보내온 편지에 말아서 피우기로 했다. 고향에 돌아온 그는 제지소에 자신의 발명품을 알렸다.

1914년에 볼로레 회사는 세계 궐련 담배 시장의 80퍼센트를 차지했다. 그웬 아엘 볼로레Gwenn-Aël Bolloré는 가장 질 좋은 종이를 생산하기 위해 필리핀의 마닐라 삼과 그 지역의 고기잡이 그물을 어떻게 이용했는지 나에게 들려준 적이 있다. 이 과정을 통해 그는 카본지 시장을 휘어잡고 있던 갈리마르Gallimard에 가장 아름다운 총서라고 할 수 있는 라 플레이아드La Pléiade 출간에 필요한 종이를 공급할 수 있었다. 그런데 그는 전쟁에 대해 말한 적은 없었다. 어쩌면 1944년 6월 6일에 노르망디에서 자유로운 프랑스인들과 함께하역했기 때문이 아닐까?

나는 보크레송Vaucresson에 있는 그의 사무실에서 1월의 어느 저녁에 뱅상 볼로레Vincent Bolloré에게 받았던 대류식 난방기에 대한 교훈을 떠올렸다.

"당신은 종이 역시 절연체라는 것을 아십니까? 우리가 종이 더미에 관심을 가지는 것은 바로 그것 때문입니다."

복도 끝에 '다양한 출신'으로 보이는 50여 명의 젊은이들이 전화로 세계 최초의 자동차 셀프 렌트 회사인 오토리브Autolib[62]의 고객들에게 답변을 하고 있었다.

---

62 전기자동차 대여 서비스

그들 앞에 놓여 있는 커다란 파리 전도의 반짝이는 불빛을 통해 우리는 임대한 300여 대의 자동차가 어디에 있는지 알 수 있었다. 이 자동차의 수는 곧 3,000대로 늘어날 것이다.

제2부

현재의
종이

Papiers présent

종이의 아이들

라자스탄Rajasthan | 인도

자이푸르 외곽에 상가나의 작은 마을이다.

알리무딘 살림 카그지Alimuddin Salim Kagzi는 종업원의 수가 계절이나 상황에 따라 700명에서 1,200명 사이를 오가는 공장을 운영하고 있다. 그는 전 세계에 손으로 만든 종이, 기업 윤리를 지키고 오래된 촉감을 고수하는 '친환경' 종이를 판매하고 있다. 이것은 그의 회사의 약속이기도 하다.

카그지 씨는 나도 친환경주의자인지 격식을 갖춰서 물었다. 눈에 눈을 맞추고서 나는 그에게 최선을 다하고 있지만 아직은 미흡하다고 대답했다.

내 대답한 흡족해진 카그지 씨는 내가 듣고 싶었던 라자스탄 고유의 역사에 대해 이야기해주었다. 이것은 수 세기를 거쳐 복잡하게 얽혀 있는 이야기였다.

"우리 가족은 분명히 1000년경 터키에 있었던 적이 있었습니다. 우리 가족은 누구로부터인지 알 수 없지만 종이라는 물질에 대한 해박한 지식을 물려받았습니다. 어느 날 내가 알지 못하는 어떤 잔혹한 사건들 때문에 우리 가족은 강제 추방되었죠."

나에게 말을 하는 동시에 카그지 씨는 나를 첫번째 방으로 데리고 가서 두 손을 펄프 통 속으로 경쾌하게 집어넣었다.

"믿으셔도 좋습니다. 넝마 외에는 어떤 화학 성분도 포함되지 않았습니다. 이건 피부에 아주 순합니다. 그렇지 않습니까? 고객의 상황과 요구에 따라 우리는 풀이나 개양귀비, 제비꽃, 심지어 장미꽃잎을 넣기도 합니다. 양에 상관없이 말입니다. 여러 세대를 거쳐 내려오는 동안 우리 조상들은 늘 쫓기거나 혹은 더 좋은 곳을 찾아서 중앙아시아를 누비고 다녔습니다. 그러는 동안에도 제지술에 대한 풍부한 지식은 늘 함께 다녔죠. 라자스탄에 정착한 것은 이렇게 해서입니다. 1600년경에 자이푸르의 태수였던 라자 만 싱 1세^{Raja Man Singh I}가 자신의 곁으로 우리 조상을 불러들였습니다. 한 세기가 더 지난 후에 우리 조상들은 물이 더 풍부한 곳을 찾아서 사라스바티^{Sarasvati63} 강가인 이곳에 정착을 하게 된 것입니다. 이 강물은 특히 깨끗하고 그 물에 담궜다 종이를 꺼내면 물의 색을 간직한다는 특별함을 가지고 있습니다. 우리 가족은 이 땅 위에서 살 곳을 찾은 것입니다. 신에게 감사드립니다! 이때부터 우

---

63 인도에 들어온 아리아인이 최초로 정착했던 곳에 있던 강. 이 강은 사라스바티라는 이름을 가지고 있었는데, 시간이 흐르면서 강을 신격화한 여신이 숭배받기에 이르렀다.

리는 우리의 이름에 카그지^{Kagzi}를 덧붙이게 되었습니다. 이것은 '종이 제작자'를 뜻하는 오래된 우르두어 단어입니다."

이 이야기가 끝날 때까지 내 얼굴이 감출 수 없었던 대조된 표정을 카그지 씨가 본 것이 틀림없었다.

"걱정 마세요, 아직 끝난 것이 아니니까!"

알리무딘 살림 카그지 씨는 자신들의 자랑거리 중 한 곳으로 나를 데리고 갔다. 거대한 테라스에 종이에 빨래집게로 고정된 채 널려 있었다.

"규칙적인 건조가 종이의 품질을 결정합니다. 물의 흐름을 가장 잘 이용하기 위해 이 장소를 설계한 것은 저희 아버지죠."

본토를 여행할수록 나는 약간은 슬픈 이 사실을 확인하게 된다. 선원들만이 바람과 친밀함에 대한 독점권을 가지고 있는 것은 아니다.

자이푸르^{Jaipur}에서 한 왕은 심지어 '바람의 궁전'을 만들기도 했다. 이 궁전은 바람이 그 주된 적인 여름의 뜨거운 열기에 저항하는 것을 돕기 위해 바람이 잘 통하도록 만든 건물이다.

정면에 커다란 격자창이 많은 이 궁전은 단지 왕을 위해 바람이 잘 통할 뿐 아니라 왕궁의 여자들이 격자창에 난 구멍을 통해 자신들을 노출시키지 않고도 바깥 거리를 구경할 수 있도록 설계되었다. 격자창이 만들어내는 그늘은 샘에서 흘러나오는 물소리만큼이나 청량감을 더해주었다.

카그지 씨가 이야기를 계속 이어갔다.

"우리 가족이 헤어질 뻔한 일도 있었습니다. 우리의 사업이 위기에 처했을 때죠. 그땐 카그지라는 이름도 자칫 잃을 뻔했습니다. 하지만

신은 그것을 원하지 않으셨죠."

19세기 중반에 영국이 인도를 제국의 진주, 그리고 금광으로 만들기로 결정했을 때 영국은 단지 정치적인 힘을 행사하는 것에 만족하지 않았다. 지방 경제 활동 주체들로 하여금 수도의 부를 성장시키는 데 기여해야만 한다는 임무를 주었다. 하지만 식민지 개척자들의 기업이 아무리 작다고 하더라도 그것과 경쟁한다는 것은 생각조차 할 수 없는 일이었다.

결국 인도 전역에서 종이를 만들기 시작하면서 바다를 통해 영국의 제분기들이 들어오기 시작했다. 하지만 인도에서 설비를 현대화하기를 원하는 사람은 누구라도 즉시 인도 행정자치부Indian Civil Service의 냉혹한 공무원으로부터 제지를 당했다. 직물 산업 역시 이와 같은 장애물에 부딪혔다. 그런데 간디는 아무런 도움을 주지 못했다.

1919년부터 마하트마 간디는 직접 면을 짜고 옷을 만들기 위해 매일 물레를 돌렸다. 그 유명한 '도티Dhoti'를 만든 것이다. 도티는 재봉선이 없는 긴 천으로 이 생각에서 저 생각으로 끊어지지 않고 흘러가는 인도 사람들의 사고의 특징을 잘 나타낸 옷이다……. 타고르를 비롯한 몇몇 동시대인들은 간디의 이런 행동에 대해 열띤 토론을 벌이며 반론을 제기할 것이다. 타고르는 아마 근대화를 포기하는 것은 인도가 영적인 자살을 저지르는 것이라고 간디를 비난할 것이다. 그러는 동안 간디는 장인들을 방어했다.

마하트마 간디는 인도 전역을 걸어 다녔다. 간디는 조국의 가장 외진 지역조차 풍요롭다고 생각했다. 대부분의 경우에 조상대대로 전해져오는 지식이나 기술이 살아 있고 기업의 활기나 정신이 풍요롭다는 것이다. 간디는 시골에서는 전통적인 가내수공업을 통해 이미 도시를 부풀리고 있으며, 따라서 갑작스럽게 보건 문제나 사회 문제를 야기하고 있는 이농현상에 맞서 싸울 수 있다고 생각했다. 그래서 간디는 산업 마을들, 즉 마을의 산업을 개발하고 지원하는 위원회를 만들었다. 알리무딘의 할아버지가 간디를 만나게 되는 것은 이런 배경에서였다.

1938년은 자납 알라 바즈$^{Janab\ Allah\ Base}$에게는 영광스러운 한 해였다. 마하트마의 요구로 그는 국회의 정당 앞에서 종이 예술을 선보였다. 그리고 앞으로 그의 회사가 모든 행정적인 주문에 대해 우선권을 가지게 될 것이라는 약속을 받게 되었다.

나는 자납 알라 바즈와 마하트마에 대해 다시 생각해보았다. 오늘날 인도 산업은 이미 오래 전부터 마을에서 비롯되었다. 그리고 지금은 세상에서 가장 경쟁력이 있는 산업 중의 하나가 되었다.

알리무딘 카그지 씨가 말을 멈추었다. 그는 나에게 아래쪽 안뜰을 가로지르고 있는 하얀색 실루엣을 가리켰다.

"제 아버지입니다. 아흔두 살이십니다. 아버지는 여전히 일을 하고 계시죠. 제가 아버지께 쉬라고 애원하면 아버지는 한결같이 아버지가 죽기를 원하는 거냐는 말만 반복하십니다. 제가 1947년의 일에 대해 이야기했던가요?"

나는 최근의 기억들을 더듬어보았다. 그는 나에게 이미 너무 많은 말을 했다. 하지만 나는 이 연도를 기억해낼 수가 없었다. 나의 출생연도이기도 한 이 연도를 말이다.

"인도가 독립한 해입니다! 모두가 그 순간을 즐겼습니다. 정부는 분할을 선택했습니다. 오직 이슬람교도들을 위한 파키스탄이라는 나라가 만들어졌죠. 그리고 이슬람교도였던 우리 가족도 떠나야 했습니다."

나는 그를 쳐다보았다. 안뜰은 이제 비어 있었다. 하지만 카그지 씨의 눈에 하얀색 실루엣은 여전히 남아 있는 듯했다.

"제 아버지께서 들었던 이야기입니다. 제가 아직 태어나지도 않았을 때의 일이죠. 제 할아버지는 밤새 기도하셨다고 합니다. 아침에 신으로부터 말씀을 들은 할아버지는 결정을 내리셨죠. 그러고는 온 가족을 불러 모았습니다. 여자들은 모두 울고 있었습니다. 할아버지가 말씀하셨습니다. '우리는 남을 것이다. 인도가 파키스탄보다 더 빨리 발전할 것이다.'

우리는 지금까지도 할아버지에게 감사해하고 있습니다. 저희 가족들 중 일부는 떠나는 것을 선택했습니다……. 그들이 옳았다고 할 수는 없죠."

우리는 살림Salim 회사의 선도적인 제품들을 제조하는 공장이 있는 성소 중의 성소에 있다. 여섯 명의 남자들이 낮은 탁자 앞에 무릎을 꿇고 앉아 있었다. 그들의 표정이 아주 심각하고 몸짓도 경건했기 때문에 마치 기도를 하는 것처럼 보였다. 그들은 두꺼운 초록색 종이를 자르고 접고 붙였다.

그들의 손에서 상자들이 탄생했다. 카그지 씨는 그 상자들 중 하나를 집어 들었다. 그리고 나에게 보여주었다.

"악어 같지 않습니까? 우리는 종이로 뭐든지 만들 수 있습니다."

카그지 씨의 목소리가 바뀌었다. 그는 작은 키를 다시 일으켜 세웠다.

"물론 기술이 있다는 조건 하에서지만요. 우리는 우리가 만든 상자들을 뉴욕의 가장 큰 백화점들에 판매하고 있습니다. 우리는 계산을 잘 해야 합니다. 뭄바이Mumbai[64]에서 뉴욕까지는 아주 먼 거리이고 배는 아주 느리게 움직이죠. 만일 배가 크리스마스 후에 도착한다면 손해가 막심합니다."

"많이 보내십니까?"

"콘테이너 3개 정도 보냅니다. 아무리 늦어도 9월말까지는 보내야 합니다. 우리에게 여름은 상자의 계절입니다."

나는 초록색 종이로 만든 작은 상자들을 가득 실은 철로 된 큰 상자인 화물 운송용 컨테이너를 상상해보았다. 희망봉[65]을 향해 서쪽으로 가야 할까 혹은 샌프란시스코를 향해 태평양을 가로질러야 할까?

세계화 시대이다.

* * *

상가네르Sanganer[66].

초라한 건물들, 초라한 가옥들, 초라한 가게들, 아무런 매력 없는 이런 곳에서 영광스러운 과거의 흔적을 찾아내려면 좋은 시력과 믿음과 고집이 있어야 한다.

아시아 어디에서처럼 한 무리의 사람들이 바삐 움직이고 있었지만

---

64 인도 마하라슈트라 주의 주도로 인도 반도 서해안의 한가운데서 약간 북쪽에 위치하고 있다. 인도에서 가장 현대적인 도시인 뭄바이는 인도의 역사를 주도해온 도시다.
65 남아프리카공화국 케이프 주 남서쪽 끝을 이루는 암석 곶
66 자이푸르 외곽에 위치하고 있는 염색으로 유명한 인도의 마을

중국과 같은 활기는 없었다.

신성한 암소의 기운 없는 시선은 위안을 주는 역할을 해야만 한다. 이 소들은 중앙도로 한복판 평평한 곳에 드러눕는 것을 선택하고서, 그것이 만족스러운지 입을 우물거리고 있었다. 낙타가 지나간다. 인도에서 사람들은 낙타에 짐수레를 매달아 놓았다. 이곳에서는 동물들의 역할이 바뀌어 있다. 그렇다면 북서쪽의 사막을 느린 걸음으로 걸어가는 것은 당나귀가 아닐까?

나는 골목길로 접어들었다. 내가 처음으로 마주친 것은 무보수로 일하는 도로청소부, 즉 멧돼지의 속도로 움직이는 돼지 무리였다. 그들의 식탐이 사회적으로 유용하게 쓰이고 있지만 결코 찬사를 받지는 못할 것이다.

폐가의 흔적들이 내가 길을 제대로 찾아가고 있다는 것을 알려주었다. 멀리서 나는 개미집처럼 생긴 것을 보았다. 가까이 다가가면서 나는 내가 잘못 생각했다는 사실을 알게 되었다. 내가 흙더미로 보았던 것은 사실 아주 오래된 건축물이었다. 사실대로 말하자면 내 친구 돼지들이 아직 청소할 시간이 없었던 쓰레기 더미, 시궁창에 둘러싸인 사원이었던 것이다. 녹슨 철책이 성스러운 장소를 에워싸고 있었다. 저속한 취향을 가진 사람들이 거기다 브래지어와 속바지를 걸어놓았다.

우연히도 존중이 그 첫번째 덕목인 종교에 대한 얼마나 경솔한 행동인지! 나는 얼마 지나지 않아서 더욱 끔찍한 또 다른 공격을 목격하게 되었다.

사실을 고백하자면, 이 여행을 하기 전에 나는 자이나교에 대해 전혀 알지 못했다. 내가 개미집으로 착각했던 곳이 사실은 자이나교의 성소였다. 내가 알게 된 바에 의하면, 자이나교는 불교와 힌두교에 가까운 종교로 아주 오래되고기원전 5세기에 생겨났으며 작은1,200만 명의 신자가 있다 종교이다.

나는 이 종교에 호감이 생겼다. 이 종교에 대해 더 알고 싶은 유럽인들은 먼 여행을 할 필요도 없이 벨기에의 앙베르를 방문하면 된다. 이민 온 인도 가족들이 그곳에서 자이나교를 믿으며 살아가면서 성전 건축에 재정적으로 후원하고 있기 때문이다.

자이나교는 특히 물질pudgala로부터 영혼jiva을 자유롭게 하고, 이렇게 함으로써 고통이라는 불행에서 자유로워질 수 있는 여러 가지 섬세한 기술들을 전하고 있다. 그중에서도 무엇보다 먼저 아힘사ahimsa, 즉 보편적인 박애와 그것이 무엇이든지 간에 고통을 주지 않겠다는 약속을 지켜야만 한다고 말하고 있다.

건실한 자이나교도는 단지 채식만을 하는 것은 아니다. 그들은 해가 지고 나서 다시 해가 뜰 때까지 살아 있는 생명에게 해를 끼칠까봐 아무것도 먹거나 마시지 않는다. 그들은 또한 대부분의 식물 뿌리를 먹지 않는데, 그 이유는 뿌리를 뽑다가 그 주변에 살고 있는 애벌레나 곤충에게 치명적인 해를 끼칠 수도 있기 때문이다. 그들은 어쩌면 실수로 작은 날파리를 삼킬지도 모른다는 두려움 때문에 입에 마스크를 착용하고 다닐지도 모르겠다.

절대적으로 비폭력적인 이 종교의 상징 중 하나는 '스바스티카svastika', 즉 나치의 문양으로 우리에게 너무나 잘 알려진 십자가 모양이다.

앙베르에 살고 있는 자이나교도들은 나치가 파렴치하게 그 문양을 빌려서 사용하면서 전혀 '아힘사'하게 행동하지 않는 것에 대해 어떻게 생각할까?

나는 그들이 화를 낼까 두려워서 감히 물어보지 못했다. 그들로 하여금 화나게 만들어 그들의 모크샤moksha[67]의 순간을 늦출 수도 있기 때문이다. 나는 작은 자이나교가 얼마나 성장했는지 알지 못한다. 분명한 것은 인도 사람들이 가지고 있는 교육에 대한 열정이다.

산책을 하는 동안 나는 거의 모든 벽에 이런저런 학교의 장점들을 자랑하는 벽보를 볼 수 있었다. R. Education Point모든 레벨, Lekha Commerce Classes. Oxford International School, Vikas Public SchoolCommerce and Management⋯⋯.

종교와 무관한 〈현대〉 지식에 대한 이러한 열정이 종교적인 열정을 절제하게 만든 것은 아닐까? 우리는 공존의 천재적인 능력을 가진 인도가 이 두 가지를 잘 지킬 수 있으리라고 확신한다.

작업실 I

첫눈에 사육장처럼 보였다. 상가네르로 접근할 수 있는 주요 도로 아래쪽에서 서른 마리 정도의 돼지들이 쓰레기 밭에서 놀고 있었다. 갓 태어난 새끼 돼지는 어미 돼지 뒤를 쫓아다니고 있었다. 그리고 거기서 멀지 않은 곳에 카그지 씨가 경외의 눈으로 바라보며 내게 말하던 사라스와티Sarasvati 강이 흐르고 있었다. 나는 그 강이 과거에는 풍부하고 깨

---

67 자유, 해탈

끗한 물로 유명했다고 믿고 싶었다. 하지만 지금은 단지 악취를 풍기는 개울에 지나지 않았다.

내가 가까이 다가가자 두 명의 남자가 나에게로 왔다. 그들은 내가 버려진 곳이라고 생각했던 헛간에서 나왔다. 그곳에는 녹슨 톱니바퀴 장치, 오래된 자동식 보도, 거대한 엔진의 추억을 가지고 있는, 무엇인지 알 수 없는 더미들이 쌓여 있었다. 두 남자는 자신을 소개했다. 두 사람은 동시에 말을 했다. 이것이 우리의 통역관인 살만^{Salman}이 통역해 준 내용이다. 살만은 문장을 끊지 않고 말을 했다.

"우리는 형제입니다 우리 가족은 함께 일을 합니다 돼지 역시 일을 하죠. 모든 사람들이 힘든 일을 하고 있습니다. 하지만 우리가 일을 많이 할수록 더 잘살 수 있게 된다면 그건 좋은 일입니다……."

나는 그들이 계속 말하고 있지만 나로서는 너무 애매한 그 '일'에 대해 용기 내어 자세히 물어보았다.

두 형제는 동시에 숨을 내쉰 후에 말을 하기 시작했다.

"쓰레기에게 감사해야 합니다 쓰레기가 없었다면 우리 일도 없습니다. 우리는 시청에서 쓰레기를 구입합니다. 시청은 쓰레기에 대해 너무 비싼 값을 치르게 합니다. 쓰레기는 세상 어디에나 널려 있는데 말입니다. 그렇다면 돼지에게도 돈을 지불해야 합니다. 돼지들이 시청보다 훨씬 유용하니까요."

그런데 갑자기 엄청난 굉음을 일으키며 헛간이 살아나기 시작했고, 두 명의 다른 남자들이 나타났다^{이들도 형제들일까?}. 사용하지 않던 기계들이 움직이면서 톱니바퀴 장치는 엔진 소리보다 더 강하게 삐걱거리기 시작했다. 벨트 컨베이어 위로 끈적끈적해 보이는 회색 물체가 앞으로 나가면서 더러운 물과 기름과 알 수 없는 출처와 성질의 액체들을 분출하기 시작했다.

소음 때문에 처음의 두 형제가 소리를 질렀다.

"아주 간단한 작업입니다. 먹을 수 있는 쓰레기는 돼지들이 먹습니다. 먹을 수 없는 쓰레기는 저기 아래에 있는 통에 던져 넣죠. 그런 다음 잠시 썩도록 내버려두었다고, 으깬 후에 미래의 종이가 될 반죽으로 만듭니다. 여기에 대해 시장은 아무런 반대도 할 수가 없습니다."

나는 결국 가족 모두를 소개받았다. 처음 보았던 네 명의 형제 외에도 나는 다섯째와 그의 아주 젊은 아내를 만났다. 두 사람은 벨트 컨베이어에서 나오는 종이를 적당한 크기로 만들기 위한 종이재단기를 맡고 있었다. 그들은 불러도 잘 오지 않는 수리공을 찾으러 떠나서 잠시 자리를 비운 사촌에 대해 양해를 구했다. 다른 가족들에 대해서는 굳이 알 필요가 없다고 했다.

"다른 가족들은 일을 좋아하지 않습니다. 그래서 종이를 선택하지 않았습니다."

처음 본 두 형제, 그리고 돼지 몇 마리는 마당 끝까지 나를 배웅해주었다. 잠시 동안의 방문으로 나는 나의 잘못을 깨달았다. 도착할 때 보았던 거무스름한 더미는 돌이 아니라 종이, 즉 건조되기를 기다리는 종잇장이었다.

"하지만 비가 오면 어떻게 하죠? 그들은 어깨를 으쓱했다. 때로 사라스와티는 자신이 강이며 넘칠 수 있다는 사실을 기억해낸다고 했다.

"그렇게 되면?"

"그렇게 되면 일을 멈추어야죠."

"그렇다면?"

"그렇다면 돈이 부족할 것이고, 우린 덜 먹겠죠."

나는 잠시 다섯 아이들을 만날 시간이 있었다. 아이들은 막 학교에서 조용히 돌아오고 있었다. 손가락에 잉크를 살짝 묻힌 채 말이다.

작업실 II

보통의 집처럼 보인다. 비가 내리고 있다. 당신은 이제 마을의 다른 쪽 끝에 와 있다. 당신은 주소를 찾았다는 사실에 안심하지만 길이 너무도 지저분하다. 당신은 몇 걸음 걸어 올라간 다음 문을 두드린다. 아주 젊은 여자가 당신을 맞이한다. 여자는 아이의 손을 잡고 있다. 두 사람은 당신을 향해 미소를 짓는다. 넓고 깨끗한 입구에서 문이 열려 있는 세 개의 방이 보인다. 커다란 침대가 첫번째 방에 놓여 있다. 두 번째 방은 거실인 것이 분명하다. 조금 전에 본 여자의 어머니로 보이는 한 여자가 카펫 위에 앉아 옷을 골라내고 있다. 다른 두 개의 방과 달리 세 번째 방은 정리가 되어 있지 않다. 이 방은 창고로 쓰는 것이 분명하다.

어쨌든 이 집은 다른 모든 집들과 비슷한 집이다. 아이의 손을 잡고서 늘 미소 짓고 있는 젊은 여자가 당신에게 지하실로 내려가는 계단이 시작되는 곳을 보여줄 때까지는 말이다.

여자는 또다시 미소를 짓는다.

"당신은 이것 때문에 오셨죠, 그렇지 않나요?"

그런 다음 여자는 거실로 돌아와 어머니의 일을 돕는다.

세 발짝 쯤 걷고 난 뒤에야 당신의 눈은 네온 빛에 익숙해진다. 그리고 당신이 전혀 기대하지 않던 것을 보게 될 때부터 당신은 이 집의 아래층이 지옥이라는 사실, 지옥이 이 집의 일부라는 사실을 알게 된다.

지옥은 약 20평방미터의 지하실이었다. 흙으로 된 바닥에 낮은 천장, 그리고 검게 얼룩진 벽으로 된 지하실이었다. 한 노인이 자신만만하고 친절한 태도로 나에게 만져보라고 내밀었던 혼합물처럼 검게 얼룩져 있었다.

"두려워하지 마세요. 순면 외에는 아무것도 들어 있지 않습니다. 이것은 고도의 기술로 종이를 제작하기 위해 필요합니다."

노인은 '고도의 기술'이라고 주장했다.

전깃줄이 여기저기 매달려 있었다. 노인은 그중 하나를 잡아당겼다. 그러자 혼합물이 부글부글 끓기 시작했다.

분명히 내 새로운 친구의 아내인 듯한, 역시 60대로 보이는 노파가 그 유명한 '순면' 혼합물에 컵을 집어넣었다. 노파는 다시 자리로 돌아와서 일종의 과일 혹은 야채 압착기로 보이는 것 앞에 무릎을 꿇고 앉았다.

노파가 거무스름한 반죽을 쏟아 붓고 있는 원추 모양의 것은 입구가 나팔처럼 활짝 벌어져 있었다. 노파는 손잡이를 내렸다. 이 집안의 트레이드마크인 듯한 미소를 지으며 노파가 방금 만들어서 여전히 축축한 물건을 나에게 내밀었을 때 나는 프랑스어로 감탄사를 내뱉지 않을 수가 없었다. 나는 1,000가지 목적으로 사용되는 종이의 사례를 알고 있었지만, 브래지어의 경우는 아니었다. 그런데 과연 아주 아주 낮고 평평한 이런 이상한 가슴을 가진 여자들은 어디에 살고 있을까?

살만이 나의 말을 통역해주자 주위에서 크게 웃음을 터뜨렸다. 두 노인은 얼굴을 검게 더럽히지 않으려는 듯이 하늘^{콘크리트 천장}을 향해 손을 높이 들고 몸을 비틀며 재밌어했다.

다시 조용해지자, 나는 계단을 올라갔다. 나의 방문은 끝나지 않았다. 나는 어쩌면 이 매력적인 가족이 정말로 만드는 것이 무엇인지 찾게 될지도 모른다. 1층에서의 일상생활은 순조롭게 진행되고 있었다. 아이는 놀고 있었고, 내 눈에는 점점 더 예뻐지고 있는 듯한 아이의 엄마가 옷을 분류하는 일을 계속하고 있었다. 나는 바보같이 혼자 좋은 소식이라고 중얼거렸다. 누군가가 저런 옷을 가지고 있다면, 그것은 꼭 필요한 생필품 중 그 무엇도 부족하지 않다는 뜻이니까.

작업실의 지붕은 단지 갈대로 얼기설기 하늘을 가리고 있을 뿐이었다. 무릎을 꿇고 앉아 있는 두 남자 역시 과일 압착기 앞에서 움직이고 있었다. 하지만 그들이 손잡이를 낮출 때마다 가짜 브래지어는 한 번씩 분출되는 증기 속으로 사라졌다. 결국 두 사람 중 한 사람이 내 존재를 알아보았고, 늘 그랬던 것처럼 친절하게 나에게 자신이 만든 확성기 케이스를 보여주었다.

나는 '고도의 기술'로 만든 종이에 대해 진심으로 열렬히 감탄했다. 나는 이 사람들의 현기증 날 정도로 감동적인 친절을 경험할 수 있게 해준 질문 작업을 빠르고 예리하게 진행했다.

그는 첫째, 이 집안에서 매우 부지런하고 친절한 후센^{Hussain} 집안사람들이 매년 평균 20만 개의 확성기 케이스를 만든다고 말했다. 둘째, 후센 집안사람들은 소니^{Sony}나 데논^{Denon}의 기계들보다 덜 비싸게 생산하기 때문에 구매를 원하는 사람들에게 좋은 가격에 판매하고 있다고 한다. 셋째, 마치 돼지우리처럼 보이는 헛간이나 이 집과 비슷한 형태의 작업실들이 곳곳에 600개 이상이 있다고 했다. 그리고 그들은 모두 '수작업'으로 종이를 제작하거나 일부 '고도의 기술'로 종이를 제작한다고 한다. 또한 그들 모두 카그지의 지점에 속하며 내가 만났던 기업가들과 손을 잡고 있었다. 결국 이런 지옥에서 일하는 노동자들의 '월급'을 알아보겠다는 나의 야심은 헛된 일이었다. 내 질문에 모두가 '이건 가족의 일입니다'라는 대답만 들려주었다.

나는 당황해하며 다시 길을 떠났다. 가족보다 더 비밀을 잘 지켜줄 수 있는 사람은 어디에도 없다는 사실을 내가 어떻게 잊을 수 있을까? 더구나 600여 가족이 네트워크로 연결되어 있다면?

* * *

저녁이 되기 직전에 하늘은 여러 가지 색깔의 종이들로 가득 찼다. 책에서 찢어낸 종이가 거대한 바람의 흐름에 따라 공중에서 날리고 있는 듯했다. 적어도 몇 줄이라도 읽어보고 무슨 이야기인지 알아보기 위해 폴짝 뛰어보고 싶다는 바보같은 충동에 사로잡힐지도 모른다. 물론 헛수고이다. 코니스[68] 위에 웅크리고 있던 원숭이들이 비웃는다. 그리고 늘 그렇듯이 종이들이 더 많이 날아오를수록 비둘기들이 짜증을 낸다. 결국 나는 아이들이 학교에서 돌아와서 자신들이 가장 좋아하는 장

---

68 고전 건축에서 기둥머리가 받치고 있는 세 부분 중 맨 위

난감인 연을 날리며 놀고 있다는 사실을 알게 되었다.

내일이면 나는 그 연들이 가장 가벼운 종이와 대나무로 만들어졌다는 사실을 배우게 될 것이다. 사람들은 나에게 이렇게 귀한 물건들은 북부 지방에서 왔다고 말할 것이다. 우타르 프레데시Uttar Pradesh[69] 주는 다른 주에는 알려지지 않은 제작 기술을 언제부터 어떻게 알고 있을까? 왜냐하면 진정한 가벼움의 비밀이 갠지스 강가에서만 올 수 있기 때문일까?

잠시 동안 나는 이 멋진 광경을 만들어낸 아이들을 생각했다. 나는 아이들을 보지 못했었지만 아이들은 그곳에 있었다. 연에는 실이 매달려 있었고, 실의 끝에는 미소가 매달려 있었을 것이라고 상상해본다.

곧 하루가 끝나게 될 이 시간에 낄낄거리는 관광객을 태운 장미꽃 장식의 코끼리가 지나갈 수 있도록 창을 반쯤 연 채로 길을 막고 서 있는 자동차, 택시, 트럭, 손수레들의 무리 위로 온 도시를 점령하고 있는 것은 아이들과 우타르 프레데시로부터 온 선물인 아이들의 가벼운 종이 새일 것이다. 이 광경이 늘 평온한 것만은 아니다.

이슬람교도들과 힌두교도들이 지혜롭게 어울려 살아가고 있지 않는 수많은 마을에서 아이들은 그들의 방식대로 어른들의 다툼을 이어가고 있다. 어린 이슬람교도들은 검정색 종이로 연을 만든다. 이 검정색 연은 하늘에서 아주 거칠게 채색한 어린 힌두교도들의 연과 맞서 싸운다. 이것은 (연들의) 죽음에 이르는 싸움이다. 아이들은 이미 적의 연줄을 끊기 위해서 줄에 유리 조각까지 붙여놓았기 때문이다.

---

69 인도의 북부에 있는 주

연의 끝에는 아이들이 있다고 상상할 수 있다. 하지만 몇몇 아이들의
마음 속에는 이미 혐오가 자라잡고 있다. 단지 그 혐오가 더 커지지 않
기를 바랄 뿐이다.

이야기의 필요성에 대하여

볼리우드Bollywood[70] | 인도

추억의 왕국인 라자스탄으로 돌아가는 동안 작고 비열한 목소리가 나에게 계속 반복해서 소곤거렸다.

"종이를 알아보는 건 그만둬! 얼마나 근대화되었는지 똑바로 보라고. 너는 이야기를 무척이나 좋아하잖아……. 사람들은 이제 영상을 통해 그런 이야기를 보려고 한다고. 이제 과거로부터 치유되었다면, 그리고 감히 네가 그럴 수만 있다면 볼리우드로 가봐!"

이 목소리를 잠재우기 위해 나는 이 목소리를 따라가보기로 했다. 봄베이를 떠나 북부로 향하는 4차선 도로로 접어든 다음 안데이Andheri를 지나자마자 좌회전을 했다. 세 개의 호수와 (고대 수도원이었던) 동굴, 사

---

70 인도의 영화산업을 가리키는 말로 봄베이(Bombay)와 할리우드(Hollywood)의 합성어

자 보호구역이 있는 거대한 국립공원의 남쪽에 영화의 도시가 자라잡고 있었다.

철책을 지나자 긴 말이 필요 없는 새로운 세계가 펼쳐졌다. 길이 진짜 평야를 가로질러서 진짜 논을 따라 뻗어 있었고 까마귀들이 그 위를 날고 있었기 때문에 방문객들은 처음에는 이 광경이 모두 진짜라고 믿을 수도 있다.

하지만 도처에 있는 카메라를 보고 저쪽 끝에서 들려오는 '액션!' 소리를 듣게 되면, 곧 이 모든 것이 꾸며낸 것이라는 사실을 알게 된다. 서로의 빰을 때리며 싸우고 있는 두 미녀는? 가짜다! 작은 성당을 향해 걸어가고 있는 신혼부부는? 가짜다! 눈에서 눈물을 쏟아내고서 큰 소리로 슬프게 울부짖는 젊은 남자 곁으로 석탄처럼 검은 눈빛을 가진 여자가 다가온다. 두 사람은 절망감을 표현하기 위해 런던에서 택시로 사용된 것처럼 보이는 커다란 자동차의 보네트 위를 손바닥으로 내리친다. 십여 명의 인부들이 성, 아니 단지 성의 정면처럼 보이기 위한 창문을 만들고 있다. 또 다른 인부들은 커다란 회색 불상을 조각하고 있다. 더 멀리에서 '액션!'이라는 소리가 들려온다. 오두막집에 불이 붙는다. 아이들이 오두막집에서 빠져나온다. 연출가는 만족하지 못한다. 사람들은 다시 오두막집을 수리한다. 그리고 다시 불을 붙인다. 액션! 다시 아이들이 구조된다. 한 남자가 카메라맨에게 다가간다. 그는 이 화재가 완벽하며 더 이상 그럴싸하게 만들어낼 수 없다는 것을 설명하는 분위기다. 내가 보기에 이 남자가 바로 투자자인 듯하다.

볼리우드에는 어떤 특별한 것도 없다. 미국의 스튜디오에서처럼 해안 절벽도 우주선도 없다. 단지 약간 과도하게 느껴지는 일상적인 이야기들일 뿐이다. 우리를 아찔하게 만드는 것은 바로 이 정상적인 것들이다. 우리의 존재 역시 꾸며낸 것이 아닐까, 그리고 우리 자신 역시 어떤 연출가에 의해 연출되어서 보이지 않는 카메라에 녹화되고 있는 것은 아닐까? 영상은 만족할 줄 모르는 식욕을 가진 괴물이다. 밤낮으로 사람들이 그 먹이를 만들어내고 있는 곳은 바로 이곳이다. 하지만 진짜 괴물은 영상을 지켜보고 스피커로 소리를 듣는 사람들이다.

사람들, 특히 인도 사람들은 왜 이렇게 이야기를 필요로 하는 것일까? 나는 그 대답을 생각해보았다. 인도는 다른 어떤 나라보다 다양성이 인정되는 국가이다. 수십 억의 인구가 셀 수 없을 정도로 많은 신들과 함께 살고 있다. 이토록 수많은 강력한 힘에 맞서기 위해 인도에는 동질감이 필요하다. 이야기를 통해 그들에게 이런 동질감을 제공하는 것보다 더 좋은 방법이 있을까? 이야기는 사람들로 하여금 같은 드라마를 보고 같은 취향을 가진 사람들을 관객으로 불러 모은다.

어쩌면 어제의 마하바라타Mahabharata[71]와 오늘의 볼리우드가 없었다면 인도는 폭발했을지도 모른다.

어쩌면 인도에 가장 필요한 것은 국립공원의 동굴 수도원과 사자 보호구역에서 두 발짝 떨어진 바로 이곳에서 제작되고 있는 것들이 아닐까?

---

71 산스크리트어로 '바라타 왕조의 대서사시'라는 뜻으로 인도의 2대 서사시의 하나이다. 문학적으로 높은 가치를 가졌을 뿐 아니라 종교적 감화를 주는 것으로 평가된다.

종이의 지정학 I

여행을 계속하기 전에 나는 중간 점검을 해볼 필요를 느꼈다. 세상의 어느 나라에서 누가 어떤 종류의 종이를 생산하고 있는가?

프랑스 제지 조합은 사옥을 옮겼다. 조합은 몽마르트 아래에 위치한, 과거에 파리의 '누벨 아텐느Nouvelle Athène, 새로운 아테네'라고 불리었던 곳에 사옥과 기억을 자리 잡기로 결정했다. 19세기 말에 까다로운 성미의 공쿠르Goncourt 형제[72]를 비롯한 화가와 작가들이 재력가알폰스 드 로시차 일드(Alphonse de Rothschild)[73]와 르 프티 주르날Le Petit Journal의 창립자로 유명한 폴리도르 미요Polydore Millaud와 교제한 곳이기도 하다. 폼페이에 대한

---

72 Edmond de Goncourt(1822~98)과 Jules de Goncourt(1830~70). 프랑스의 소설가 형제
73 주요 예술품을 수집하는 취미를 가졌던 은행가

향수를 가지고 있었던 폴리도르 미요는 자신의 저택을 헤르쿨라네움 Herculanum[74] 방식으로 장식하였고, 그의 아내는 나체 여신상들 사이에서 손님을 맞이하곤 했었다.

이삿짐 운송업자들이 큰 소리를 내면서 상자들을 나르고 있고, 마치 치과용 드릴 소리가 진동하는 치과 대기실에 앉아 있는 듯한 불쾌한 착각을 하게 만드는 드릴 소리가 들리는 곳에서 수석 경제학자인 노엘 망진Noël Mangin은 침착한 태도로 나에게 제지업 세계의 지도를 대강 간추려서 그려주었다.

비물질적인 것의 증대

좋은 소식으로 시작하자. 1945년 이후로 종이 시장은 전체적으로 경기가 좋은 편이며 성장을 계속하고 있다. 하지만 지구 위에서 완벽하고 평등한 것은 아무것도 없다는 원칙에 따라 이 소중한 종이 역시 세 가지로 분류되고, 그들의 운명은 각각 다르다.

가장 슬픈 진실은 그림용 종이papier graphique가 가장 상황이 좋은 편이 아니라는 사실이다. 이것은 우리가 가장 사랑하는 종이로 인쇄를 하고 신문이나 책을 만드는 종이인데도 말이다. 이 종류의 종이는 눈에 띄는 몇몇 나라에서는 성장하고 있지만 프랑스의 경우에는 정체되어 있다. 비물질적인 것이 이 땅을 점령하고 있다.

---

74 이탈리아 캄파니아 지방의 고대 도시. 나폴리의 남동 8킬로미터의 해안에 위치한 고대도시의 유적. 번영을 누렸지만 63년의 지진으로 큰 피해를 입은 후 79년 폼페이와 함께 베수비오화산의 폭발로 매몰된 도시

두 번째 종류는 포장지다. 그 상황은 경제 성장에 달려 있다. 우리가 제품을 더 많이 사고 만들수록 용기, 즉 박스나 봉지 같은 것이 필요하다. 아시아나 라틴아메리카처럼 경제가 더욱 역동적으로 움직이는 국가에서는 포장용품 시장이 더욱 더 활기를 띠고 있다.

세 번째 종류는 모든 지역에서 오랫동안 필요로 해온 화장지다. 수건, 냅킨, 위생종이, 등……. 어디에서나 상승 곡선을 그리고 있으며 이윤이 넘쳐난다.

이상 발달 경쟁

생산량을 증대시키기 위해 기계들은 점점 더 커지고 정교해진다. 그리고 그에 따라 점점 더 값이 비싸진다. 1차 원료가 재활용 종이일 경우에 적어도 3억 5,000만 유로가 든다. 우리가 천연섬유를 선호할 경우에는 비용이 훨씬 더 높아진다. 만일 당신이 펄프 공장을 운영하고 있다면 1톤에 1,000달러씩 비용이 들 것이다. 오늘날 일반적인 생산단위150만 톤의 경우에 15억 달러의 비용이 든다.

이 비용에 기초 설비 비용특히 도로, 도수 등, 에너지 비용, 유지 관리 비용을 더해야 한다……. 재배에 필요한 토지 매입 비용도 생각하지 않을 수 없다. 오직 대기업만이 충분한 비용을 투자할 수 있다. 그리고 이런 대기업은 그러한 흐름을 쫓아갈 수 없는 중소기업을 사들이게 된다. 이러한 집중화 현상은 펄프와 제지업체에 냉혹한 법직을 요구하게 되었다.

예를 들면 강 하류에서 상자나 티슈 등 가볍지만 부피가 있는 제품을 만드는 사람들은 그들의 고객으로부터 멀리 떨어진 곳에서 제품을 생산할 수가 없다. 운송비가 너무 부담스럽기 때문이다. 따라서 그런 회사들은 규모는 작지만 운송이 빠른 곳을 선호하게 된다.

재활용

지구의 천연자원이 고갈되고 있다. 끊임없이 발전하면서 동시에 이런 품귀 현상을 어떻게 해결할 것인가? 독일이 그 길을 제시해주었다. 독일에는 나무가 거의 없다. 따라서 독일은 그 누구도 반박할 수 없는 재활용의 챔피언이 되었다. 약점을 강점으로 만든 것이다.

중국은 여전히 민감한 상황에 처해 있다. 중국은 (재식림 노력에도 불구하고) 숲도 재활용할 나무도 없다 왜냐하면 내부 소비가 아직도 약하기 때문이다. 중국이 지구에 팔려고 하는 제품들을 어떻게 포장할 것인가?

중국은 세계 도처에서 사용가능한 모든 종이를 구매하고 있다. 따라서 상품을 가득 싣고 상하이를 출발한 콘테이너들은 낡은 종이들을 가득 싣고 돌아오게 된다. 포장용 종이가 가장 많이 재활용되고 있으며, 이 분야에서 80퍼센트 이상을 차지하고 있다. '그림' 종이는 종이에서 인쇄용 잉크를 제거하는 기술이 개발된 이후 그다음으로 많이 재활용되고 있다. 따라서 품질 좋은 헌 종이는 그 뒤에 나타난 모든 다른 산업 활동들에 대해 근대화에 대한 교훈을 주고 있다: 낭비를 멈추어라. 책임감 있는 성장은 자신이 가는 길 위에 있는 모든 것들을 파괴하면서 앞으로 나아가는 것이 아니다. 책임감 있는 성장은 찌꺼기를 끊임없이 재사용하면서 앞으로 나아가는 순환, 나선형의 순환 과정이다.

대륙의 논리

크게 공감을 얻고 있는 의견에 따르면, 오늘날의 경제는 누군가에게는 좋은 소식이지만 다른 누군가에게는 비인간적인 진보일 수 있다. 이러한 성급한 관점은 현실과 일치하지는 않는다. 지리적, 문화적, 언어적 근접성은 종종 교류에도 영향을 끼치고 있다.

해마다 세계의 모든 공장에서 40억 톤의 종이와 마분지를 생산하고 있다. 대륙 간의 거래량은 8,000만 톤에 이른다. 나머지는 모두 아시아, 유럽, 아메리카 대륙 내부에서 소비되고 있다.

속도의 제국이 세계를 뒤흔들 것인가?

유칼립투스는 자본가들이 가장 좋아하는 나무이다. 식물학적으로 윤리학적으로 아무런 문제될 것이 없다는 이유로 말이다. 그 덕분에 자연의 생산성은 증가되었다. 그리고 결판이 났다. 고마운 유칼립투스! 10배 이상 더 느린 성장 속도를 가진 나무들, 예컨대 소나무, 전나무, 가문비나무, 자작나무가 어떻게 유칼립투스에 저항할 수 있을까?

거의 5년 이상이면 다 자라게 되는 무성생식의 유칼립투스의 재배지인 남반구라는 새로운 낙원에 의해 위협받고 있는 우리 북반구의 숲들의 미래는 앞으로 어떻게 될까?

나는 이러한 교훈을 가르쳐준 노엘 망진에게 감사를 표하고 싶다. 밖으로 나온 나는 벌거벗은 조각상들 사이에서 손님을 맞이하던 폴리도르 미요 부인의 흔적은 잠시나마 충분히 느낄 수 있는 새로운 아테네를 발견했다.

하지만 세상의 모든 종이들, 그리고 그와 관련 있는 숲이 나를 기다리고 있다. 나는 크게 숨을 내쉬고 생-조르쥬Saint-George역에서 12호선의 매리 이씨 포르트 들 라 샤펠Mairie d'Issy-Porte de la Chapell 방향의 지하철

속으로 빨려 들어갔다. 저녁에 파트리스Patrice라는 이름의 또 다른 망진이 몬트리올Montréal에서 나에게 전화를 했다. 약속대로 그는 그다음 날 공항에서 나를 기다리고 있었다. 하지만 그는 나에게 요즘 퀘벡은 날씨가 그다지 춥지 않다고 미리 말하고 싶어 했다. 여행을 다시 떠나야 할까?

페이퍼 위크^{Paper Week}

몬트리올Montreal | 캐나다

2011년 1월 20일.

할리우드에서 아브림 라자^{Avrim Lazar 75}라면 손쉽게 악역을 연기할 수 있을 것이다. 대머리에 길쭉한 그의 얼굴은 로버트 듀발^{Robert Duvall}과 과거 경제의 살인자라고 할 수 있는 리만 브라더스^{Lehman Brothers} 은행의 최고책임자였던 리처드 펄드^{Richard S. Fuld}를 섞어놓은 듯한 외모를 하고 있었다.

아브림 라자는 우리의 종이 주간, 이른바 페이퍼 위크를 마무리해야 했다. 그가 단상으로 나아가자 내 몸이 떨렸다. 이 남자는 분명히 사람들을 두렵게 만든다.

75　캐나다 산림물연합의 회장

아브림 라자는 8년 전에 숲 연합회의 회장이 되었다. 숲의 나라^{전 세계}^{숲의 10퍼센트를 차지한다}인 캐나다에서는 권력이 있는 자리다. 그런데 이 권력이 위기에 처해 있다.

왜냐하면 거대한 위험이 숲을 위협하고 있기 때문이다. 숲은 캐나다에서 60만 명의 인구를 직접적으로 혹은 간접적으로 먹여 살리고 있다. 2006년 이후로 실업자의 수는 7만 명을 넘어섰다. 이러한 손실을 어떻게 막을 수 있을까? 아브림 라자가 심각한 분위기인 이유를 충분히 이해할 수 있었다.

우리가 원하는 곳에서 원하는 만큼 나무를 자를 수 있었던 황금의 시대는 이미 지나갔다. 황금의 시대에는 모든 종이와 모든 판자들이 미국이라는 거대한 이웃에 팔렸었다. 아주 두꺼운 신문^{주말 신문은 두께가 몇 센티미}^{터에 달하기도 한다}을 좋아하는 미국은 집을 많이도 지었었다. 이 축복의 시대에 '페이퍼 위크'에는 오늘 날처럼 400명이 아니라 1만 5,000명의 사람들이 모여들곤 했었다.

미국이 갑자기 캐나다 산 제품들에 대해 무거운 세금을 매기기로 결정하면서 전망은 어두워지기 시작했다. 미국의 생산자들이 소송에서 이겼다. 그들은 캐나다 숲이 대부분 영국 군주의 소유이며, 극히 적은 금액에 자신의 땅을 빌려주고 있기 때문에 미국이 캐나다와 경쟁하는 것은 적절하지 않다고 소송을 제기했던 것이다.

하지만 더욱 힘든 시련은 아직 남아 있었다. 2008년 초부터 시작된 미국 부동산 시장의 침체가 캐나다 산림업자들에게 더욱 직접적인 타격을 주었다. 어떻게 해야 할까? '캐나다의 허파'라고 할 수 있는 숲 산업을 어떻게 구해낼 수 있을까?

아브림 라자의 토론 프로그램이 시작될 때부터 나는 소스라치게 놀랐다. 이 냉혹한 '할리우드 배우'의 자질은 인정해줘야만 한다. 이 남자는 사용하는 단어 선택에 주의를 기울이지도, 현실을 단풍나무 시럽으로 감싸지도 않았다.

"위기를 탓하지 맙시다."

아브림 라자가 차분하게 말했다.

"상황이 급변하리라고 기대하지도 맙시다. 우리는 오랫동안 기다려야 할지도 모릅니다. 우리는 지금까지 나태하게 잠을 자고 있었습니다. 이제 경쟁력을 회복해야만 합니다. 물론 우리의 거대한 이웃에 대한 무기력한 의존성에서 벗어나야만 합니다. 하지만 속지 마십시오. 변해야만 하는 것은 우리의 시스템 전부입니다."

이것으로 나의 놀라움은 끝나지 않았다.

라자는 그 어느 때보다 투지에 불타서 말을 이어갔다. 그는 스무 개의 주요 산림 회사와 아홉 개의 정부 부처 간에 맺은 협약인 '북부 연맹 alliance boréale'을 언급했다.

"오늘날 우리는 전 세계에 대해 관리와 보호의 모델로 보여질 수 있습니다."

나는 파리로 돌아가자마자 WWF[76]의 내 친구들에게 이 점을 확인하러 가야겠다고 다짐했다. 기업가와 환경운동가들이 합의점을 찾는다는 것이 과연 가능할까?

---

76 World Wide Fund for Nature. 세계자연보호기금. 세계야생생물기금(World Wildlife Fund)으로 시작되었으나 이후 명칭을 변경하였다.

라자는 선수를 쳐서 내가 원하는 답을 말해주었다.

"우리는 그리 멀리 오지 않았습니다. 해야 할 일들이 많이 남아 있습니다. NGO는 우리가 움직이기를 원하고 있습니다. 우리는 더 이상 멈추지 않을 것입니다. 꼭 필요한 일이지만 그것으로 충분하지 않습니다. 시급한 것은 우리의 경쟁력을 회복하는 것입니다. 경쟁하지 않는 숲은 처형당한 것과 다름없습니다. 일부 사람들이 어떻게 생각하든지 간에 버려진 숲은 자연에 대해 나쁜 일입니다. 유일한 방법은 나무에 줄 수 있는 모든 것을 주는 것뿐입니다."

단지 펄프와 널빤지만의 문제가 아니다.

그다음 25분 동안 나는 나무껍질로 에너지를 만들 수 있으며, 그 밖의 잔류물로 바이오 에탄올[77], 온갖 종류의 화학제품, 도로 포장재부터 의약품까지 만들 수 있다는 것을 알게 되었다. 간단히 말하면 숲은 단지 변형 속도가 빨라지고 있는 일종의 석유 유전이라고 할 수 있다. 우리의 미래는 이 초록색 정유 공장에 달려 있다.

박수가 쏟아져 나왔다. 누구도 미소 짓지 않았다. 사람들의 시선은 결의에 차 있었다. 아브림 라자는 다음 수십 년을 위한 한 장의 길을 써주었다. 결국 명확한 전략, 캐나다 산림 산업이 도약할 수 있는 새로운 관점을 제시해준 것이다.

이제 회의장은 텅 비었다. '페이퍼 워크'는 끝이 났다. 나는 그 어디에서도 이 유서 깊은 호텔인 페어마운드 렌느 엘리자베스Fairmont Reine Elizabeth에서만큼 북아메리카가 무기를 가지고 있으며 앞으로 싸울 것이

---

77 옥수수 따위 식물에서 추출한 녹말을 발효시킨 연료

라는 사실을 잘 이해할 수는 없었을 것이다. 하지만 그렇다고 하더라도 대부분의 열쇠를 쥐고 있는 것은 남아메리카이다. 숲의 미래는 남아메리카에 달려 있다.

뗏목운반인부에게 보내는
감사

트루아리비에르Trois-Rivière | 캐나다

나는 과거와 관련된 것을 하나도 찾아내지 못해 실망한 채로 첫번째 마을 관광을 막 끝냈다. 끔찍한 화재가 1908년에 모든 것을 태워버린 것이다. 과거의 트루아리비에르와 비교해보면 수도원des Ursulines과 아주 최근에 보수한 집 몇 채만이 남아 있을 뿐이다.

터코트Turcotte의 테라스에 자리 잡고 앉아 있는 내 주위로 차가운 바람이 불고 있었다. 내 앞에서 동쪽에서 서쪽으로 세인트 로랑Saint-Laurent 강이 강한 인상을 남기며 위엄 있게 흐르고 있다.

얼음 조각이 떠내려가고 있었기 때문에 강의 흐름을 잘 볼 수 있었다. 지평선까지 모든 계곡이 눈으로 덮여 있어서 내 앞으로 순백의 두 개 선, 지나가는 선 하나, 멈춰 있는 선 하나가 펼쳐져 있었다.

나는 얼마 전부터 내 머릿속에 맴도는 질문을 참을 수가 없었다. 왜 이런 이름을 가지게 되었을까? 큰 강으로 흘러가고 있는 단 하나의 물줄기밖에 볼 수 없는데 왜 세 개의 물줄기^{Trois-Rivieres}라는 이름을 가지게 되었을까? 이런 이름을 가지게 된 것은 자크 카르티에^{Jacques Cartier}[78] 탐험대의 일원이었던 한 탐험대원 때문이었다.

세인트 로랑 강을 거슬러 올라가다가 그는 오른편으로 하나, 둘, 세 개의 강줄기를 발견했다. 어쩌면 이 탐험대원보다는 하나의 강줄기에 있던 두 개의 섬을 탓해야 할지도 모르겠다. 착각을 하게 된 것은 바로 이 두 개의 섬 때문이었다.

보레알리스^{Borealis}에 있는 아주 새롭고 아름다운 종이 박물관은 두 가지 충격으로 당신을 맞이할 것이다.

아름다운 박물관장인 발레리 부르주아^{Valérie Bourgeois}의 눈빛이 그중 한 가지다. 그녀의 눈빛은 썰매 개인 시베리안 허스키만큼 투명한 파란 눈빛이었다. 또 다른 한 가지는 이 지구에서 버림받은 사람들, 제지업자들에게 나무를 제공하는 숲 인부들에 대한 경의이다.

겨울 내내 아침 여섯 시부터 저녁 아홉 시까지 눈이 내리는 밤에도 벌목 인부들은 나무를 자른다. 그런 다음 말이나 소의 도움으로 나무를 끌고 가서 (얼어붙은) 강 위로 나무를 밀어 보낸다. 봄이 되어 강물이 녹으면 강물 속으로 통나무를 밀어 넣는다. 이때부터 위험한 일이 시작된

---

78 16세기 프랑스의 항해가, 탐험가. 뉴펀들랜드에 상륙한 후 마그달렌, 프린스에드워드 섬을 발견했다. 캐나다 해안을 프랑스왕령이라고 선언했다. 몬트리올을 탐험하고서 프랑스가 캐나다를 통치, 소유하게 되는 기초를 닦았다.

다. 뗏목운반인부들이 나서게 되는 것이다.

뗏목운반은 때로 거세게 요동치는 파도 위로, 때로는 얼어붙은 강 위로 통나무를 끌고 가는 일이다. 영상 자료를 살펴보면 뗏목운반인부들이 끊임없이 움직이는 불안정한 뗏목 위를 잰걸음으로 달리는 모습을 볼 수 있다. 끝에 갈고리가 달린 긴 작살로 그들은 정신없이 움직이는 뗏목들의 길을 안내한다. 때로 장애물을 만나기도 한다. 통나무 더미가 복잡하게 얽히면서 강을 막아버리는 것이다. 그럴 때면 뗏목운반인부들은 다이너마이트가 달린 막대기를 들고 가까이 다가간다. 그런 다음 복잡하게 얽힌 통나무 더미 위에 다이너마이트를 내려놓고 달려 나온다. 곧 폭발이 일어나고 뗏목은 다시 활기를 띠며 가던 길을 가게 된다. 충분히 빨리 빠져나오지 못한 인부는 더 이상 이 세상에서 볼 수 없게 된다. 폭발과 함께 사라지거나 물에 빠질 수도 있는 것이다.

나는 가슴을 에이는 펠릭스 르클렉Félix Leclerc의 아름다운 노래를 모두 인용하고 싶다.

뗏목운반, 펠릭스 르클렉

불타버린 호수에서 시작된다.
5월 8일이나 10일 정도에
하얀색 거품을 입은
긴 손잡이 끝에 달린 죽음이
통나무를 굴러가게 한다.
실비오가 떨어지도록 하기 위해서.

[……]

일요일처럼 운 좋은 저녁마다

실비오는 춤을 추며 허리를 흔든다.

소용돌이치는 물결, 굴러가는 통나무

지긋지긋한 냄새가 진동한다.

[……]

시간은 길고,

물은 깊다.

또 다른 세상 속의

금발의 여자들.

[……]

종이를 만들기 위한 통나무

마분지를 만들기 위한 통나무

땔감으로 쓸 통나무

재목으로 쓸 통나무

통나무가 없으면 작가도 없고

당연히 책도 없다.

그것은 어쩌면 좋은 일일지도 모르지만

어쩌면 아닐지도 모른다.

머리속을 떠다니는 더 많은 통나무들이 있다.

그리고 마을의 여자들은 골라낸다.

일요일처럼 운 좋은 저녁마다

실비오는 춤을 추며 허리를 흔든다.

소용돌이치는 물결, 굴러가는 통나무

지긋지긋한 냄새가 진동한다.

그리고 강 하류에서 종이를 만드는 제분소는 늘 더 많은 통나무, 또 다른 말로 피톤pitoune[79]을, 더 많은 피톤을 요구한다.

이 단어는 캐나다의 수도인 오타와Ottawa라는 이름과 같은 어원을 가진다.

행복한 도시.

피톤.

오타와.

계절이 땅을 변화시키고, 얼음이 진흙을, 진흙이 잡초를, 잡초가 이끼와 버섯을 변화시키는 것만큼 빠르게 단어도 움직이고 변화한다.

내가 물었다.

"얼마나요?"

내가 반복해서 물었다.

"얼마나요?"

얼마나 많은 벌목인부들이, 얼마나 많은 운반인부들이 제지공장에 통나무를 가져다주고 우리에게 책과 신문을 가져다주느라 목숨을 잃었을까? 보레알리스의 관장인 발레리 부르주아는 나를 쳐다보았다. 나는 그녀를 고통스럽게 하고 싶지는 않았지만, 고집을 부렸다. 나는 다시 질문했다. 그녀가 나에게 대답했다.

79　캐나다산 통나무를 가리키는 말

"많이요."

트럭이 강과 교대하여 통나무를 옮긴다. 세인트 모리스 강은 이미 깊이 병들어 있다. 나무들은 강에 떠 있는 동안 살아 있는 모든 것을 죽일 수 있는 액체를 뿜어내기 때문이다.

어쩌면 이런 일들이 이미 지난 다른 세대의 일이라고 생각할지도 모르겠다. 하지만 마지막 뗏목 운반 날짜가 언제인지 알고 있는가? 1995년. 바로 얼마 전의 일이다.

라튀크 La Tuque

캐나다

이미 국가에 많은 것을 주었음에도 사람들로부터 지속적으로 관용을 요구당하는 주인공이 있다. 나와 대화한 사람들은 모두 동의했다.

"진짜 숲은 라튀크에서 시작합니다. 이쪽에는 여전히 도시나 그 부수물들, 도시인들을 위한 야생의 삶, 모든 부수적인 편의시설을 갖춘 오두막이 있습니다."

더구나 펠릭스 르클레크는 라튀크에서 태어났다. 사람들은 그 어떤 이야기보다 이 이야기를 좋아했다. 나는 국가적인 시인인 퀘백의 샤를 트레네Charles Trenet[80]가 태어난 장소에 경의를 표하러 가야만 했다. 그래

---

80 프랑스의 싱어송라이터 겸 배우. 샹송에 재즈를 접목시켜 프랑스 대중음악 발전에 기여했다. '노래하는 광인(Le Fou Chantant)'이라는 별칭이 있다.

서 나는 길을 걷기 시작했다. 그런데 진짜 숲이 나타나기도 전에 세인트 모리스 강과 사랑에 빠져버렸다.

강은 넓고 곧고 순수했다. 아가씨나 겁쟁이를 우롱하거나 애교를 부리려는 분위기가 아니었다. 북쪽에서 내려와서 세인트 로랑과 합류해야 할 운명을 가진 세인트 모리스 강은 굴곡 없이, 가식 없이 자신의 길을 용감하게 걸어가고 있었다. 한 번 결정하면 뒤도 돌아보지 않는다는 듯이. 진정한 퀘백인다웠다.

나는 이런 강을 따라 한참을 걸어 올라갔다. 표면이 얼어 있어서 유감이었다. 하지만 완전히 꽁꽁 언 것은 아니었다. 몇 군데에서 강은 싫은 내색을 하고 있었지만 자신의 존재를 기억하고 있었다. 검은 물이 흐르고 있었다. 겨울은 너무도 중요한 역할을 하지만 곧 다가올 봄이 되면 겨울은 입을 다물어야 한다. 인디언 언어로 'Tapiskwan Sipi'로 불리는 세인트 모리스 강은 '흐르는 강'이라는 뜻이다. 재미있고 공손한 중복어법이다.

"주의하시오!"

10킬로미터마다 교통안전 표지판이 경고를 하고 있다.

"동물들은 단지 광고판에만 있는 것은 아닙니다."

그리고 곰의 사진이나 그림이 등장한다. 이 경고는 나에게 희망을 품게 했다. 하지만 나는 곧 실망할 수밖에 없었다. 캐나다의 동물들이 나를 싫어하는 듯하다. 나는 거대한 까마귀 외에는 그 어떤 동물도 볼 수가 없었다. 결국 계곡이 넓어지면서 마치 술 달린 털모자를 닮은 둥그스름한 예쁜 언덕이 나타났다. 술 달린 털모자는 벌목인부들이 쓰는 모자이기도 하다.

대팻밥 때문에 누르스름해진 산이 보이기 시작하면 곧 제지공장이 나타날 것이라는 뜻이지만 당신은 이 사실에 그리 놀라지 않을 것이다. 하지만 내가 거대한 건물이 감추고 있는 은밀한 활동들과 평범한 라튀크1만 3,000명의 인구가 모여 살고 있다가 당신의 선택 속에도 늘 존재하고 있었다는 사실을 알게 되면 깜짝 놀랄 것이다. 사실 존 루이스John Lewis 회사가 하겐 다즈 아이스크림에 달려 있는 나무 막대를 제작하는 곳은 바로 이곳이다. 하겐다즈 아이스크림의 나무 막대들이 모두 라튀크의 자작나무로 만들어진다는 사실을 알고 있었는가?

나는 여전히 낯선 풍경환경의 변화을 기대하고 있었다. 지구의 이쪽 끝에서 저쪽 끝까지 모두 창고와 표지판으로 시작하는 도시의 입구는 서로 닮아 있다. 하지만 나는 적절한 순간을 잘 선택했다. 펠릭스 르클렉 문화센터를 알리는 표지 외에도 100주년 축하행사를 알리는 크고 긴 깃발을 발견한 것이다.

라튀크, 1911~2011. 남은 하루 동안 마주치게 되는 라튀크의 주민들마다 나에게 물어왔다.

"우리의 기념일을 축하하러 오신 건가요?"

나는 그들을 실망시키지 않으려고 조심했다.

나는 생–조셉Saint-Joseph 거리 332번지에 있는 부티크 구르망 다말테la Boutique gourmande d'Amalthee에서 약속이 있었다.

"실망하지 않을 거예요."

사람들이 나에게 말했다. 식당은 동물병원 맞은편 거의 누구로부터도 추천받지 못하는 가게인 듯한 살롱 드 브뉘le Salon de Venus 옆에 위치해 있었다.

"토요일은 브런치의 날이죠."

여주인인 지젤 켈에테Gisèle Kelhetter가 벨 프로방스Belle Province[81]의 여인다운 당당하고 열정적인 태도로 말했다.

나는 서둘러서 만족감을 표현했다. 한 남자와 한 여자가 나를 기다리고 있었다. 반가운 마음에 우리는 기운 찬 악수를 나눴다. 그리고 식당의 특별 요리인 그 유명한 브런치가 나왔다. 따뜻하게 녹인 오렌지 색깔의 치즈를 곁들인 나초와 연어, 그리고 두 개의 소시지멧돼지 소시지와 들소 소시지 요리였다.

* * *

커피 한 잔을 겨우 삼킬 정도의 시간이 지나는 동안 눈이 무릎까지 쌓였다. 나는 마치 일본 영화 〈데르수 우잘라Dersou Ouzala[82]〉에 들어가 있는 기분이었다. 지금 나는 러시아 지리학자이며 산을 읽는 법을 배우고 있다. 일단 산에 살고 있는 동물들의 이름부터 하나씩 배우기 시작한다. 무엇보다 가짜 친구들을 경계해야 한다. 근처에 털갈이 털이 보이더라도 그것은 토끼와 아무런 상관이 없으며, 자작나무의 모습을 하고 있는 사시나무도 주의해야 한다.

가이드인 숲 학교의 관리인이 나에게 덩치가 큰 동물을 보고 싶다

---

81 캐나다의 퀘백 주를 가리키는 말
82 1975년 일본의 구로사와 아키라 감독이 연출한 영화로 러시아 장교였던 아르세니예프의 회고록을 바탕으로 한 영화이다.

면 훨씬 더 이른 아침에 와야 한다고 했다. 더구나 덩치가 가장 작은 동물들의 경우에는 봄이 되어서 땅이 다시 모습을 드러나기를 기다려야 한다.

나는 보고 싶었다. 그래서 아이들이 스키를 타고 질주하고 있는 언덕의 꼭대기까지 올라갔다. 마치 바다 같았다. 초록색이라기보다 갈색에 가까운 바다. 토끼와 가문비나무가 많은 곳은 더 어두웠다이제 나는 나무들의 이름을 꽤나 잘 알게 되었다. 사시나무 주위는 회색에 가까운 밝은 빛이 감돌고 있었다.

트루아리비에르의 내 친구들의 말이 전적으로 옳았다. 라튀크에서 진짜 캐나다 숲이 시작되고 있었다. 어떻게 그 광활함을 설명할 수 있을까? 숫자로 말하는 것으로 충분할까? 숲의 면적은 무려 30억 헥타르가 넘었다.

* * *

바닥에 나무들이 잔뜩 쌓여 있었다. 마치 폭풍의 위력을 떠올리게 했다. 하지만 질서를 좋아하는 폭풍인 듯하다. 가지가 잘린 나무들은 잘 정돈되어 있었다. 마치 미국 마을 같은 분위기다. 길이 수직선으로 뻗어 있고, 사람들이 건물만큼 높이 쌓인 '블록'들 사이를 돌아다닐 수 있도록 정돈되어 있었다. 지난 여름에 화재로 타다 만 통나무들의 블록, 거의 1킬로미터에 달하는 가문비나무 블록, 가장 아름답고 반듯한 황금색 자작나무 블록, 사시나무 블록 등……. 이웃한 제지공장이나 제재소에서 필요한 원료를 구입하러 오는 곳은 바로 이곳이다.

"몇 주 있으면 덤프트럭들이 와서 다 싣고 갈 것입니다."

"그 규모가……."

"200톤입니다. 혹시 길에서 목재를 실은 덤프트럭을 마주치게 되면 조심하십시오!"

"그러면 숲 속의 공터는 비게 되는 것입니까?"

"다음 겨울까지는 그렇죠."

숲 속의 공터, 내 어휘 사전 속에 그 단어는 나뭇잎들로 둘러싸인 작고 은밀한 공간, 햇살이 비치는 수풀 사이를 암사슴과 새끼 사슴이 뛰어노는 공간이었다.

내가 대충 어림잡아 본 이 '숲 속의 공터'는 적어도 3평방킬로미터가 넘는 장방형의 공간이다. 나는 이 숲 앞에서 감탄을 멈출 수가 없었다. 결국 가이드가 나서서 나를 진정시켰다. 가이드는 나에게 지도를 보여주었다. 지금 개발되고 있는 이곳은 극히 작은 일부에 불과했다. 걱정하시 마시라!

* * *

나는 부티크 구르망 다말테로 되돌아왔다. 나에게 가장 잘 설명을 해준 사람은 그곳에 있던 두 명의 트럭 운전수였다. 그들은 몇 시간이고 계속해서 운전을 해야 하는 자신들의 일에 대해 이야기했다.

"빌어먹을 도로!"

"그 도로가 내 인생을 다 삼켜버렸어!"

하지만 트럭 운전수들은 곧 합의했다. 최악의 상황은 이런 도로가 없는 경우라고 말이다. 때가 되면 도로가 길로 바뀐다는 것을 유럽 사람들은 잘 알고 있다. 하지만 길이 갑자기 멈추고 도저히 뚫고 지나갈 수 없는 숲이 무한히 펼쳐져 있는 곳, 어쩌면 이것이 캐나다의 광활함에 대한 느낌인지도 모르겠다.

별로 이어지는
엘리베이터

트루아리비에르 | 캐나다

모든 것은 어린 시절처럼 시작된다.

파트리스 망진Patrice Mangin은 보주 산맥Vosges[83]에 위치하고 있는 작은 마을 위시Wishes에서 태어났다. 그의 아버지는 농장 일을 하면서 숲 일 부를 관리하는 일도 병행하고 있었다. 파트리스는 아버지가 일하러 나 갈 때마다 따라다녔다.

파트리스가 어떤 학교를 선택했을까? 물론 나무에 대해 가장 잘 배 울 수 있는 학교였다. 그런 학교는 그르노블Grenoble에 있었다. 기술자 가 된 파트리스는 하나의 목소리, 캐나다의 숲에서 그를 부르는 목소리 에 주위 깊게 귀를 기울였다.

---

83 프랑스 동북부에 있는 낮은 산맥

파트리스는 돈 한 푼 없이 트루아리비에르로 떠났다. 그런데 그가 트루아리비에르에 도착했을 때 그곳에 있던 그의 유일한 지인은 휴가를 떠나고 없었다. 그때 파트리스의 나이는 스물다섯 살이었다. 파트리스는 일자리를 찾았다. 그리고 퀘백과 퀘백 여자를 사랑하게 되었다. 이렇게 해서 그는 자신의 능력을 키워갔다. 프랑스에서 그를 다시 불렀고, 스톡홀름Stockholm[84]에서 그를 초대했다……. 하지만 트루아리비에르는 그를 싫증나게 하지 않았다. 어느 날 파트리스는 한 가지 제안을 받았다. 종이, 미래의 모든 종이를 발명하게 될 연구소를 구상하고 건설하는 일이었다. 8,000만 달러를 지원받는 이런 프로젝트를 어떻게 거절할 수 있을까?

2년 후에 CIPPCentre intégré en pâtes et papiers는 150명의 연구원들에게 문을 열어주었다. 나는 다섯 시간 동안 방문할 예정이었다. 무엇보다 파트리스 망진이 열정만큼 말도 많았기 때문이다. 더구나 특히 살펴봐야 할 발자취가 셀 수 없이 많았기 때문이었다.

트루아리비에르는 전통적인 분야 혹은 이미 존재하는 것을 개선시키는 일을 무시하지 않았다. 재활용, 표백, 원료 및 에너지 절약, 누구도 미처 생각하지 못했던 섬유나 첨가물 실험을 실시했다. 이 도시는 기업가들을 실망시키지 않을 정도의 구체적이면서도 꽤나 현실적인 계획을 가지고 있다.

하지만 실험실을 둘러보면서 나는 파트리스가 나에게 (이제 막 발견한) 새로운 대륙, 그리고 (이미 장래성을 확인한) 전망을 이야기할 때부터 그

---

84 스웨덴의 수도

의 열기가 점점 더 고조되는 것을 잘 느낄 수 있었다.

나는 처음으로 나의 소중하고 오래된, 아주 오래된 종이가 파우스트 Faust 가 악마와 맺고 있던 것과 같은 종류의 관계를 과학과 맺고 있다는 사실을 이해하게 되었다. 파우스트는 악마에게서 영원한 젊음, 무한한 능력을 기대했다. 이것이 건전지라니! 몸을 기울여 자세히 보았지만, 나는 정사각형의 종이만 볼 수 있었다. 어림짐작으로 0.5밀리미터의 두께에 5평방 센티미터 이상은 안 될 것 같았다.

망진 씨는 핀란드가 이 분야에서 아주 약간 앞서 있을 뿐이라고 말했다. 이 작은 건전지[85]는 지금까지는 3볼트 약간 넘는 전압을 전달할 수 있을 뿐이다. 게다가 지금으로써는 그 활용이 멜로디 카드 정도로 쓰일 정도로 보잘 것 없다. 하지만 그 미래는 아주 다양하고 유익할 것이다. 이 건전지 덕분에 해리 포터 책에서 갑자기 이미지가 살아서 움직일 수 있을 것이다. 이 건전지가 의료용 반창고에 이용되면 약물을 피부에 더 잘 스며들 수 있도록 해줄 수도 있을 것이다. 이 프로젝트는 이미 나사 NASA와 계약을 체결한 상태라고 한다.

나의 놀라는 모습에 만족한 파트리스는 첫번째 실험실의 문을 닫고 그다음 실험실로 이동했다.

* * *

"석면을 재평가할 필요가 있습니다."

---

85 작가 주_ 전해질로 염화 아연과 이산화망간으로 구성되어 있다.

훌륭한 강연가답게 파트리스는 때때로 청중의 주위를 환기시키는 법을 누구보다 명확히 알고 있었다. 물론 나는 소스라치게 놀랐다. 그토록 수많은 죽음의 원인이자 공공의 적인 이 광물을 어떻게 칭찬할 수 있을까?

파트리스가 미소를 지으며 말을 계속 이어갔다.

"우리가 석면에서 긴 섬유만 뽑아낼 경우에, 석면 섬유는 아무런 해가 없으며 많은 일을 할 수가 있습니다. 예를 들면 종이를 만들 수도 있죠."

"어떤 효과가 있습니까?"

"불에 강합니다. 석면으로 만든 종이는 특히 화재를 두려워하는 공증인이나 기록보관자들에게 애용되고 있습니다."

* * *

이제 파트리스 망진은 자신의 컴퓨터를 켰다. 모니터에 표면이 울퉁불퉁한 커다란 회색 공이 나타났다. 모든 가능성을 동원해볼 때 나는 지구라고 추측했다. 반은 곤충이고 반은 우주선인 훨씬 더 작고 우스꽝스러운 물체가 지구를 향해 가까이 다가갔다. 물체는 착륙할 준비를 했다. 잠시 뒤에 확인된 그 의도는 전혀 우호적인 것 같지 않았다. 물체의 다리 사이로 침이 나와서 지구를 찔렀다. 그런 다음 더욱 깊이 파고들었다.

마치 우주 전쟁처럼 보이는 모습과는 대조적으로^{다른 사람들처럼, 나 역시 덫에 걸리고 말았다}, 이 영상은 바이러스^{작은 물체}에 공격 받는 박테리아^{지구}를 나타낸 것이다.

우리의 영원한 적인 박테리아를 제거해줄 수 있는 바이러스를 종이 속에 영원히 고정시킬 수는 없을까? 예를 들면 우리가 일상적으로 사용하는 화장실용 휴지에 바이러스 T를 고정시킨다면 우리는 성가시고 불쾌한 수많은 감염의 원인인 대장균으로부터 조금이나마 자유로워질 수 있지 않을까?

일단 이런 아이디어를 떠올린 발명가는 그것을 즉각 실행에 옮겨야만 했다. 그리고 이내 문제가 드러나기 시작했다. 종이 어디에 바이러스를 삽입할까? 너무 깊이 삽입하면 바이러스가 효력을 발휘하지 못할 것이다. 너무 표면 가까이 두면 바이러스가 고정되지 못할 위험이 있다. 그리고 어떻게 하면 바이러스를 가능한 오래 살아 있도록 만들 수 있을까?

이러한 질문에 답하려면 일단 종이와 친해져서 종이의 구조를 탐험하고 거기에 맞는 바이러스라는 무기를 잘 선택해서 안전하고 지속적으로 주입할 수 있는 방법을 찾아야 한다.

충분한 설비를 갖춘 연구소의 장점은 일단 구상하고 나면 새로운 종이를 제작하고 그 효능을 실험하고 대량생산의 비용이나 가능성을 연구할 수 있다는 것이다. 이런 아이디어의 진짜 운명은 책을 만드는 것이 아니라 유익하고 수익성 있는 자산을 만들어내는 것이다. 표면의 속성을 잘 아는 사람은 막강한 능력을 가질 수 있다. 예를 들면 범인을 가려내는 것과 같은 경우이다.

한 사무실에서 숙련된 벨기에인이 흔적을 분석하고 있다. 어떤 표면에 어떤 흔적을 남겼다고 하더라도 그녀의 날카로운 눈매와 그녀가 구상하고 있는 도구를 빠져나가지 못할 것이다. 선량한 사람들이여, 평안하게 잠들어라! 당신이 도둑을 맞거나 살해된다면 우리가 범인을 꼭 찾아낼 것이다.

다시 한 번 나는 종이에 대한 감사를 표현해야만 한다. 종이는 지구를 더 똑똑하고 더 활기차게 만들고 있다.

* * *

우리는 소장실로 돌아왔다. 파트리스는 한 장의 포스트잇을 보며 미소를 지었다. 박사 논문을 준비 중이며 훌륭한 사냥꾼이기도 한 어느 연구원이 파트리스에게 고라니의 넓적다리살을 남겨놓았다.

"당신도 보셨겠지만 우리는 아브림 라자의 지시를 엄격하게 따르고 있습니다. 캐나다의 숲에서 생산되는 모든 제품의 가치를 높여라."

이제 우리는 정성스럽게 보관되어진 펄프 견본들 사이에서 고기 덩어리를 찾기 위해 대형 냉장고 안으로 들어갔다. 나는 또 다른 고문서를 찾기 위해 방문했던 석유 재벌의 집과 고대 기후 연구가인 클로드 로리우스Claude Lorius를 찾아갔던 일을 떠올렸다.

* * *

파트리스가 최고의 것을 최후에 남겨두었다고 나는 유치하게 말하고 싶었다. 우리가 연구소를 나선 지 얼마 되지 않았다. 트루아리비에르에는 이미 오래 전부터 어둠이 싸여 있었다. 혹한의 기후에 꼭 필요한 삽과 체인 사이에 놓여 있는 상자 속에 들어 있는 고라니 고깃덩어리가 우리의 저녁식사가 확실할 것이라고 말해주고 있었다.

"당신은 별까지 가는 엘리베이터에 대해 들어보셨습니까?"

나는 나의 무지를 고백했다.

"중요한 것은 아닙니다. 아, 잠깐 우회를 하겠습니다……."

파트리스는 주차되어 있는 차를 피해 지나가기 위해 잠시 말을 멈추었다.

"나노셀룰로오스를 통해서죠."

나는 또다시 파트리스의 덫에 걸렸다. 그런 다음 그는 빵집에도 들렀던 것 같다.

간단히 말해서 셀룰로오스는 결정 구조를 형성하고 있다. 규칙적으로 배열되어 결정을 이루는 구조는 단단하지만 부분적으로 느슨한 곳이 군데군데 섞여 있다. 그런데 최근에 이 결정을 분리시키는 일에 성공한 것이다.

결정체인 나노셀룰로오스는 보기 드문 속성을 가지고 있다. 뛰어난 저항력이 있으면서, 동시에 자동 결합되어 겔을 만들어내는 속성을 가진 것이다. 따라서 우주항공, 자동차, 약품, 화장품 등 많은 분야에서 나노셀룰로오스에 대해 지대한 관심을 가지고 있다.

빠듯했던 하루 일정으로 약간 피곤하기도 하고 배가 고프기도 하여서, 나는 완전이 찬물을 끼얹는 행동인 줄 알면서 '공상과학'이라고 냉소적으로 말하고 말았다.

"잘못 생각하신 겁니다. 첫번째 공장이 몬트리올의 동쪽에 있는 윈저Windsor에 세워질 것입니다. 첫번째 공장이라고요, 아시겠습니까? (내가 파트리스를 화나게 했다. 그의 목소리는 더 이상 친절하지 않았다) 연구소가 아닙니다."

우리는 도착했다. 나는 파트리스의 얼굴을 살펴보았다. 그는 여전히 화가 나 있었다. 두 명의 사랑스러운 퀘백 여인, 그의 아내인 줄리와 미래의 코메디언인 딸 이브와 인사를 나누자마자 그는 계단을 내려갔다. 파트리스는 나를 데리고 지하 사무실로 갔고, 갑자기 우리는 별을 보러 가게 되었다.

1960년 어느 날 가장 권위 있는 잡지 중 하나에 러시아 수학자인 유리 아르크타노프Yuri Artsutanov에 대한 기사가 실렸다. 냉전 시대에 미국과 한창 우주 경쟁을 하고 있던 중이었던 소련은 최초의 인공위성인 스푸트니크Spoutnik호를 성공적으로 발사하여 지구 궤도에 올려놓았던 때였기 때문에 유리 아르크타노프의 제안은 냉소와 외면을 당했다. 잘 봐주는 경우라 하더라도 사람들은 그를 쥘 베른Jules Verne[86] 취급했다. 하지만 확실한 수학을 바탕으로 한 그의 발표는 무시할 수 없는 것이었다. 비용이 많이 들고 예측이 불가능한 화약을 사용하는 대신 별로 가는 엘리베이트를 왜 만들 수 없겠는가?

원리는 간단했다. 우선 지구 정지 궤도에 오른 우주 정거장에 케이블을 가지고 간다. 그곳에서 지구로 케이블을 내려 보낸다. 일단 지구에 도달한 케이블은 태평양 한복판에 안정적으로 위치한 승강장에 (단단하게) 고정시킨다.

다른 모든 승강기처럼 평행추가 필요하다. 아르크타노프는 지구 정

---

86 19세기 프랑스의 소설가로 근대 SF의 선구자이다.

지 궤도에 오른 우주 정거장 위로 케이블을 늘어뜨려서 다른 행성에 고정시킬 것을 제안했다. 일단 케이블이 고정되고 나면 승강기를 설치하는 것은 어린아이 장난일 뿐이다.

나는 슬며시 끼어들었다.

"그런데 이것이 캐나다 숲과 무슨 관련이 있죠?"

파트리스 망진은 그동안 익숙해진 친절한 표정으로 나를 위아래로 훑어보았다. 나는 마치 아주 작은 사람이 되어 나의 무식함에 할 말을 잃은 과학자들의 시선을 한 몸에 받고 있는 기분이었다.

"제가 당신에게 말하고 있는 케이블은 아주 길어야 합니다. 그렇지 않습니까?"

"물론이죠!"

"거의 10만 킬로미터 정도는 되어야 할 것입니다. 그리고 당신도 그것이 끊어져서는 안 된다는 사실에 동의하실 겁니다."

"당연하죠!"

"그렇다면 당신의 말에 따르면 그런 케이블을 만들 수 있는 충분히 튼튼한 유일한 소재는 무엇일까요?"

"탄소!"

"맞습니다. 탄소가 제작하기에 너무도 비싸다는 점만 빼고요."

"그래서 나노셀룰로오스가 개입하게 되는 것이군요."

조금 늦기는 했지만 나는 파트리스 망진를 새롭게 보게 되었다. 줄리는 이미 오래전부터 우리를 부르고 있었다. 고라니 고기가 이미 식어 있었다.

누구도 파트리스 망진이라는 사람이 자신의 꿈을 향해 돌진하는 것을 막을 수 없을 것이다.

"네, 나사는 100만 달러를 약속했습니다. 100만 달러는 이 프로젝트에 결정적인 기여를 할 수 있을 것입니다. 당신은 나사가 무의미한 일에 자금을 댄 적이 있을 거라고 생각하십니까?"

프랑스로 돌아오자마자 나는 북쪽의 침엽수림을 빼놓았다는 사실을 불현듯 깨달았다. 나는 스칸디나비아Scandinavie를 향해 다시 여행을 떠났다.

추운 지방에서 제작되는
종이 I

스베토고르스크Светлогорск | 러시아

2011년 2월 20일 일요일.

극한 기후 지역으로 향하는 나의 여정은 핀란드의 티쿠릴라Tikkurila 정거장에서 시작되었다. 플랫폼 곳곳에 살얼음이 얼어서 미끄러운 곳에 누군가가 작은 회색 조약돌을 뿌려놓았다. 모든 사람들이 마치 신으로부터 응답을 받으려는 듯 쳐다보는 대형 온도계는 영하 10도를 가리키고 있었다. 비교 문학을 공부하는 한 학생이 나를 안심시켰다. 그는 나와 마찬가지로 '진실'을 중요하게 생각하는 사람이었으며, 동쪽으로 가면 내가 '진짜 핀란드'를 발견할 수 있을 것이라고 아주 유쾌하게 말해주었다. 오후가 시작되자마자 벌써 해가 지기 시작했다. 기차가 두 시간 연착되는 바람에, 절대로 들르지 말았어야 할 것 같은 숲에서 두 시간을 보내게 되었고, 라페란타Lappeeranta라는 도시는 내가 기대했던 기온인 영하 28도를 환영 선물로 주었다.

밤공기는 내 얼굴을 칼날로 자르는 듯했다. 아무런 소리도 들리지 않았다. 희미하게 불이 켜진 거리에는 어떤 살아 있는 생명체도 없었다. '야간 통행 금지'와 같은 맥락에서 기온과 관련 있는 '눈 통행 금지'라는 표현이 핀란드어에는 존재할 것만 같았다. 호텔방이 작아서 더욱 더 포근하게 느껴졌다. 바깥이 몹시 춥다는 생각은 나를 엄마 품에 안긴 듯 푹 잠들게 해주었다. 나는 잠들기 전에 마지막으로 이처럼 고도가 높은 지역에 사는 나무들에 대해 생각해보았다. 이토록 적대적인 공기와 맞서 싸우면서 모든 고난을 이겨내고 조금씩 조금씩 밀고 올라오는 나무들은 얼마나 용감한가! 나는 그 섬유를 비교할 수 없을 정도로 길게 만들어주는 이 느린 성장 속도가 경이롭게 느껴졌다. 그런 다음 나는 깃털 이불 속이라기보다 세상에서 가장 저항력 있는 종이로부터 보호를 받으면서 잠이 들었다.

그다음 날 아침 8시.

라페란타는 주민들을 되찾아서 기쁜 듯 보였다. 거리는 사람들로 붐볐다. 조깅을 하는 사람들은 머리에 모자를 쓰고 두 견갑골 사이에 작은 가방을 단단히 고정시킨 채 좁은 보폭으로 빠르게 걷고 있었다. 사람들은 나에게 그것이 사무실에 출근하기 위한 가장 좋은 방법이라고 말해주었다.

우리의 목적지는 국경이었다. 우리의 이동 수단인 볼보^{Volvo}의 의자가 따뜻하게 데워져 있었다. 오늘 아침 나에게 러시아의 문을 열어준 사람의 이름은 피에르 르롱^{Pierre Lelong}이었다. 그는 에이전트 혹은 중개인이라고 말할 수 있다.

현대성에 지나치게 물든 오늘날 지구를 지배하고 있는 것은 영혼 없는 합리성이며, 국제 경제 관계가 오직 숫자와 엑셀 표로 가득 차 있는 알 수 없는 구조에 의해 독점되고 있다고 믿는 것은 착각이다.

그것은 사실이 아니다. 수많은 분야, 특히 대부분의 원료 분야에서 인간이 중요한 역할을 하고 있다. 살과 피와 열정과 증오로 이루어진 인간, 엄청나게 마실 수 있고 끝없이 들어줄 수 있는 인간, 오랜 시간 동안 우정을 나누고 불평등한 경쟁을 해온 인간 말이다. 더구나 우정과 경쟁은 둘 다 신뢰를 바탕으로 하고 있다. 이러한 게임에서 인간은 자신이 유용하게 사용되었다는 증거로 약간의 돈을 벌게 된다. 왜냐하면 인간의 세계에서 달러나 유로나 루블은 중요하며 그 누구도 자선가가 아니기 때문이다.

피에르 르롱Pierre Lelong는 제지업체와 소비자를 연결시켜준다. 제지업체의 공급은 무척이나 다양하고 소비자의 욕구는 너무도 정확해서 이들의 만남을 주선해줄 수 있는 중매쟁이가 필요하기 때문이다.

크지 않은 키에 넓은 어깨를 가진 피에르 르롱은 마치 링으로 나아가는 권투 선수처럼 균형 잡힌 걸음으로 걸어왔다. 처음 다가올 때 느꼈던 강한 첫인상은 그의 입가를 떠나지 않는 미소 때문에 더욱 인상 깊게 느껴졌다. 그는 생기 넘치는 시선을 고정시킨 채 나에게 질문을 던지며 즐거워했다. 우리는 우리 두 사람에 대해, 그리고 우리 공통의 친구인 앙리 드 망통Henri de Menthon이 세상을 떠난 지 꽤 오랜 시간이 지난 후에야 우리가 만나게 된 인생의 아이러니에 대해 재미있어했다. 우정은 두 강Doubs과 닮아 있다. 두 강은 땅 속에 묻혔다가 오랜 시간이 지나 사람들이 잊어버리면 순수한 상태로 다시 나타난다.

피에르 르롱은 거의 여든 살이 다 되었지만 한순간도 일을 멈추거나 줄인다는 생각을 하지 않았다.

"진정한 협상가는 신과 자신이 죽을 날짜와 시간까지 협상합니다."

우리가 구소련에 가까워질수록 그는 어떤 한 가지 기억이 되살아나는 듯했다.

"내 첫번째 사무실이 어떠했는지 아십니까?"

나는 모른다고 실토했다.

"'뤼마니테L'Humanité'라는 신문사 건물 지하실에 세를 들었습니다. 1950년대 초에는 사회적 분쟁이 끊이질 않았습니다. CGT[87]가 끊임없이 전기를 끊어놓았습니다. 공산당으로 검인이 찍힌 장소에 산다면 전기가 끊어지지 않을지도 모르겠다는 생각까지 했었죠. 그래야 나의 한 대밖에 없는 텔렉스가 중단되지 않고 작동되어서 내 미래 고객들에게 나의 성실함을 증명해줄 수 있을 테니까요.

하지만 내가 이겼습니다…….

많은 우여곡절을 거친 후 어느 화창한 날에 나의 그 텔렉스가 따닥따닥 소리를 내기 시작했습니다. 5톤의 주문서였죠. 그리고 다른 주문들이 잇달아 들어왔습니다. 최고의 해에는 60만 톤에 달하기도 했습니다."

* * *

---

87 General Confederation of Labour, 프랑스노동총동맹. 1895년 창립된 좌파계열의 노동조합

제2차 세계대전이 발발하고 처음 몇 달 동안 프랑스인들은 단지 독일의 진격을 늦추는 것밖에 다른 일을 할 수가 없었다. 1939년 9월 1일에 러시아 군대는 예고도 없이 핀란드의 남동 지방인 칼레리아^{Carélie}를 공격했다. 스탈린은 바다를 통해 레닌그라드^{Leningrad}에 물자 보급 통로의 안전하게 확보하고, 그 길목에 있는 몇몇 흥미로운 공장, 특히 종이를 생산하는 공장을 합병하기를 원했다.

한쪽에서는 소련의 탱크가 지나가고 다른 한쪽에서는 스키를 신은 기동성이 뛰어난 부대가 지나갔다. 격렬한 저항이 이루어졌다. 이 '겨울의 전쟁'^{핀란드어로 Talvisota}은 헬싱키^{Helsinki}의 항복으로 3월에 끝이 났다. 이 전쟁은 공격을 당한 쪽에 8,000명의 사망자를 발생시켰는데, 러시아 쪽의 사망자 수는 그보다 거의 8배가 더 많았다고 한다.

늘 그렇듯이 평화가 돌아오고 나면 사람들은 오늘날 이토록 평화로운 경치가 그다지 멀지 않은 과거에 그토록 격렬한 전투의 무대였다는 사실을 상상조차 하기 힘들어한다. 하지만 전쟁이 끝난 후에도 수년 동안 나무에는 총알이나 포탄 파편이 박혀 있었다.

스탈린에 대한 이야기는 내 마음을 진정시키는 데 아무런 도움이 되지 않았다. 러시아에 가까워지기 시작하면서부터 나는 긴장하지 않으려고 존 르 카레^{John Le Carré}[88]를 지나치게 읽었던 것이다.

소련이라는 괴물은 정말 죽었을까? 그 괴물은 내가 자신의 마수 속에 들어가는 것을 내버려둘까? 나는 나 자신을 어떤 상황에도 개의치 않고 사랑하는 남자를 만나기 위해 모스크바로 가는 여자라고 생각하

---

88 영국의 소설가로 주로 첩보소설을 썼다.

기로 했다. 남자와 헤어진 후 그만 덫에 걸려서 40년 동안 철의 장막 건너편에 살아야 했던 여자라고 말이다.

핀란드는 왜 이렇게 쉽게 나를 놓아주는 것일까? 핀란드의 국경 검문소는 비어 있었고, 차단기는 올려져 있었다. 햇빛이 비치고 있었지만 기온은 영하 29도였다. 이곳은 러시아이다. 물러서기에는 이미 너무 늦었다. 나는 자동차를 이렇게 느리게 운전해본 적이 없었다. 타이어가 눈 위에서 삐걱거렸다.

첫번째 검문이다. 한 군인이 손바닥으로 자동차의 속도를 더 늦추라는 신호를 보냈다. 우리는 가시덤불 철조망 사이로 여권을 흔들면서 지나갔다. 높은 망루에서 누군가가 나를 감시하고 있었는데, 그곳에는 아무도 없는 것처럼 보였기 때문에 더 위협적으로 느껴졌다.

두 번째 검문이다. 자동차에서 내렸다. 병사는 문을 가리켰다. 한 여자가 내 여권을 검사하고는 나를 쳐다봤다. 나는 그토록 오랫동안 누군가의 눈길을 받은 적이 없었다. 그런 다음 여자는 다시 내 여권을 쳐다보았고 여권을 여러 가지 불빛 밑을 통과하게 했다. 검문에 통과했다. 다시 자동차에 올라탔다. 우리는 조명기가 꺼져 있는 또 다른 텅 빈 전망대 아래를 통과했다.

세 번째 검문이다. 두 번째로 자동차에서 내렸다. 온몸이 얼어붙을 듯이 차가운 공기 속에 서서 기다렸다. 우연히 키가 큰 금발의 여자가 지나갔다. 그녀는 경찰일까, 군인일까, 세관원일까? 아무튼 여자는 검정색 귀마개를 하고 망토를 동여맨 채 검정색 장화를 신고 있었다. 사람이 얼어 죽으려고 할 때는 살아남기 위해 아주 사소한 환영에라도 매달리게 된다고 한다. 가건물에 있던 뚱뚱한 부인이 나를 심각한 표정으로 살펴보았다. 부인은 잠시나마 나에게 용기를 주었던 나의 상상을 간파한 것이 틀림없었다. 부인이 내 여권을 찢어버릴까? 부인은 굴욕적인 느낌을 주며 여권을 돌려주었다.

마지막 검문이다. 첫번째와 비슷했다. 마찬가지로 저속으로 달리면서 여권을 흔들어 보여주었다. 러시아에 온 것을 환영합니다!

경제의 국제화, 제2차 세계대전, 소련의 붕괴, 마피아들의 활약, 과중한 세금을 매기는 자유 무역의 위험성……. 스베토고르스크의 이야기는 지난 130년간의 역사를 잘 보여준다.

카를 아우구스트 스탄데르스콜드Carl August Standerskjöld 남작은 적극적인 성격의 부유한 노르웨이 사람이었다. 카렐리아를 방문하던 중에 그는 제지공장을 짓기에 완벽하다고 판단되는 장소를 발견했다. 부오크시Vuoksi라는 예쁜 강이 흐르는 곳이었다. 강으로부터 에너지 공급을 받을 수 있을 것이다. 더구나 주위를 숲이 에워싸고 있어서 원료를 찾으러 멀리 갈 필요가 없었다. 고객이 많은 연안 도시들, 북서쪽의 헬싱키Helsinki와 남쪽의 생페테르스부르크Saint-Pétersbourg 사이에 위치한 이상적인 곳이었다. 뿐만 아니라 스베토고르스크는 노동자들이 모여드는 도시였다. 남작은 이곳에 투자했다. 공장을 끊임없이 현대화시켜서 거대한 제지 생산의 중심지가 되었다.

1940년. 스탈린은 핀란드를 공격하여 카렐리아를 합병했다. 스베토고르스크와 남작의 공장은 망하고 말았다.

러시아 정부는 1960년대, 1970년대, 1980년대 동안 계속 세력을 넓혀갔다. 내가 오늘 아침에 방문했던, 항상 얼음처럼 차가운 기운이 감돌고 있는 영하 29도 장소는 세로 4킬로미터 가로 2킬로미터 규모의 공간이었다. 10여 개의 공장들 사이 사이에 병원과 학교가 하나씩 자리 잡고 있는, 일종의 공업지대를 이루고 있는 지역이었다. 대략 8,000명의 사람들이 그곳에서 일하고 있었기 때문에 하나의 도시라고 할 수 있다.

1989년. 공산주의가 무너지고, 그와 더불어 소련 경제가 무너졌다. 국가 기업은 더 이상 돌아가지 않았다. 경쟁에 익숙하지 않았던 스베토고르스크의 제지공장은 힘든 시기를 겪게 되었다. 새로운 권력은 제지공장을 민영화하기로 결정했다. 여러 가지 사건이 있은 후 1998년에 결국 인터내셔널 페이퍼International Paper[89]가 스베토고르스크의 제지공장를 다시 사들였다. 노르웨이인이 창립하고 러시아가 과거 핀란드에서 훔친 회사를 미국 회사가 인수한 것이다. 깨끗한 경영을 위해 새로운 소유주들은 이 회사의 관리를 핀란드인에게 맡겼다.

2000년. 인터내셔널 페이퍼의 임원 중 한 명이 나에게 말했듯이, 인터내셔널 페이퍼는 '경제의 중세 시대'에 직면했다. 가장 시급한 문제인 비용을 절감하기 위해 어떻게 해야 할까? 그것은 바로 종업원의 수를 반으로 줄이는 것이다. 그렇다면 어떻게 하면 최대한 빨리 주주들이 기대하는 이러한 목표를 달성할 수 있을까? 그래서 등장한 방법이 혈중 알코올 농도 측정이었다.

월요일 아침에 출근한 노동자들은 모두 작은 파이프 속으로 숨을 불어 넣어야 한다는 이야기를 듣고 깜짝 놀랐다. 대부분의 검사가 양성으로 나오면 그 노동자는 경고를 받았다. 만일 또다시 검사에서 양성 판정을 받게 된다면 그 노동자는 회사를 떠나야 했다. 혈중 알코올 농도

---

89 종이와 펄프 관련 화학제품을 주로 생산하는 미국의 제지업체

를 측정하기 시작한 지 일주일이 지나자 작업장에서 일어나는 사고의 빈도수가 현저히 줄어들었다. 그리고 이때 해고된 사람의 수가 2,000 명을 넘었다.

이처럼 이중적인 속셈에서 대대적으로 실시되었던 건강과 보건을 위한 캠페인은 공업 단지 내에 성행하던 묵시적인 협약을 겉으로 드러나게 했다. 만약 동료 노동자가 술을 너무 많이 마시고 출근한다면 다른 동료 노동자가 그에게 출근 체크를 하자마자 구석진 곳에서 한숨 잘 수 있도록 배려해주었던 것이다. 다음에 이 다른 동료 노동자가 술을 마시고 올 경우에도 똑같이 해준다는 조건에서 말이다. 하지만 혈중 알코올 농도 측정 때문에 이 아름다운 공모는 끝이 나고 말았다. 나는 까치발을 하고서 사장에게 ^{그의 키가 평균 키를 훨씬 넘었다} 귓속말을 했다.

"그런 결과에 도달하기 위해 내 생각엔 인터내셔널 페이퍼는 후원이 필요했을 것 같은데요. 조합이나 시청, 특히 윗선^{모스크바} 차원에서······."

사장은 미소를 지으며 고개를 끄덕이고는 입술에 검지손가락을 갖다 댔다.

"위험합니다!"

저녁에 강한 보드카를 마신 후에 나는 사장의 부하 직원들 중 한 명으로부터 이 사장의 선임자 중 두 명이 스베토고르스크를 현대화시키겠다는 의지 때문에 목숨을 대가로 지불해야 했다는 이야기를 듣게 되었다. 그리고 그 이후로 인터내셔널 페이퍼는 지혜롭게 스스로를 지키고 있다. 러시아 정부는 아직도 회사 지분의 50퍼센트를 소유하고 있으며, 푸틴 가의 한 측근이 회사의 이사직을 차지하고 있다.

2005년. 인터내셔널 페이퍼는 다른 대기업들처럼 그들 자신이 유일한 세계라고 생각했다. 그래서 예지력이 있는 대통령이 결정한 전략의 변화, 일명 빅뱅에 크게 놀라지 않았다.

몇몇 순진한 사람들이 떨리는 목소리로 "빅뱅이 있은 이후로", 혹은 "빅뱅 이후로 경쟁이 치열해졌다"라고 종종 말하곤 한다.

나의 무지를 부끄러워하면서 내가 물었다.

"도대체 빅뱅이 뭐죠?"

그는 나에게 내가 이해하지 못한 것들을 게시판에 정리해주어야 했다.

① 아무리 거대한 회사라 하더라도 모든 것을 직접 다 할 수는 없다.
② 종이로 신문이나 잡지를 읽는 독자는 과거에 속해 있다.
③ 서유럽은 쇠퇴하고 있으며 공장이 너무 많다.

2005년에 예지력이 있는 대통령은 이런 사항들을 고려하여 미래를 믿어보기로 결정했다. 종이와 디지털 방식을 대립시키는 대신 두 가지 요소를 결합시켜 그로부터 이윤을 얻기로 한 것이다. 말하자면 종이를 전자우편을 복사하고 인쇄하는 데 사용하게 하는 것이다. 이곳의 위기나 저곳의 쇠퇴를 슬퍼하지 말고 성장 산업, 예를 들면, 포장용지에 주력하여야 한다는 것이다.

과거 속에 파묻힌 채 잠자고 있지 말고, 지금 모습을 드러내고 있는 아름다운 모험에 동참하는 것이다. 그리고 나머지는 모두 버려야 한다. 지금까지 인터내셔널 페이퍼의 빅뱅은 이 모든 약속들을 잘 지키고 있다. 그리고 회사는 끊임없이 놀라운 이윤을 내고 있다.

2011년 1월 21일. 우리는 긴 방문을 마친 후 지나치게 난방이 잘 되어 있는 행정 건물로 갔다. 사장은 파카를 벗으면서 걱정을 표현했다. 메드베데프Medvedev[90]와 푸틴은 최대한 빨리 러시아를 세계 무역 기구에 들어가게 하기를 원한다. 그들의 이런 바람은 국가의 발전을 가속화시키겠다는 숭고한 야망에서 비롯된 것이다. 그런데 그러기 위해서는 많은 해외 자본을 끌어들여야 하는데 해외 자본은 부정부패나 부정한 돈벌이, 불확실한 정책, 기반시설 부족, 특히 폐쇄된 국경을 좋아하지 않는다. 해외투자자들은 개방된 경쟁의 장을 원하고 있다.

오늘날 수입품에 대해 15퍼센트의 관세를 매김으로써 지역 산업을 보호하고 있지만 만일 과도기를 거치지 않고 관세를 폐지하면 어떻게 될까?

스베토고르스크는 그 무엇도 두렵지 않다. 인터내셔널 페이퍼는 시련을 이겨낼 힘이 있으며 이젠 어쩔 수 없이 경쟁 체재로 들어갈 수밖에 없기 때문이다. 하지만 더 평범하고 더 약한 경쟁상대라면?

하마터면 거인의 눈이 추위 때문이 아니라 연민 때문에 흐려질 뻔했다. 나는 이 인간적인 이야기를 가슴에 품고 그 자리를 떠났다. 그런 다음 소련의 슬픔을 여전히 간직하고 있는 마을을 다시 지나게 되었다. 짓자마자 부서져버린 회색의 작은 집들. 이 집들은 과연 봄이 되어 지붕에 매달려 있던 고드름이 떨어지면 그 무게를 지탱할 수 있을까?

나는 제지회사에서 제공되는 다양한 편의시설병원, 전력, 난방과 높은 임

---

90 드미트리 메드베데프(Dmitry Anatolyevich Medvedev) 러시아의 정치가로 2008년에서 2012년까지 제5대 대통령을 지냈다.

금을 근거로 스베토고르스크가 번영하고 있는 땅이라고 확신한다. 이런 좋은 소식들 덕분에 그 밖의 광활한 러시아에 대해 걱정하지 않아도 될 것이다.

시간이 훨씬 더 지난 후에 생페테르스부르크에 도착하고 나서 나는 러시아의 광활함이 어떤 것인지를 이해하게 되었다. 호텔에서 찾아본 지도에서 우리가 네 시간 동안 달려온 길은 거의 흔적도 찾기 힘들었다. 하지만 이 나라의 다른 쪽 끝에 있는, 내가 곧 방문하게 될 추케스^{Tchoukess} 섬까지 가는 길은 너무도 길게 뻗어 있었다.

* * *

"오늘 밤에 평범해 보이지만 훌륭한 그루지아⁹¹ 음식을 제공하는 식당을 추천할까 합니다. 보통 여자들은 와서 연애 이야기를 하기 좋아하는 곳이죠. 제가 안내하겠습니다."

과거에 제지공장에서 일했던 가브로쉬⁹²의 모자를 쓴 우리의 기사, 니콜라이^{Nicolaï}가 말했다.

어떻게 거절할 수 있겠는가? 우리는 오벨리스크를 향해 난 네브스키^{Nevski} 대로를 따라 걸었다. 코린티아^{Corinthia} 호텔의 홀을 가로지른 다음 다시 왼쪽 길로 꺾었다. 보폭을 좁혀서 얼음 위를 조심스럽게 100미터 정도 걸어갔다. 미리 들었던 대로 그루지아 가족이 우리를 기다리고 있

---

91 아시아 흑해 연안에 있는 공화국
92 빅토르 위고의 레미제라블에 등장하는 파리의 부랑아

었다.

니콜라이의 말이 맞았다. 한쪽 구석에서 두 명의 처녀가 이미 비밀을 나누고 있었다. 불행하게도 그 처녀들 가까운 쪽 테이블은 빈 곳이 없었다. 니콜라이가 술을 마시지 않았는데도, 나는 니콜라이에게 그녀들에게 말을 걸어보라고 했다.

1989년이 되기 전에 니콜라이가 스베토고르스크 콤비나트에 도착했을 때 이곳의 상황은 아주 좋았다.

"공장을 운영하는 방식을 비교할 수 있습니까?"

내가 니콜라이에게 물었다.

니콜라이는 미소를 지었다.

"소련은 명령을 내렸습니다. 절대적이었죠. 그다음 스웨덴 사람들이 왔습니다. 스웨덴 사람들의 경우에는 많은 이야기를 나누더라도 막상 끝날 때가 되어도 우리가 무슨 결정을 내렸는지 알 수가 없었습니다. 내가 민주주의를 경계하게 된 것은 바로 그 이후부터입니다."

한쪽 구석에 있던 두 처녀 중의 한 명이 눈물을 흘렸다. 나는 그 처녀들의 이야기를 들을 수 있다면 무엇이라도 다 줄 수 있을 것 같았다. 경영 방식의 비교에 대한 나의 조사 주제로 돌아오는 데 나에게 많은 에너지가 필요했다.

"그렇다면 핀란드 사람들은요?"

"핀란드 사람들은 우리와 함께 토론을 하더라도 결정은 혼자 내렸습니다. 어느 날 한 친구가 말하더군요.

"나는 독일에서 일했어. 독일에서도 비슷했어. 핀란드 사람들 역시 북부 독일 사람들이거든."

"그렇다면 미국 사람들은요?"

잠시 생각할 겨를도 없이 대답이 쏟아져 나왔다.

"소련 사람들 같습니다. 독재적이죠. 미국 사람들은 이미 알고 있고, 그것을 실행시키는 데만 관심이 있습니다."

니콜라이는 어깨를 으쓱했다.

"하지만 사실 미국 사람들은 알지 못했습니다. 그들은 공부를 했지만 공장에 대해 아는 것은 아니었죠."

"그렇다면?"

"대부분의 경우에 저는 재앙을 피하기 위해 그들이 요구하는 것을 이해하는 척합니다. 농담이지만, 저는 은퇴가 머지않았거든요."

"가장 젊은 사람들은요?"

"젊은 사람들은 자신의 자리를 지키고 싶어 했습니다. 그래서 그들은 미국 사람들이 알지 못하는 것을 이해하지 못하는 척했지요."

나는 처녀들이 슬픈 사랑 이야기를 나누던 식당의 주소를 가져왔다.

cat cafe

22, rue Stremyannaya

Tel. (812) 571 33 77

추운 지방에서 제작되는
종이 II

외스타발레Östavalle와 예블레Gävles | 스웨덴

"자 이제, 스웨덴입니다!"

제2의 조국에 도착했다는 생각에 피에르 르롱Pierre Lelong의 눈이 기쁨으로 빛났다. 스웨덴은 그에게 많은 것을 주었다. 60년을 함께 산 그의 아름다운 아내 카렌Karin을 비롯하여 말이다.

안개가 빠르게 걷혔다. E14 고속도로를 가로지르는 풍경은 닥터 지바고Docteur Jivago의 오마 샤리프Omar Sharif와 줄리 크리스티Julie Christie가 마지막에 몇 달을 함께 보내던 풍경과 닮아 있었다. 눈으로 뒤덮인 그들의 이즈바[93]를 떠오르게 했다.

운전사는 나와 영화에 대한 취향은 달랐지만 나만큼이나 낭만적인

---

[93] 전나무로 만든 북러시아 농촌의 통나무집

영혼을 가진 사람이었다.

바스테를로Västerlo 마을을 지날 때, 운전사는 낮은 목소리로 잉그리드 버그만Ingrid Bergman의 첫번째 남편이 이곳에서 어린 시절을 보냈다고 말해주었다. 우리는 꽤 긴 시간 동안 너무도 아름다운 여자들과 불행한 사랑의 고통에 대해 생각하느라 침묵을 지켰다. 운전사는 두꺼운 빙판길을 지날 때 우리의 안전을 지켜줘야 할 뿐만 아니라 차 안의 분위기 또한 자신의 책임이라고 생각하는 좋은 사람이었다.

나로 하여금 잉그리드 버그만의 불쌍한 배우자에 대한 연민을 떨쳐버리게 하기 위해, 운전사는 스웨덴의 현실, 즉 숲의 현실이나 그에 얽힌 온갖 이야기들을 들려주었다.

"종탑이 이상하게 세워져 있는 것을 보셨습니까? 못보셨다고요? 잘 보세요. 종탑이 따로 떨어져서 지어져 있지 않습니까? 왜 그런 줄 아십니까? 교회에 불이 나더라도 종탑을 다시 짓지 않기 위해서죠. 왜냐하면 교회는 자주 불이 나거든요. 다른 건물도 마찬가지만요. 나무가 장점만 가지고 있는 것이 아니랍니다."

"만약 산책을 하신다면 호수를 조심하셔야 합니다. 눈으로 뒤덮여서 어디가 호수인지 잘 보이지 않거든요. 중간 중간 얼음이 아주 얇은 곳도 있습니다. 오늘처럼 기온이 영하 28도인 경우에는 전혀 조심할 필요가 없기도 하지만요."

"최근 소식을 아십니까? 아, 물론 모르시겠군요. 이곳에 오신지 얼마 안되었으니까요. 우리를 맞이해줄 제재공장 사장님이…… 아, 처음부터 이야기하는 것이 더 좋겠군요. 그 사람은 매일 아침마다 10킬로미터를 달릴 정도로 운동을 좋아하는 사람입니다. 지난주에 그 사장님이 오솔길 모퉁이에서 무엇과 마주쳤는지 아십니까? 바로 곰입니다. 새끼를 데리고 있던 어미곰이었죠. 여기서 곰보다 더 위험한 것은 없습니다. 사장님은 전속력으로 달렸습니다. 하지만 곰이 그를 따라왔습니다. 곰이 점점 더 가까워지고 있었죠. 그런데 곰은 갑자기 자기 새끼가 생각났는지 멈춰섰습니다. 그래서 사장님은 잘 빠져나올 수 있었습니다."

고마운 운전사! 이곳 사람들이 나를 맞이하는 일을 우연히 그에게 맡기게 된 것이 아니었다. 그는 아무렇지도 않은 말투로 나에게 숲에서의 삶이 그리 평온하지만은 않다는 메시지를 전달해주고 있었다. 나는 재빨리 그런 확신을 얻게 되었다.

겨울이라 눈에 보이지 않는 수많은 호수 중의 하나인 것이 분명한 넓고 하얀 공터 주위로 알록달록한 색상의 집들이 몇 채 흩어져 있었다. 그리고 제재공장이 있었다. 또 다른 키가 큰 사람이 사무실 문 앞에서 우리를 기다리고 있었다. 북부 지방에서 나는 거인들만 만나게 된다. 나무의 성장을 늦추는 추위가 사람의 경우에는 성장을 촉진하는 듯하다. 물론 긴 섬유와 관련하여서는 여전히 의문이지만 말이다. 모자를 쓰지 않고 짧은 머리카락을 그래도 드러내놓았는데도 그는 추위로 힘들어하지 않는 듯했다. 자동차 계기판에 나타난 외부 온도는 영하 30도인데도 말이다.

"곰에게서 살아남은 사람이 저 사람입니까?"

운전사는 고개를 끄덕였다.

나는 내 아이들을 생각했다. 여행에서 돌아올 때마다 나는 아이들을 정말로 즐겁게 만들어줬는지 모르겠다. 나는 아이들에게 여행하는 동안 있었던 특별한 순간들에 대해 들려주곤 했다. 전혀 과장을 하지 않는 건 아니지만 아이들은 그런 이야기를 좋아했다.

"아빠가 어디에서 왔는지 아니? 언제 동물에게 잡아먹힐지 모르는 야생 지역을 다녀왔단다."

그리고 내가 손을 내밀면 아이들은 내 손을 꽉 움켜진다.

어쩌면 곰은 스스로 조심한 것이 아닐까? 곰은 자기의 발과 크기가 비슷한 발을 가진 사람과는 직접 부딪히지 않는 것이 좋겠다고 판단한 것인지도 모른다.

커피가 제공되었다. 그런 다음 검은 탁자를 가운데 두고 제재업이라는 직업에 대한 강의가 네 부분으로 나뉘어서 계속되었다.

우선, 세 종류로 나눌 수 있는 원료에 대한 소개이다. 가문비나무, 소나무, 그리고 이 지방에서 가장 드문 자작나무로 나눌 수 있다.

"왜 세 종류 밖에 안됩니까?"

"왜냐하면 추위가 나무의 섬유를 길게 만들긴 하지만 다양하게 만들지는 못하거든요. 인도네시아에는 얼마나 많은 종의 나무들이 자라고 있는지 아십니까?"

"아, 100가지가 넘죠."

그런 다음 주주에 대해 알려줬다.

"우리는 1만 3,000명이 협동조합을 이루어 일하고 있습니다. 그들 모두가 크고 작은 숲의 주인이죠. 우리는 모두 합쳐서 90만 헥타르의 땅을 가지고 있습니다. 그리고 제재소는 이 협동조합의 자회사입니다. 숲의 주인인 1만 3,000명의 조합원은 나에게 나무를 가능한 가장 비싼 가격에 팔고 싶어 합니다. 제재소의 관리자로서 나는 물론 가장 낮은 가격에 사기를 원하고요."

나는 동정심이 생겼다.

"더 나쁜 경우도 있습니다. 주문이 쇄도하면 저는 나무가 더 많이 필요합니다. 하지만 주인들은 가격이 더 오를 것을 기대하면서 나무를 팔려고 하지 않습니다. 그리고 그 반대의 경우도 쉽지는 않습니다. 만일 주문이 줄어들면, 저는 나무를 덜 사게 됩니다. 그러면 1민 3,000명의 조합원들이 화를 내죠."

나는 놀라움을 표현했다. 나는 숲에서의 삶은 이보다 더 단순할 거라고 생각했었다.

커피를 한 잔 더 마시느라 우리의 대화는 잠시 중단되었다. 우리가 있는 회의실의 벽은 유리로 되어 있었다. 나는 각자 컴퓨터에 몰두하고 있는 고용인들의 얼굴을 볼 수 있었다. 즐거운 분위기라고는 말할 수 없는 분위기였다.

곰으로부터 살아난 사장은 거래 자료를 통해 마지막 분석을 시도하면서 나의 이러한 느낌을 곧바로 확인시켜주었다. 사장은 강한 어투로 말을 이어갔다.

"이케아Ikea를 아십니까? 스웨덴의 상징적인 기업 중 하나죠. 그런데 이케아는 우리 나라에서 나무를 단 한 그루도 구입하지 않습니다."

나는 놀랐고, 잠시 후 화가 났다.

"여기, 스웨덴의 중심에서 그러는 것은 소위 절대권력을 휘두르는 것이 아닙니까?"

"맞습니다! 가장 싼 가격을 찾아간 거죠! 우리는 동유럽과 절대로 싸울 수가 없습니다. 아시아와는 더더욱 싸움이 안 되죠."

"하지만 아시아에는 나무가 부족합니다."

"아시아는 남은 것들을 팔고 있습니다."

나는 유리창 너머에 있는 사람들의 근심 어린 표정을 이제야 이해할 수 있었다. 하지만 곰으로부터 살아남은 사람은 문제점을 토로하는 것을 그치지 않았다.

"제 추측에 당신도 아랍 국가들의 민주 혁명에 박수를 보냈을 것 같은데요. 그런데 우리의 첫번째 고객이 이집트라는 것을 아십니까. 혁명을 시작하면서, 단 한 건의 주문도 들어오지 않고 있습니다. 우리는 재고가 쌓여가고 있습니다. 하지만 우리는 생산라인의 가동을 중단할 수 없습니다. 자, 가서 살펴볼까요."

그의 유쾌한 성격이 되살아났다. 두 시간 동안 나는 가문비나무와 소나무의 여정을 따라가 보았다. 두 개의 트레일러60톤를 매단 트럭들이 도착할 때부터 가장 효율적인 절단 방법을 컴퓨터로 즉시 계산해서 포장할 때까지 말이다. 나는 작은 교훈을 얻게 되었다. 통나무는 둥글다. 제재소는 널빤지로 만들기 위해 둥근 통나무를 네모로 만들기를 원한다. 따라서 통나무의 둘레인 원은 그 안에 포함된 사각형보다 크다. 그 둘의 차이 부분을 등널이라고 한다. 일단 톱을 작동시키면 잠시 후 널빤지가 바닥으로 떨어지고, 이 널빤지들은 곧장 (카메라) 품질 관리기를 향해 간다.

바람으로 인한 제약을 받지 않는 기술자에게 삶은 아름다울 것이다. 이미 많은 기술 진보가 이루어졌고 품질이 개선되었다는 설명을 하면서 사장의 얼굴은 환해졌다. 하지만 다시 땅으로 되돌아와야 하는 순간, 다시 말해서 마지막 문이 열리는 순간에 그의 얼굴은 다시 어두워졌다. 운반차가 철로 된 두 팔을 내밀어 검사를 끝낸 널빤지들을 실어 내자 또 다른 운반차가 이미 뒤에서 기다리고 있었다.

나는 잔인한 질문을 던질 수밖에 없었다. 하지만 아무리 정상을 참작 한다고 하더라도 나는 이 생산 라인이 너무 빠르고 비정하게 움직인다 고 생각했다.

"이제 나무는 어디로 가는 거죠?"

"이제요? 나무는 이집트의 선처를 기다리고 있습니다."

그런 다음 곰으로부터 살아남은 사람은 나에게 멀리 있는 창고를 보 여주었다. 아주 크지만 이미 목재로 가득 차 있었다.

그리고 저녁이 될 때까지 우리는 스웨덴의 중심에서 수 킬로미터 떨 어졌으며 완전히 보호받고 있다고 믿기에는 지나치게 고립된 장소에서 아랍 세계가 나아갈 수 있는 진보의 방향과 그것이 외스타발레의 제재 소에 직접적으로 끼치는 영향에 대해 이야기를 나누었다.

나는 진정한 야만성은 우리가 있다고 믿는 그곳에 있는 것이 아니며, 숲에서 마주칠 수 있는 폭력은 심지어 새끼를 데리고 있는 곰도 겨울에 모습을 감춘 호수도 아니라는 사실을 확인했다.

코르스내스Korsnäs 회사는 스톡홀름Stockholm에서 북쪽으로 200킬로미 터 떨어진 곳에 있는 예블레[94]라는 항구 도시에 위치한 오래된 제지회 사이다. 이 회사의 창립은 1855년으로 거슬러 올라간다. 만일 그 고용 인의 수2,000명를 생각한다면 코르스내스를 대기업이라고 규정지을 수

---

94 스웨덴 중동부 Bothnia 만의 후미에 면한 항구도시

는 없을 것이다. '중소' 기업이라고 말하는 것이 더 적당할지도 모른다. 이 회사를 방문하게 되면 방문객은 오솔길 끝에 있는 아름다운 중산층 저택에서 마치 가족으로부터 대접을 받는 것처럼 편안히 먹고 잘 수 있다. 승용차 역시 또 다른 집이자 사장실이었다. 색을 칠한 나무문이 있고 판자로 된 벽에는 조상들의 초상화가 걸려 있는데, 대부분의 조상들은 강아지를 품에 앉고 범선의 바닥을 배경으로 하고 있어서 항해 중인 것을 알 수 있었다.

이런 인상은 틀리지 않았다. 키네빅^{Kinnevik}이라는 투자회사를 통해 코르스내스를 소유하고 있는 집안은 지금도 세 집안이었다. 이 세 집안은 대체로 만족스러워하고 있었다. 위기에도 불구하고 코르스내스는 그들의 또다른 투자처인 음성 영상기술이나 금융 분야보다 해마다 더 많은 수익을 내고 있었기 때문이다.

나는 코르스내스로부터 넘치는 존경을 받는 영광을 누렸다. 왜냐하면 나의 소설 『식민지 전시회$^{L'Exposition\ coloniale}$』에서 가장 질긴 종이의 제작 과정에서 긴 섬유의 중요성을 설명하기 위해 코르스내스를 인용했기 때문이다.

코르스내스의 사장은 마치 럭비선수 출신인 것처럼 덩치가 크고 역동적이었다. 그의 타고난 명랑한 성격은 세 번째 휴식 시간을 잘 보내야 유지될 수 있었다. 까무잡잡한 피부에 금발머리의 잘생긴 기술 부장은 새로 들여놓은 반죽의 표백 시설이나 검은 액체의 재활용 시설에 있어서 개선 가능한 점이 무엇인지 생각하느라 종종 눈을 감고 있었다.

숲 관리자$^{그의\ 밑으로\ 200명의\ 직원들이\ 있었다}$는 대학에서 갓 졸업한 것처럼 보였다.

네 시간 동안 나는 고백을 들어야 했다. 가장 똑똑하고 가장 정확하고 가장 이성적이고 동시에 가장 열정적인 사랑의 고백이었다. 자신이 일하고 있는 회사에 대한 고백. 코르스내스, 우리는 당신을 사랑합니다. 코르스내스, 당신은 이미 아름답고 승리하였습니다. 하지만 우리는 당신을 더 아름답게 가꾸고 당신의 승리를 더 확고하게 만들기 위해 다음과 같이 할 것입니다.

세 사람 중 한 사람이 말을 할 때 다른 두 사람은 확신에 찬 듯 규칙적으로 고개를 끄덕였다.

키네빅 투자회사는 아무 걱정 없이 잠을 자도 될 듯했다. 키네빅은 이윤 창출 기계를 움직일 팀을 아주 잘 선택했다. 사랑에 빠진 것이 분명한 이 세 사람은 그 누구도 깨뜨릴 수 없는 완벽한 트리오를 구성하고 있었다.

하지만 그들의 열정적인 대화 속에 그늘이 드리워졌다. 끈질기고 완고하고 유치하고 감동적인 그늘. 그들은 이 그늘을 몰아내고 싶어 했지만 그늘은 언제나 다시 되돌아왔다. 그리고 내가 그 그늘에 대해 언급하자 그들은 나에게 다시는 그 그늘에 대한 말을 꺼내지 않겠다는 맹세를 하게 했다.

코르스내스의 주된 작업은 우리에게 제공되는 모든 종류의 제품들을 포장할 수 있는 온갖 종류의 종이를 제작하는 것이다. 액체, 고체, 신선 식품, 가공 식품, 공산품, 식료품, 의약품 등……

이 조사를 하기 전까지 나는 포장지에 대해 거의 신경도 쓰지 않았다고 고백할 수밖에 없다. 다른 사람들처럼 나 역시 두 가지 태도 사이를 오갔다. 포장용품에 대해 전혀 신경을 쓰지 않던지 혹은 그 불필요한 화려함과 지나친 복잡함에 짜증을 냈다. 중요한 것은 단지 내용물이 아닐까?

트루아리비에르를 방문하면서 나는 눈을 뜨기 시작했다. 그리고 공부를 계속하면서 나는 결국 포장용지가 얼마나 중요하고 까다로운지 알게 되었다.

속지 말자. 대부분의 포장용지는 우리가 그 사실을 알고 있지 못하지만 고도의 기술력을 요구한다. 왜냐하면 포장용지는 수많은 모순되는 문제를 해결해야만 하기 때문이다. 예를 들면 어떻게 하면 내구성이 있는 동시에 가볍게 만들 수 있을까? 어떻게 하면 유연한 동시에 단단하게 만들 수 있을까? 이와 동시에 포장용지의 첫번째 기능인 박테리아나 냄새, 빛을 차단해야 하는 역할도 잊어서는 안된다.

마지막 의무가 또 있다. 그 표면에 글자나 그림, 색깔을 쉽게 인쇄할 수 있어야 한다. 우리 중에 누가 아무런 표시도 없는 제품을 구입하겠는가?

어린 시절은 그리 오래되지 않았다. 코르스내스의 세 명의 관리인들은 감동에 젖어들었다.

"특별한 직업이죠. 그런데 누가 우리 존재에 대해 알까요?"

마치 중학생 같았다. 그들은 노력을 했고 좋은 성적표를 집에 가지고 왔다. 하지만 부모님은 다른 일을 하느라 그들의 성적표에 주의를 기울이지 않는다.

사장이 나에게 상황을 설명해주었다.

그들의 주된 고객은 그들보다 훨씬 더 규모가 큰 스웨덴의 또 다른 회사인 테트라팩TetraPak[95]이다. 테트라팩은 코르스내스가 제작한 종이로 포장용기를 제작하고 있다. 테트라팩의 뛰어난 품질에 대해서는 모르는 사람이 없다. 테트라팩의 앞선 기술이나 지식, 창의성은 그 누구도 따라갈 수 없다. 하지만 불행한 사실은 테트라팩이 코르스내스의 이름을 결코 드러내고 싶어 하지 않는다는 것이다. 테트라팩은 혼자 영광을 독차지하고 싶어 한다. 그래서 나는 코르스내스로부터 사랑받게 된 말을 떠올렸다.

"저는 당신들의 억울한 기분을 잘 이해합니다. 대중은 조니 워커Johnnie Walker에 대해서는 잘 알고 있죠. 하지만 코르스내스와 마찬가지로 테트라팩에 대해서도 전혀 알지 못합니다. 그것이 바로 상표 전쟁의 엄격한 법칙이니까요. 고객을 최종적으로 만나게 되는 마지막 제품들이 모든 빛을 독차지하게 됩니다. 그들은 조금이라도 상표를 나누면 그 빛이 약해진다고 생각합니다. 하지만 그것은 틀린 생각입니다. 원산지를 알려주는 것은 상품의 가치를 더 높이는 일이니까요."

나는 내 책에 두 회사를 똑같이 다루겠다고 약속했다. 포장용기라는 매력적인 분야에 대한 새롭게 감탄하는 분위기에서 말이다. 결국 인터뷰를 끝내기 위해 나는 그때까지 눈에 띄지 않던 인물에 대한 이야기를 꺼냈다.

"그런데 숲, 스웨덴 숲은 어떻습니까? 숲 역시 약간 관심을 받을 자격이 있다고 생각하지 않습니까? 만일 제가 잘못 생각한 것이 아니라면 당신들의 종이가 모두 나무로 만들어진 것이 아닙니까?"

---

95 스웨덴의 다국적 포장업체

"네, 그렇죠! 우리는 우리의 숲을 사랑하고 존중한다고 말할 수 있습니다. 우노, 자네가 나설 차례군. 우리가 숲을 위해 무엇을 하고 있는지 우리의 프랑스인 친구에게 말해주게나."

똑같은 모범생들은 조금 지겹기도 하다. 하지만 코르스내스의 모범생들은 완벽했다. 그들은 토양을 준비하는 것부터 그로부터 90년 뒤에 벌목 작업을 하게 될 때까지 모든 것을 관리하고 있었다. 보호할 필요가 있는 동식물이나 땅은 보호하고, 꼭 필요한 경우에만 야생동물을 죽이고, 개인 사유지라고 하더라도 만민의 권리allemansrätten[96]라는 매우 오래된 권리를 위하여 숲을 산책하는 사람들에게 개방한다.

어린 나무에 대해 실시하는 마무리 벌목에 분노하는 사람들은 24시간 내내 부드러운 목소리로 원하는 설명을 제공하는 전화 교환원에게 전화를 걸 수 있다. 100년 수명의 나무의 경우에 해마다 모든 나무 중에서 100년 된 나무를 자름으로써 전체적인 나무의 수를 줄이지 않을 수 있다. 게다가 지속적인 발전이나 유지에 대한 개념이 싹트기 전인 과거에는 산에 죽은 나무가 쌓이면서 화재의 원인이 되기도 했기 때문이다. 이미 경작되고 있는 숲의 절반은 FSC의 가장 엄격한 인증 마크의 기준을 충족시키고 있으며, 그 비율이 해마다 점점 더 늘어나고 있다. 공장으로 향하는 통나무는 점점 더 환경을 덜 오염시키는 운송 수단인 기차나 배를 이용하고 있다. 만약 그래프를 참고한다면 오직 한 해2004년도에만 예외적으로 잘라낸 나무보다 심은 나무가 더 많다는 사실을 알 수 있다. 그리고 주민 1인당 핀란드는 440평방미터, 스웨덴은

---

96 Freedom to roam

351평방미터의 숲을 보유하고 있다. 그에 반해 독일과 프랑스는 45평방미터에 불과하다.

우노가 설명하는 동안 다른 두 동료는 그 어느 때보다 활기찬 표정으로 고개를 끄덕이고 있었다. 그리고 우노가 숲에 대한 서정시를 모두 읽고 나자, 그의 뒤를 이은 것은 울프^{Ulf}였다. 소심한 성격 탓에 뒤로 물러나 있던 기술자 울프. 울프의 얼굴은 자부심으로 빛이 났다. 불태우고 남은 폐기물의 재활용으로 공장이 가블^{Gavle} 마을에 필요한 모든 열에너지를 제공해줄 수 있다고 말했다. "누구나 우리 집에도 열기가 필요하다고 말하기만 하면 됩니다."

잠시 동안 크리스터^{Christer}와 우노는 박수를 쳤다. 이제 유령에 대한 향수나 대중으로부터 인정받지 못한다는 아쉬움은 사라졌다. 일, 가족, 포장, 자연에 대한 존중과 다음 세대에 대한 걱정, 사회적 연대감을 통해 세상을 가장 살기 좋은 곳으로 만들어나갈 것이다.

나는 약간 냉소적인 분위기를 유지하려고 애썼는데, 그 이유는 단지 지나치게 찬사하지 않기 위해서였다. 피에르 르롱은 옳았다. 스웨덴 만세!

노루의 교훈

랑드 숲 | 프랑스

여행을 마친 뒤 나는 진실의 순간을 더는 뒤로 미룰 수 없다. 두 가지 범죄 사실에 대한 피의자로 종이를 법정에 불러야 할 순간이 왔다.

- 숲을 죽인 죄 나무로 내 책을 만들기 위해서였다.
- 환경을 파괴시킨 죄 왜냐하면 그 어떤 산업도 제지산업만큼 환경을 오염시키지는 않는다고 한다.

보르도Bordeaux로 향하는 기차 안에서 나는 전전긍긍했다. 나는 계산을 해보았다. 단지 내가 쓴 두꺼운 소설 『식민지 전시회L'Exposition coloniale』더구나 피라고무나무 이야기다를 40만 부 찍는 데에도 280톤의 종이가 필요하다. 그렇다면 내가 얼마나 많은 나무들의 죽음에 책임이 있는 것일까? 내 상황 역시 그다지 좋지 않을 것 같은 예감이 들었다.

장–피에르 레오나르Jean-Pierre Léonard는 주로 물과 숲으로 성공했다는
점에서 라 퐁텐느La Fontaine와 비슷하다. 원기 왕성한 80대인 그는 오늘
날에도 행정기관이나 개인회사에 법률자문을 해주기 위해 모래가 깔린
오솔길을 성큼 성큼 걸어가곤 한다.

무엇보다 18세기 말까지 랑드 지방은 광야, 즉 황무지일 뿐이었다.
땅은 때로 물에 잠겨 늪이 되기도 하고 햇볕에 말라 갈라지기도 했다.
열을 내뿜는 것 외에는 아무것도 생산하지 못하던 땅은 높은 곳에 앉아
죽마를 휘두르는 양치기 소년이 돌보는 양떼 외에는 그 무엇도 먹이지
못하는 땅이었다.

이 황무지가 1800년대에 깨어나기 시작했다. 오래 전부터 철광석이
풍부한 몇몇 지역은 사람들에게 알려져 있었다. 하지만 그곳을 개발할
생각을 진지하게 하지 못했었다. 왜 그곳을 개발하지 않은 것일까? 제
철소가 생겨나면서 숯을 엄청나게 소비하기 시작했다. 그래서 어떤 종
류의 나무를 심을 것인지 잘 선택한 뒤 나무를 심기 시작했다. 소나무
가 적응력이 가장 뛰어났다. 게다가 소나무는 그 안에 보석을 품고 있
었다. 'gemme'라는 단어는 '보석'과 '송진'이라는 의미를 가지고 있다.
우리가 수액을 채취하기 위해 나무의 껍질을 도려낼 때 'on gemme'라
는 표현을 쓰기도 한다. 송진 채취는 순식간에 많은 돈을 벌 수 있는 수
단일 뿐 아니라 충돌의 원인이 되기도 했다.

양치기 소년들의 입장에서 자신들의 땅이 소나무 밭이 되는 것은 생
각할 수도 없는 일이었다. 또한 양이 자신들의 경작물을 갉아먹으러 오

는 것은 송진을 채취하는 사람들에게도 생각할 수도 없는 일이었다. 송진을 이유로 소나무를 자르거나 태우는 것을 금지하는 것 역시 제철업자에게 생각할 수도 없는 일이었다. 그래서 가장 아름다운 정책 중 하나인 1857년의 법률이 나오게 되었다.

N° 4684 – 가스코뉴^{Gascogne}의 랑드 지방의 하수와 경작과 관련된 법

1857년 6월 19일부터

신의 은총과 국가적 의지에 따라 프랑스의 황제인 나폴레옹은 지금부터 앞으로도 쭉 다음과 같은 사항을 비준하고 공표한다.

법률

입법부 의사록 발췌

입법부는 다음과 같은 내용이 담긴 법률안을 채택한다.

제1조. 랑드와 지롱드 지방에서 실제로 가축 사육에 이용되고 있는 공유지는 그 소유주들의 공통 비용으로 정비하고 나무를 심어 숲으로 가꾸게 될 것이다.

제2조. 이러한 작업을 진행하는 것을 시가 반대하거나 지원이 불가능한 경우라면 국가의 비용으로 진행할 것이며, 이 비용은 벌목과 재배를 통해 얻어지는 수익금으로 회수될 것이다.

보고 책임자의 글 또한 읽어야만 한다.

"[……] 만일 숲을 조성함으로 인해 고립된 지역을 만들어낸다는 주장은 소나무 재배의 경우에는 맞지 않다. 왜냐하면 소나무 재배는 사람들의 지속적인 관리를 요구한다……. 30만 헥타르의 해송은 거의 5,000가구의 새로운 농가를 만들어내게 될 것이고, 이것은 30만 명의 인구로 환산될 수 있다.

"[……] 랑드에서 진정한 농사를 지을 수 있는 날이 오게 하기 위해 우리가 상상할 수 있는 가장 이상적인 형태의 토지개발 시스템이다."

나폴레옹 3세의 의지에 의해 랑드의 현실은 랑드라는 단어가 뜻하는 의미와 달라졌다. 랑드는 여전히 랑드^{황야}로 불리고 있지만 이제 숲이 되었다.

최근에 두 개의 위협적인 폭풍이 프랑스를 강타하는 동안 마치 뱃사람이라도 되는 양 나는 육지 사람들을 비웃었다.

"어, 저 사람들은 바람이 강하게 불 수 있다는 것을 알았어야 해."

나는 피해 규모에 대해 잘 알지 못했다. 랑드 지방이 1999년의 상처로부터 회복되자마자 1999년 1월 24일 단 몇 시간 만에 태풍 클라우스^{Klaus}는 랑드 숲의 4분의 1을 초토화시켰다.

세 번째 폭풍인 섬나무좀이 도착한 것도 그때쯤이다. 이 곤충들은 우선 쓰러진 나무들을 공격했다. 그런 다음 다른 나무들도 공격하기 시작했다. 누가 아직도 숲을 매입하는 것이 안전하고 확실한 투자라고 생각하겠는가?

그런데 숲의 어떤 지역은 잘 버티는 있는데, 왜 또 다른 지역은 나무들이 병충해로 인해 무너지는 슬프고 암울한 거대한 미카도 놀이[97]가 되고 있는 것일까?

나의 스승인 레오나르가 나에게 아주 간단하게 그 답을 말해주었다. 그것은 바로 물 때문이다.

"여기를 보세요. 물이 넘치고 구멍을 가득 채우고 있습니다. 이미 보름 전부터 비가 오지 않았는데도 말입니다. 이곳의 소나무는 물을 흡수하기 위해 깊이 파고 들어갈 필요가 없습니다. 그래서 뿌리가 표면으로 드러나 있죠. 따라서 돌풍이 불고 나면 모두 뒤집어지고 맙니다. 하지만 조금 더 떨어진 곳의 토양은 건조합니다. 그래서 뿌리가 더 깊이 박혀야만 합니다. 폭풍이 아무리 불어와도 이 곳의 소나무는 잘 버팁니다. 돌풍이 가장 거센 바닷가에 심은 소나무들의 피해는 아주 적습니다. 왜냐하면 그곳의 소나무들은 담수에 도달하기 위해 뿌리를 땅 속 15미터 이상 깊은 곳에 내리고 있기 때문입니다."

내가 자연의 섭리 노력은 우리를 강하게 만들고, 편리는 우리를 약하게 만든다에 대해 생각하는 동안 장 피에르 레오나르는 지질학 강의를 계속 이어갔다. 우리는 현실에서의 이용 충돌이라는 주제의 핵심으로 들어갔다.

"여기 황폐한 광활한 땅이 보이십니까?"

나는 그 표면이 겨울 햇살 아래에서 반짝이고 있어서 호수일 것이라고 생각했다.

"이것은 거대한 비닐로 뒤덮인 온실이라고 말할 수 있습니다. 그 아래에 무엇이 자라고 있는지 맞출 수 있겠습니까?"

---

97 쌓아 놓은 막대들을 흔들리지 않게 하나씩 빼는 놀이

나는 포기했다. 입술 끝으로 마치 침을 뱉듯이 장-피에르는 나에게 말했다.

"당근입니다."

그의 목소리에는 가능한 모든 경멸이 담겨 있었다. 어떻게 소나무의 숭고함과 우아함을 이 작고 불그스름한 덩어리의 저속함과 비교할 수 있을까? 바로 옆에 심어놓은 옥수수에 대해서는 두 말할 것도 없다. 결국 세상 사람들은 나쁘고 저속한 성향을 따라가기 마련이다.

또 다른 문제가 랑드를 위협하고 있다. 여기서 숲은 80퍼센트 이상이 개인 소유이며 숨겨진 세습 재산이다. 숲의 주인들은 월말을 더욱 풍요롭게 보내기 위해 나무를 팔거나 필요한 경우, 예를 들면 지참금을 마련하기 위해 땅을 팔기도 한다. 마치 프랑소와 모리악^{François Mauriac}[98]의 세계에서처럼 말이다. 만약 산림청^{Office national des forêt}이 꽤나 불평등한 경쟁과 수익 사업에 참여하기로 결정했다면 이 공공기관은 제지업체가 필요로 하는 원료를 공급받던 메커니즘의 오래된 균형을 깨뜨릴 위험이 있다.

"들판에 광전지 판넬을 설치하기 위해 몇몇 회사는 1헥타르의 땅을 1년에 2,500유로를 농부에게 지불하면서 임대하고 있습니다. 거의 토지 비용의 세 배에 달하는 비용이죠. 무엇이든 간에 생산할 필요가 없고, 나무를 심을 필요도 없이 빈 땅^{따라서 나무가 없는 땅}을 소유하고 있으면

---

98 보르도에서 출생한 프랑스 작가. 전형적인 카톨릭 가정에서 성장했다. 보르도 지방의 풍물, 낡은 전통, 인습에 사로잡힌 지방의 가정 생활을 배경, 제재로 삼았다. 개인과 가정, 신앙과 육체의 갈등을 테마로 문체는 고전적이며 치밀하고 구성이 오묘할 뿐 아니라 심리소설가로서 프랑스 문단에서 독보적 위치를 차지했다. 1952년 노벨 문학상 수상

정기적인 수입이 생각는 것입니다."

만일 임업을 계속하기로 결정했다면 그 소유주는 잘게 부순 소나무를 원료로 하여 '책임 있는 에너지'를 생산하는 발전소에 판매할 수 있다.

로베르 다베작^{Robert Davezac}이 우리에게 합류했다. 그는 내가 이제 곧 방문하게 될 제지공장에 원료를 납품하는 일을 하고 있다. 그는 이미 쉽지 않게 되어버린 자신의 직업이 앞으로 몇 년 내에 훨씬 더 위태로워질 가능성이 크다고 말했다. 19세기 중반에 나무의 대량 사용은 제지업체로 하여금 넝마 경쟁에서 벗어날 수 있게 해주었다. 그런데 제지업체는 벌써 또다시 원료 부족으로 인한 문제에 부딪히게 되었다.

"벌목공를 벌써 만나보셨다고요?"

이 다베작이라는 사람은 나를 누구라고 생각하는 것일까? 나는 그를 무섭게 노려보았다. 그가 미소를 지었다.

"당신도 아시다시피 벌목공의 직업도 변했습니다."

그리고 나는 숲의 새로운 해결책을 보게 되었다.

* * *

아키텐^{Aquitaine}의 노루들은 기업가 정신을 가지고 있다. 만일 당신이 나를 믿지 못하겠다면 랑드 숲을 유심히 살펴보라. 그 지역에서 풍부한 소나무를 벌목하고 운반하고 벌근^{伐根99}하기 위해 기계가 작동하는

---

99 자른 나무의 뿌리를 들어내는 과정

동안 노루들은 조용히 있다. 심지어 그들은 가까이 다가와서 이 과정을 흥미롭게 지켜보기도 한다. 어떤 사람들은 마치 노루들이 사람들이 기계를 잘 다루는지 걱정하는 듯이, 그리고 경제적인 발전에 기뻐한다는 듯이 고개를 끄덕이기도 한다고 말하기도 한다. 하지만 휴식 시간이 되어서 기계가 멈추고 주위가 조용해지면 이 동물들은 재빨리 그 자리를 도망쳐서 더 이상 모습을 드러내지 않는다. 내 생각에 노루들, 적어도 랑드 지방의 노루들은 주 35시간 노동을 지키는 마지막 생명체가 될 것이다.

페르낭드 자라Fernand Jara는 우연히 이런 벌목공이 된 것이 아니다. 아주 젊은 시절부터 진실한 소명이 그의 마음속에 자리 잡고 있었다. 혹시 그는 마흔 살 생일 선물로 절단기를 사달라고 조르지는 않았을까? 그 후 그는 벌목공으로서 능력을 한껏 발휘하였다. 그는 현대적인 도구들의 도움으로 그 분야에서 최고가 되었다.

그날 아침에 페르낭드는 나에게 최근에 만난 그의 새로운 동반자인 존 디어[100] 1470Johm Deere 1470을 보여주었다. 존 디어 1470은 여섯 개의 바퀴를 가진 거대한 몸체에 이빨과 다양한 집게 달린 긴 팔을 가진 탱크 겸용 트랙터이다.

"사용해보고 싶은가요?"

어떻게 거절할 수 있겠는가?

나는 바닥에서 3미터 높이에 있는 조종실로 기어 올라갔다. 하지만 곧 버튼과 영상들 사이에서 길을 잃었다. 나는 에어버스 A380에 대한

---

100 골프장비, 농기계, 트랙터, 건설장비 등을 생산하는 업체

글을 쓴 적이 있다. 조종하기 복잡하고 다양한 영상들과 컴퓨터를 탑재하고 있다는 면에서 1470은 A380을 부러워할 것이 하나도 없었다. 그래서 페르난드가 작동을 시작했다.

단순히 검지손가락을 누르기만 했는데, 네 개의 강철 팔이 통나무를 잡았다. 또다시 누르자 톱이 작동되었다. 나무는 어느새 바닥으로 떨어졌다. 땅에 닿자마자 또 다른 톱이 나무를 절단했다.

나는 감탄했다. 페르난드는 겸손한 척했지만 나는 그의 자부심을 느낄 수 있었다. 벌목공이라는 직업은 더 이상 마을 사람들이 그 직업에 대해 가지고 있는 이미지와 맞지 않게 되었다.

어느 순간 나의 감탄은 두려움이 되었다. 이 나무들을 이렇게 가까이에서 쓰러뜨리다가 그중 하나가 나를 덮치지 않을까? 갑자기 나는 안전유리로 만들어진 둥근 지붕 아래서 불안해졌다.

페르난드는 나에게 그 위험성을 다시 확인해주었다.

"소나무는 회전하면서 쓰러지기도 합니다. 하지만 아주 드문 일이죠. 그럴 때는 도움이 필요해요."

3시간 동안 나는 벌목공에게 몸을 기울인 채로 119그루의 소나무를 처리했다. 다시 말해서 우리가 지나가고 나면 잘려진 소나무들은 잡초가 무성한 땅 위에서 품질에 따라 일렬로 정렬되었다. 가장 품질이 우수한 부분은 소목장이에게로 실려 갈 준비를 하고 있었고, 나머지는 제지공장으로 향하게 된다. 인터넷으로 서로 연결되어 있는 거래처 기업들은 이미 그들이 받게 될 적재량을 알고 있다.

조정실에서 다시 내려와서 나는 거대한 존 디어의 초록색 몸통을 쓰다듬었다. 그리고 그 가격을 물어보았다.

"45만 유로입니다. 그렇지만 회전 조정실도 갖추고 있지 않은 제품입니다."

* * *

약 100만 헥타르 넓이의 랑드 숲은 자연히 생긴 것이 아니었다. 다시 말해서 랑드 숲에는 우연히 씨앗이 날아오거나 서로 다른 식물 종 간의 경쟁으로 인해 자연히 생긴 것은 하나도 없었다. 랑드 숲은 '자연'이 아니라 인간의 의지에 의해 탄생하게 되었다. 이 숲은 옥수수나 밀과 마찬가지로 재배되었다. 하지만 해송은 옥수수나 밀과 달리 약 반세기에 달하는 훨씬 더 긴 순환 주기를 가지고 있다.

나무를 심은 후 10년마다 토양을 청소하고 새로운 주기를 시작하기 위해 마지막 벌목을 할 때까지 간벌[101]을 실시한다. 지난 수십 년 동안 다양한 폭풍우가 점점 더 강력한 위력을 동반하면서 이 주기를 점점 더 짧게 만들고 있다.

그리고 품종을 선별하고 관리를 개선함으로써 생산성을 높여왔다. 20년 전에는 헥타르당 연간 10입방미터의 나무를 생산했지만 오늘날에는 16입방미터 이상의 나무들을 생산하고 있다. 이 놀라운 결과에 대한 감탄^{프랑스 만세!}을 나는 더 높은 수치를 보여주었던 브라질을 여행하게 될 때까지 간직했다. 브라질은 같은 품종인 경우 25입방미터 이상의 나무를 생산하고 있으며, 유칼립투스의 경우라면 70입방미터까지 생산

---

101 숲의 허약한 나무를 베어냄

량이 올라간다.

수확한 나무 중 가장 품질이 우수한 대부분의 목재들은 100여 곳의 제재소로 보내진다. 과거에는 훨씬 더 많은 숫자였지만 그 수가 해마다 파산과 집중화로 줄어들고 있다. 프랑스에서 제지공장은 그 밖의 나머지에 만족한다.

제지공장이 사용하지 않았다면 불에 태웠을지도 모르는 제재소의 찌꺼기나 다른 누구도 원하지 않는 두 번째 혹은 세 번째 품질의 나무들, 즉 비뚤어지거나 퇴화한 나무들, 나뭇가지나 나무의 꼭대기 부분, 제일 바깥쪽 둥널에 만족하는 것이다.

제지공장에서 소비하는 나무의 20퍼센트는 제재소에서 온 것이고, 80퍼센트는 매일 90여 대의 트럭이 숲에서 직접 가져다준 것이다. 다른 용도로 사용하기에는 너무 작은 통나무, 간벌에서 나온 나무들, 그리고 잔가지들을 말이다.

내가 이 모든 수치에 대해 알게 된 날 아침에 스머핏Smurfit 사를 나오면서 나는 마르게리트 유르스나르Marguerite Yourcenar[102]를 떠올리게 되었다. 프랑소와 미테랑 대통령이 그녀를 엘리제궁으로 초대했을 때 나는 그 기회를 놓치지 않기 위해 그 자리로 뛰어갔다. 먹는 것을 좋아하는 유르스나르는 마치 부처, 생기 넘치고 예리한 눈매를 가진 부처 같은 분위기였다.

어느 날 대통령은 이런 말로 유르스나르를 비평했다.

---

102 벨기에 태생의 미국 작가로 프랑스어로 작품 활동을 했으며, 여성 작가 최초로 아카데미프랑세즈의 회원이 되었다.

"당신은 이런 역설적인 글을 쓰면 안됩니다. 나무는, 특히 랑드의 소나무는 책의 적이 아닙니다."

유르스나르는 항복해야만 했다. 라체Latche[103] 출신의 대통령은 관련 자료에 대해 너무 많은 것을 알고 있었다. 나는 첫번째 혐의로부터 무죄를 인정받았다. 작가는 숲의 살해범이 아니다!

* * *

내가 공장으로 가는 길을 묻자 사람들은 나를 안심시켜 주었다. 심지어 장님이라고 하더라도 길을 잘못 찾을 리가 없다고 말이다. 그건 바로 악취 때문이었다. 그러나 나는 창문을 열고 천천히 운전했음에도, 아무런 냄새도 맡지 못했다. 분명 종이의 신이 나를 놀라게 하려는 의도인 듯했다. 바다에서 바람이 불어왔다. 휴가철 별장들을 따라 가다보니 감춰져 있던 아르카숑Arcachon[104] 만이 나타났다.

마침내 길쭉한 굴뚝들과 높고 신비로운 탑 같은 것들이 솟아 있는 모습이 보이기 시작했다.

"바로 저기군."

나는 마치 오랫동안 편지로 알아오던 사람을 드디어 실제로 만나게 된 것처럼 혼자 중얼거렸다.

---

103 프랑스 남서 지방
104 프랑스의 남서쪽 대서양 연안에 위치하고 있다. 연중 기후가 온화하며 일조량이 많아 휴양지로 유명하다. 이 지역에 있는 모래언덕인 필라는 유럽에서 가장 큰 사구이다.

파크튀르Facture 공장과 나의 관계는 아주 오래되었으며 소송이라는 최악의 인연으로 시작되었다.

내가 콩세이 데타Conseil d'État[105]에 들어갔을 때 하나의 서류가 나를 기다리고 있었다. 그 서류로 인해 나는 셀룰로스 뒤 펭Cellulose du Pin(그 당시에 생고뱅(Saint-Gobain)의 자회사였으며, 지금은 스멀핏(Smurfit)의 소유가 되었다)이라는 회사의 파렴치한 환경 파괴 사건에 개입하면서 행정 재판관으로써의 첫발을 내딛었다.

어린 시절부터 증기 기관을 모방한 장난감의 매력에 빠져서 나는 공장에 대한 막연한 동경이 있었다. 나는 다양한 원료를 유용한 물질로 변화시키는 과정과 절차를 상세히 이해하기 위해서 머리에 헬멧을 쓰고 며칠을 보내기도 했다.

그리고 이자벨 오티시에르Isabelle Autissier[106]의 아버지처럼 특별한 형태의 재능, 나에게는 창세기처럼 여겨지는, 어떤 시설을 구상하고 만들어내는 능력을 가지고 있는 건축가나 기술자들에게 무한한 존경심을 느끼게 되었다. 모든 가능성을 판단해본 뒤 나는 파크튀르 공장연 생산량: 55만 톤의 마분지의 일을 결론지었다. 트럭들이 끊임없이 오가면서 숲에서 가져온 통나무들은 대팻밥으로 바뀌었다.

벨트 컨베이어를 따라 신비로운 탑의 정상을 향해 이동하면서 이 불쌍한 대팻밥은 비참한 운명을 맞이하게 된다. 그들은 온갖 종류의 고

문, 즉 굽기, 반죽, 화학 처리를 감수해야만 하는 것이다. 이런 과정을 거쳐 대팻밥은 축축한 반죽이 만들어진다.

축축한 반죽이 낱장의 마분지로 형태가 잡힌 채 건조되고 나면 마지막 과정에서 마분지는 아직 절단되지 않은 채로 보빈[107]에 감기어 다른 트럭에 실려서 포장 공장으로 이동된다.

공장은 각각 일곱 명의 노동자들이 교대 근무를 하면서 감독하고 있는 150미터 길이의 두 대의 기계 설비를 갖추고 있다. 이탈리아에서 처음 만들어진 이 기계는 독일이나 핀란드, 캐나다 부품으로 더욱 현대화되었다. 이미 세계화를 통한 협력이 이루어지고 있다.

친애하는 독자들이여, 여러분은 내가 이러한 최고의 기계들의 안일한 특징들만 소개하는 것이 얼마나 괴로운지 알지 못할 것이다. 하지만 내가 여전히 말해야만 하는 다른 모든 뛰어난 점을 생각하면서 나 자신을 합리화시킨다.

우선 에너지 자율성에 대한 설명으로 시작하자. 나무를 삶고 반죽을 건조시키기 위해 공장은 무엇보다 증기가 필요하다. 증기는 바이오매스[108]를 이용하는 발전소에서 모두 만들어진다.

이 발전소의 보일러는 해마다 다음과 같은 원료를 사용한다.

- 22만 톤의 나무 껍질과 톱밥
- 22만 톤의 (폭풍에 의해서) 쓰러진 나무

---

107 종이를 감는 둥근 틀
108 동·식물 총량

• 6만 톤의 재활용 쓰레기

전기의 경우에 에너지 자율성이 완전히 이루어지지 않았다고 사장인 샹파르노Champarnaud 씨가 나에게 고백했다. 나는 그의 미소를 통해 그가 겸손한 척하고 있다는 사실을 알 수 있었다. 그리고 그 사실은 곧 확인되었다. 전기의 90퍼센트가 내부 생산되고 있었다. 재활용 덕분에 말이다. 나무를 처리할 때 나무에서 나오는 검은 액체를 보일러실로 보내서 그때 발생하는 증기로 터빈[109]을 작동시키게 된다.

결국 거대한 장난감 앞에 선 개구쟁이처럼 놀란 다음 나는 나의 의도된 질문을 할 수 밖에 없었다. 나에게는 고통스러운 한 시간이었다. 늘 사물의 좋은 면만을 보려고 하는 나의 병적인 집착을 이겨내야만 했다. 나는 가장 심각한 표정을 지었다.

"그렇다면 당신의 공장은 늘 자연을 파괴하고 있군요?"

관리자는 나에게 한 무리의 토끼들이 잔디밭에서 뛰어노는 모습을 보여주었다. 토끼들은 심지어 잔디밭에 심어져 있는 제라늄을 망가뜨리고 있었다.

"우리가 환경에 그토록 해로운 일을 한다면 저렇게 많은 토끼들이 이곳으로 올 것이라고 생각하십니까? 제 생각을 말씀드리죠. 제지공장은 두 가지 측면에서 환경에 해를 끼치고 있습니다. 우선 펄프를 만들기 위해 우리는 엄청난 양의 물을 필요로 합니다. 그렇기 때문에 우리

---

109 물, 가스, 증기 등의 유체가 가지는 에너지를 유용한 기계적인 동력으로 변환시키는 기계. 회전 운동을 하는 것이 특징이다.

는 강가에 자리를 잡을 수밖에 없습니다. 우리 공장은 라카누Lacanau 해안에 인접해 있습니다. 아라카숑 만과 합류하게 되는 에이르Eyre 강에서 흘러온 물을 이용하는 것이죠. 35년 전에 우리가 처음 도착했을 때 우리는 하루에 6만 톤의 물을 길어왔습니다. 기술이 좋아진 덕분에 우리는 이 수치를 2만 톤으로 낮추었고, 물론 사용한 후에 우리는 이 물을 우리의 소중한 라카누로 완전히 돌려줍니다."

"하지만 그건 같은 물이 아닐 것 같은데요. 이미 심각하게 오염된 물이 아닌가요?"

"우리는 두 종류의 폐기물을 피할 수 없습니다. 그중 한 가지는 나무의 처리 과정에서 발생한 섬유 찌꺼기입니다. 이 점에 있어서도 우리는 물론 진보를 이루어냈습니다. 그리고 저기 밑에 보이는 침전물 제거 처리 수조 덕분에 우리는 폐수를 다섯 가지로 나눌 수 있습니다. 가장 해로운 물질은 바닥에 남게 되는데, 그것은 바로 특히 검은 액체로 유명한 유기물질입니다. 간단히 설명하면, 유기물질은 물속의 산소를 없애버리는 역할을 합니다. 그 결과에 대해서는 나의 생태학자 친구들이 자세히 설명해줄 것입니다. 그 친구들이 없었다면 우리는 이 정도의 진보를 이루어내지 못했을 것입니다."

이제 나는 반체제 인사를 만나는 일만 남아 있다. 정직성을 배제하지 않는 낙관주의자인 나는 가장 신랄한 태도를 유지하기로 했다.

* * *

왈프Wharf. 누군가는 이것을 만화에서 개가 짖는 소리를 나타내는 의

성어라고 말할지도 모른다. 하지만 'wharf'는 '부두'를 뜻하는 영어 단어이다. 또한 왈프는 40년 전부터 기업가나 부동산 중개인들이 아라카송 만을 보호하려는 사람들과 충돌하고 있다는 내용의 연속극의 주인공이다.

바다를 향하고 있지만 바다와 좁은 통로로 연결되어 있으며, 그다지 깊지 않은 광대한 면적의 물만큼 오염에 취약한 것은 없다. 이러한 구조의 만은 조수에 의해 재생되기는 힘들다. 따라서 온갖 종류의 오염물질에 의해 쉽게 오염되는 것이다. 그리고 해마다 여울[110]의 면적이 넓어지고 바닥이 상승하고 있다.

피에르 다방Pierre Davant은 해양 생물 연구원이자 교수이며 특히 환형동물 전문가인데, 그 자신의 이름을 딴 생물이 있을 정도이다. 그것은 바로 발란테오드릴루스 다방티아누스balanteodrilus davantianus라는 생물로 모래에서 살고 있는 지렁이다. 환형동물 중 빈모류에 속한다. 피에르 다방은 오레노크Orénoque 하구에서 멀지 않은 베네수엘라Venezuela 동부 해안에서 이 생물을 발견했다.

자연을 사랑하는 모든 사람에게 역사에 길이 남을 공공의 적은 바로 파크튀르 공장이다. 따라서 피에르 다방이 첫번째 투쟁을 벌이고 있는 대상은 바로 이 파크튀르 공장이다. 다른 대학들과 조합원들, 그리고 몇몇 행정기관 대표들의 도움으로 피에르 다방은 1969년부터 하나의 단체, 즉 남서부 지역의 자연 연구, 보호, 및 정비를 위한 모임 Sepanso, Société pour l'étude, la protection et l'aménagement de la nature dans le Sud-Ouest을

---

110 바다나 강의 바닥이 얕거나 폭이 좁아 물살이 세게 흐르는 곳

주도해왔다. 얼마 지나지 않아 이 세팡소^{Sepanso}는 같은 관심사를 가진 2,000명 이상의 회원이 있는 비정부 환경단체인 프랑스 자연 환경^{France} $^{Nature\ Environnement}$에 합류하게 되었다.

이러한 투쟁을 벌임과 동시에 피에르 다방은 세팡소와 함께 자연보호지역을 만들었다. 새들은 이 자연보호지역을 몹시 반겼을 것이다. 자연보호지역은 새들로 하여금 인간의 공격으로부터 보호받음과 동시에 그들의 생활터전을 보장해주었다.

아르카숑 지역에서 아르갱^{Arguin} 만[111]은 필라^{Pyla} 사구만큼이나 유명하다. 만의 입구에는 바람과 조수의 흐름에 따라 생기는 긴 모래섬이 있는데, 이 모래섬은 만조 시에 대부분 바닷물에 뒤덮이게 된다. 바닷물이 닿지 않는 작은 꼭대기 위에는 모래 언덕에서 자라는 생명력이 강한 사방용 잡초가 자라고 있다. 봄이 되면 바닷새들이 그곳에 와서 둥지를 틀곤 한다.

전해져 내려오는 이야기에 따르면, 어느 날 한 쌍의 제비갈매기가 산책을 하러 나온 피에르에게 경고를 했다고 한다. "만약 방문객들을 잘 정리하지 못한다면 우리는 이곳을 떠나서 다시는 돌아오지 않을 거예요. 그리고 우리의 똥이 없다면 이 소금기 많은 모래 위에서 아주 작은 식물 하나도 자라지 못할 걸요."

제비갈매기의 말이 옳았다. 배들이 수백 척씩 정박하기 시작했다. 피크닉을 온 사람들이었다. 굴양식업자들은 수 킬로미터 정도의 고철로

---

[111] 서아프리카 최대의 겨울 철새 도래지이며, 대서양 연안에 위치한 국립공원으로 모래 언덕, 해안 습지, 작은 섬들, 그리고 얕은 연안 유역들로 이루어져 있다.

된 받침대를 설치했다. 곳곳에서 개들은 새끼 새나 신선한 알과 같은 쉬운 먹잇감을 노리면서 여기저기 뛰어다녔다.

육지라기보다는 바다라고 할 수 있는 이 낙원에서 각자가 자신의 자리를 찾고 서로를 공존하기 위해서는 규칙을 정하는 것이 시급했다. 피에르 다방이 친구들과 함께 자연보호구역을 정한 것은 바로 이 때문이었다. 그로부터 40년이 지난 후에 이곳에는 4,000쌍의 제비갈매기가 둥지를 틀었다.

그러는 동안 지금은 스머피트Smurfit가 된 셀룰로스Cellulose도 행실을 고쳤다. 심지어 셀룰로스를 공식적으로 공격하던 환경단체 역시 셀룰로스가 폐기물을 줄이고 있으며 환경을 덜 손상시키는 원료를 쓰고 있다고 말했다. 그리고 폐수를 거대한 수조 안에 모았다. 산업 폐기물과 도시 폐기물이 모두 모이는 이 수조는 정화조와 연결되어 있었다. 바로 여기서 왈프가 등장한다.

정화조에게는 좋은 소식이지만 바다에는 나쁜 소식이다. 나도 종이와 바다, 이 두 가지 사랑 사이에서 선택을 해야만 할까? 나는 종이가 숲을 해치지 않았다는 것을 잘 이해한다. 하지만 종이가 대서양을 파괴할 수 있지는 않을까?

1971년에 왈프의 본관을 작동시켰다. 그것은 비스카로스Biscarrosse의 해안가까지 퍼져 있던 갈색 진흙을 대서양으로 흘려보내기 위한 것이었다. 파이프가 이어져 있는 장소의 이름은 공교롭게도 라 살리La Salie[112]였다.

---

[112] 프랑스어로 '더럽다'를 뜻하는 salir의 활용형이다.

굴 양식업자와 세탁소의 격렬한 캠페인이 이어졌다. 그들은 당국으로부터 두 가지 약속을 받아냈다. 첫째, 해안에서 4킬로미터 정도 떨어진 먼 바다까지 본관을 끌고 갈 수 있는 가교를 건설한다. 둘째, 무엇보다 폐기하기 전에 사용한 물을 잘 처리한다.

2011년 3월 20일 일요일, 봄이 되기 직전에 나는 왈프에 있었다. 다방은 나에게 공식적으로 접근이 금지되어 있는 자물쇠가 채워져 있는 철책 문을 어떻게 넘어야 할지 먼저 시범을 보여주었다. 76세의 나이에도 다방은 민첩함을 잃지 않았다. 감시위원회에서 나온 두 명의 저명한^{그리고 호전적인} 회원이 우리와 함께했다. 비스카로스에서 활동하고 있는 회원인 르네 카포^{René Capo}와 아르카숑 생태만 협회^{l'association Bassin d'Arcachon Écologie}의 회장인 프랑소와 브랑제르^{Françoise Branger}였다.

그들은 다 함께 이 불쌍한 왈프를 공격했다. 어쨌든 나는 왈프의 투명한 파란색이 마음에 들었는데 말이다.

"보세요! 우리는 곧 끝에 도착할 것입니다. 예정된 대로 4킬로미터가 아니라 겨우 700미터에 불과합니다."

"수심이 불안정하다는 사실을 고려해볼 때 건설을 맡은 노르웨이 회사는 절대로 더 멀리 갈 수 없었을 것입니다."

"해변을 보셨습니까? 해변은 계속 바다로 면적을 넓히고 있습니다. 우리는 곧 예전과 같은 상황에 처하게 될 것입니다. 파이프가 모래사장과 연결될 거라고요."

"더구나 넓게 연결되겠죠."

열 명 정도의 어부들이 우리를 둘러쌌다. 늘 그래왔다는 듯이 어부들은 맥주를 꽤 마신 분위기였다. 게다가 대부분 군복을 입고 있었다. 물고기를 기다리는 것 역시 전투이다.

나는 몸을 돌렸다. 반쯤은 안개에 가려져 있었지만 해안선은 아름다웠다. 그리고 해안선을 따라 회색빛 모래 언덕이 방어벽을 만들고 있었다. 모래언덕의 회색빛은 작지만 활기찬 식물인 헬리크리 섬 Helichrysum[113] 때문인 듯했다. 향기 때문에 사람들은 헬리크리 섬을 보릿대 국화 혹은 모래언덕의 사프란이라고도 말한다. 피에르는 살아 있는 모든 생명체에 라틴어 이름을 붙였는데, 그것이 먹기에 좋은지 확인하는 것도 잊지 않았다.

어지럼증을 무릅쓰고 나는 몸을 기울여보았다. 하지만 나는 불행하게도 파이프가 끝나는 지점 주위에 그 어떤 의심스러운 것도 볼 수가 없었다. 갈색의 가늘고 긴 자국도 없었고, 물도 특별히 칙칙하지 않았다. 감시위원회는 나에게 여기까지는 괜찮은 편이라고 말했다. 나의 평가는 순식간에 무너졌다.

"당신은 잘 모르시는 것 같군요."

"오염물질은 단지 솜털 모양의 침전물로 바뀌었을 뿐입니다."

"오염물질이 보이지 않을 때, 그 때가 더 나쁜 것입니다."

"당신 말씀에 따르면, 그들이 왜 우리에게 이런 분석 내용을 감추는 것일까요?"

피에르 다방은 침묵했다. 나는 그 이유를 알 수 없었지만, 내 친구들보다는 덜 신랄한 듯이 여겨졌다. 어쩌면 그는 40년 동안 싸워왔던 길을 돌이켜보고 있는 것일까?

---

113 쌍떡잎식물 초롱꽃목 국화과의 한두해살이풀

프랑소아는 피에르 다방을 잘 알고 있었다. 그의 주의를 환기시키기 위해 그녀는 아르갱 만의 이야기를 꺼냈다. 밀물 때, 물은 북쪽을 향해 흐른다. 남쪽에서 강한 바람이 가세하면, 왈프의 폐기물은 제비갈매기의 섬까지 도달하게 된다.

목표를 달성했다. 피에르는 호전성을 회복했다. 피에르 다방은 바로 그다음 날부터 도지사에게 그 유명한 분석에 대해 알리는 글을 쓰겠다고 약속했다.

"채취 날짜를 선택하는 데 주의해야 합니다. 가장 나쁜 오염물질은 월요일에 나옵니다. 왜냐하면 주말에 방류하거든요."

비스카로스 해안의 일종의 맥도날드 같은 곳에서 심문이 이루어졌다. 감시위원회는 적인 셀룰로스를 면제하지 않았다. 정화조는 두려워해야 할 또 다른 위협의 대상이었다. 도시 개발 계획에 따르면, 20년 내에 인구는 두 배로 늘어날 것이고 수천 대의 새로운 모터보트가 더 생길 것이다.

이미 만원인 해변가에서 그들의 자리를 어디서 찾을 수 있을까? 그리고 수많은 장비에서 나오는 배설물은 어떻게 할 것인가……. 모터의 자국은 점점 더 굵어진다……. 바다가 하수구로 변하는 것을 어떻게 막을 것인가?

하지만 나는 이기적인 확신을 얻었다. 세상의 대참사가 예고된 이 시대에도, 나의 소중한 종이는 오늘 날 어느 정도 약간 책임은 있지만 전반적인 오염에 대한 책임은 없다는 것이다.

"숨이 막힐 것 같아요. 오세요!"

프랑소와는 일어나서 자신의 낡은 승용차에 나를 태웠다.

"우리는 라 테스트La Teste의 위사제레 숲Forêt Usagère으로 들어갈 것입니다. 이 숲은 2,800헥타르에 달합니다."

여전히 지켜지고 있는 오래된 전통에 의하면 그 지방의 진짜 주민, 말하자면 그 지역에서 10년 이상 살고 있다는 것을 증명할 수 있는 사람들만이 이 숲에서 채취할 수 있는 권리를 가진다. 그들만이 집과 배를 만드는 데 필요한 목재를 숲에서 가져갈 수 있는 것이다. 이런 관행은 1468년으로 거슬러 올라간다. 그 당시의 영주였던 카탈 드 뷔시Captal de Buch가 그 지역의 주민들에게 숲 사용권을 양도했던 것이다.

나는 모래로 뒤덮인 오솔길에서 프랑소와와 적당한 보폭을 유지하려고 애쓰면서 그녀의 뒤를 따라 걸었다. 이 새로운 세계는 나를 즐겁게 해주었다. 이 숲은 내가 알고 있던 잘 정돈된 아키텐느와 전혀 닮아 있지 않았다. 아키텐느는 모두 같은 나이의 쭉 뻗은 소나무들이 규칙적인 간격으로 심어져 있었으며, 나무 발치에는 잡초들이 모두 제거되어 있었다. 그런데 이곳은 밀림이었다. 아주 오래된 나무들이 마치 거대한 포도덩굴처럼 서로 휘어져 있었고, 사람들이 뚫고 지나갈 수 없을 정도로 가시덩굴이 뒤얽혀 있거나 죽은 나무 가지들과 통나무들이 땅바닥에 뒹굴고 있었다.

인디언 부인은 내가 놀라는 모습을 보고 즐거워했다.

"만일 당신의 숲 개발자 친구들이 당신의 모습을 본다면!"

숲 개발자들은 언제 불이 날지 모르는 이 카오스를 가장 싫어한다고 말했다.

인디언 부인. 피에르 다방은 프랑소와 브랑제Françoise Branger를 이런 별명으로 다정하게 부른다. 우리가 산책을 계속할수록, 나는 이 별명이 얼마나 잘 지어진 것인지 알게 되었다. 프랑소와 브랑제는 마치 인디언처럼, 약간은 주술사처럼 숲을 읽거나 이야기했다.

선태류, 지의류, 균류, 그리고 물론 모든 나무들에 대해 프랑소아라는 이름을 붙여주었고, 그에 대해 설명해주있다. 에를 들면 소나무가 생존 주기의 마지막 3분의 1 시기 동안 왜 둥글게 휘게 되는지에 대해서도 설명해주었다.

"이것은 송진 채취의 결과입니다. 송진을 채취하기 위해, 사람들이 나무껍질에 지나치게 많은 상처를 입힌 것이죠. 그래서 소나무는 스스로 휘게 되었습니다. '물병 소나무'라는 이름도 거기에서 비롯된 것입니다."

가끔씩 프랑소와는 우스꽝스러운 개 짖는 소리를 내곤 했다. 그녀의 나이에 개 흉내를 내는 것을 보면 내가 놀랄 것이라는 사실을 짐작한 프랑소와는 노루에게 사람들이 지나간다는 사실을 미리 알리기 위해서라고 말해주었다.

"노루는 나를 그다지 좋아하지 않아요. 나는 이렇게 해서라도 평화를 지켜야 해요. 그렇게 하지 않는다면 나의 방문이 엉망이 될 거예요."

나는 프랑소와가 습관적으로 이 숲의 한 장소에서 48시간 동안 움직이지 않고 가만히 머물러 있곤 한다는 사실을 알게 되었다.

"무섭지 않으세요?"

대답 대신 인디언 부인은 오른손을 스웨터 밑에 찔러 넣더니 진짜 사냥용 칼이 들어 있는 가죽 상자를 흔들었다.

"우리 엄마는 내가 처음으로 브래지어를 찼을 때부터 이 칼을 주었습니다. 나는 어디에 가든지 이 칼을 가지고 다니죠. 그리고 지금은 나무를 해야 합니다."

우리는 나뭇가지들을 주우며 돌아왔다. 인디언 부인은 자신의 낡은 승용차 트렁크에서 도끼를 꺼냈다. 그리고 힘차게 장작을 잘랐다. 인디언 부인은 나의 존재를 잊어버린 것이 분명했다. 인디언 부인은 진짜 숲에 대한 교훈은 이미 충분하다고 생각하는 듯했다.

쓰레기통의 공모

르 블랑 메닐Le Blanc-Mesnil, 라 쿠르뇌브La Courneuve ┃ 프랑스

오래 전부터 나는 궁금했었다. 쓰레기통의 내용물은 과연 어디로 가는 것일까? 어린 시절 나는 도로청소부를 따라가서 그들의 신비로운 목적지를 알아내고 싶었다. 열 번 정도 시도했지만 아버지가 나를 붙잡았다. 아버지는 심지어 심리상담가에게 자문을 구하기도 했었던 것 같다. 나의 끈질긴 요구가 아버지를 그를 불안하게 만들었던 것이다.

그로부터 몇 년이 지난 오늘에 와서야 나의 소원은 이루어졌다. 나는 여기 파리 북부 외곽의 블랑 메닐에 와 있다. 요트 경주자이자 파프렉Paprec 사의 사장인 장 뤽 프티위게넹Jean-Luc Petithuguenin이 초대해주었다.

그런데 나의 실망감을 어떻게 감출 수 있을까? 나는 생쥐들이 우글거리는 아주 더러운 쓰레기장, 마치 지옥이 있다면 그런 곳이라고 생각될 만큼 거대한 화덕이 요란한 소리를 내며 끓고 있는 그런 곳을 상상

했었다. 그런데 내가 도착한 곳은 공장이었다. 사람들은 나를 부드럽게 위로했다. 이미 시대가 변했고, 우리는 쓰레기 분류 작업 역시 산업화된 시대를 살고 있다고 말해주었다. 거대한 창고 앞에서 각 덤프트럭은 3톤 분량의 쓰레기를 쏟아냈다. 그리고 작업이 시작되었다.

여기에서 쓰레기는 벨트 컨베이어라는 길을 따라 스스로 앞으로 나아가야 하는 거대한 주사위 게임 위를 움직이는 듯했다. 쓰레기 더미가 움직이고 있는 벨트 컨베이어를 강하게 흔들면, 마분지가 튀어 오른다. 마분지는 따로 분류된다. 그런 다음 쓰레기 더미는 다소 큰 구멍이 뚫린 격자 창살 위를 지나가게 된다. 이제 쓰레기는 크기에 따라서 분류된다.

이제 발사술이라고 불리는 시련이 다가온다. 길고 얇은 금속판을 움직일 때마다 튀어 오르는 성질을 이용하여 움푹한 물체^{병, 통조림통}과 편평한 물체^{종이}를 분류한다.

벨트 컨베이어는 계속해서 움직이고 이제 철로 된 금속을 골라내기 위해 전자석[114] 위를 지나가게 된다.

그런 다음 전자 '눈'이 작동한다. 두 종류의 시각을 통한 분류 기계가 형태와 색깔 혹은 분광측정[115]을 통해 쓰레기를 선별하게 되는 것이다.

푸코^{Foucault}라는 이름의 새로운 기계는 알루미늄을 골라내는 역할을 한다. 당분간은 사람들이 전혀 개입하지 않는다. 하지만 이러한 자동화 과정은 단지 불완전한 분류를 할 뿐이다. 이 작업을 끝내기 위해 마지

---

114 전류가 흐를 때만 자석이 되는 것
115 스펙트럼 중의 어떤 파장에 대한 스펙트럼 강도를 측정하는 것이다.

막으로 섬세한 분류 작업이 필요하다. 이제 남아 있는 쓰레기들이 벨트 컨베이어를 따라 두 개의 작은 공간으로 들어가게 되면 그곳에서 노동자들이 최종 분류 작업을 하게 된다.

이미 10년이 지난 과거에는 분류 작업이 모두 사람의 손으로 이루어졌다. 유럽에서 가장 현대적인 것으로 보이는 이 쓰레기 자동 분류 시설은 매년 5만 톤의 쓰레기를 분류할 수 있게 해준다. 그리고 그중 4분의 3은 다시 태어나기 위한 여행을 시작하게 된다.

- 강철은 북부로 보내져서 그곳에서 재활용된다.
- 알루미늄은 처리 과정을 거치기 위해 오아즈^{Oise}로 보내진다.
- 플라스틱 물병은 리마이^{Limay}로 보내져서 새로운 형태의 물병으로 되살아난다.
- 음료수 캔은 알루미늄을 재활용하기 위해서 잘게 찢어진다.
- 사용한 종이와 마분지 역시 다시 (새)종이와 마분지로 재활용된다.

‘쓰레기’의 남은 4분의 1은 재활용되지 못한다. 사람들은 이것은 ‘폐기물’이라고 부른다. 폐기물은 대부분 특히 음식물이거나 유기물질이다. 이러한 폐기물 역시 전혀 쓸모없는 것은 아니다. 이런 쓰레기들은 주로 쓰레기장에 쌓아두기보다는 소각 공장으로 보내게 된다. 이렇게 해서 발생한 열은 도시의 난방에 이용된다.

갑자기 나는 아버지가 생각났다. 만약 아버지가 아직도 살아계신다면 나는 아버지께 이렇게 말씀드렸을 것이다.

“보세요, 쓰레기를 향한 저의 열정이 그리 바보같은 짓은 아니죠?”

아버지는 늘 그랬던 것처럼 나를 향해 미소를 짓고 나에게 대답했을 것이다.

"너는 네가 하는 모든 일에 핑계를 잘 찾는구나. 그것 역시 재활용이지!"

* * *

주소: 파스칼 거리rue Pascal 3번지. A1 고속도로와 쟈크 브렐Jacques-Brel 고등학교 사이에 있다. 그 옆에 아주 작은 회교 사원이 위치해 있다. 기도하는 날인 매주 금요일이면 그곳 신자들은 각자 양탄자를 프레보테Prévôté 거리의 마카담식 포장 도로 위에 깐다.

매일 수십 대의 트럭이 1,000톤 정도의 일반 종이와 다양한 용도로 사용되는 종이, 예를 들면 파지나 슈퍼마켓 포장지, 사무실 복사지 등을 쏟아낸다. 이런 종이들은 일단 수작업으로 80여 가지 종류로 분류된다.

- 헌책
- 두꺼운 잡지
- 잡다한 팜플렛
- 깨끗한 팜플렛
- 판매되지 않은 신문
- 풀로 붙인 팜플렛 혹은 조각
- 특별히 깨끗한 종이조각

- 가장자리가 있는 흰 목재
- 좁고 긴 가구용 목재
- 손대지 않은 가구용 목재
- 무색의 잡지 등

이렇게 분류된 종이들은 정확한 고객에게 운반된다. 이 물품들의 기준이 너무 다양해서 이 과정에서의 자동화는 아직 성공하지 못했다.

내 뒤에 서 있던 한 남자가 고개를 끄덕였다. 그는 자신을 소개했다.

"에티엔느 마테오Étienne Mateo입니다. 이 지역 영업 부장입니다. 제가 생각하기에 당신은 이야기를 좋아하는 분이실 것 같은데요."

에티엔느는 나를 구내식당으로 데리고 갔다. 식탁에 앉자마자 에티엔느는 이야기를 시작했다.

"공부와 저는 서로 어울리지 않습니다. 그래서 가능한 빨리 헤어지는 것이 더 낫겠다고 합의를 보았습니다. 어쩌면 제가 '악조건'에서 시작했다고 보일 수도 있겠군요. 저는 제대한 뒤 고물 장수를 시작했습니다. 저의 아버지가 그쪽 일을 하고 계셨거든요. 아버지는 저에게 제 첫 갈고리를 주셨습니다. 저는 그 갈고리를 아직도 간직하고 있습니다. 그것을 직접 보여드려야 하는데요. 우리의 유일한 도구이죠. 그리고 외부인이 우리 영역을 침범하려고 할 때는 무기도 되죠. 우리는 오를레앙Orleans이나 보장시Beaugency로 가서 낡은 마분지나 구멍 뚫린 카드 등을 수거했습니다. 무거운 짐을 등으로 옮겨 트럭에 싣는 일은 정말 힘들었습니다. 그래도 불평할 수 없는 이유는 그 일로 돈을 벌 수 있었거든요. 아무튼 마을에서 토끼 가죽을 벗기는 사람들보다 우리가 훨씬 수입이 좋았습니다. 우리는 생투앵Saint-Ouen116까지 가기도 했습니다."

에티엔느는 미셸 오디아르Michel Audiard처럼 말했다. 나는 우리 세계
와 너무도 다른 세계를 발견했다. 훨씬 힘든 노동을 하고 있지만 훨씬
더 개방적이고 규칙에 매어 있지 않으며 경쟁에 시달리지 않는 세계
였다.

"우리는 당신과 같은 친구들, 편집자들이나 인쇄업자들을 더 신경
썼습니다. 그 시기에 출판사나 인쇄소가 파리의 동부 지역에서 빠른 속
도로 증가했습니다. 종이 재단기에서 나온 부스러기, 배달할 수 없는
우편물 등 우리는 절구공이의 사냥감을 사냥했습니다. 참, 제가 가장
좋아했던 책은 백과사전입니다. 그걸 찾은 날은 정말 운이 좋았습니다!
사람들은 겉치레를 위해 백과사전을 구입합니다. 그런데 백과사전은
너무 많은 자리를 차지합니다. 그래서 다시 버리게 되죠. 브리태니커
Britannica, 유니베르살리스Universalis, 이것들은 너무 무겁습니다. 제 허리
는 아직도 그 무게를 기억합니다. 특히 L3번 책과 L4번 책요. 저는 갈
고리를 사용해서 땅바닥에서 종이를 집어 올려서 가방에 넣곤 했습니
다."

나는 여러 시간 동안 에티엔느의 말에 귀를 기울였다. 그가 말하는
파리는 내 젊은 시절의 파리였다. 두아노Doisneau117나 트뤼포Truffaut118,

---

116 파리 북쪽 교외의 벼룩 시장으로 유명한 도시
117 로베르 두아노(Robert Doisneau) : 프랑스의 사진작가. 제2차 세계대전 중 파리 시민들의 생활상을
     담은 예술사진들을 발표했으며, 1950년에 나온 '시청 앞에서의 키스'는 걸작으로 꼽힌다.
118 프랑소아 트뤼포(François Truffaut) : 프랑스의 영화감독, 누벨 바그의 대표주자

막스와 고철장수Max et les Ferrailleurs[119]의 파리였다⋯⋯. 시간이 그리 많이 지난 것은 아니다. 순식간에 하나의 세계가 가고 완전히 다른 세계가 그 자리를 채웠다.

어느새 구내식당은 비어 있었다.

"좋아요! 하지만 언제나 추억을 먹고 살 수는 없는 일이죠. 저는 이제 가봐야겠습니다."

에티엔느 마테오가 나를 향해 몸을 기울였다.

"제가 고백해야 할 것이 한 가지 있습니다. 우리는 어쩌면 제지업자들에게 물을 팔았던 것일지도 모르겠습니다!"

"뭐라고요?"

"일단 짐을 가득 싣고 나면 우리는 트럭에 물을 뿌립니다. 누구도 보거나 알지 못하는 사이에 말입니다. 물이 조금씩 방울져 떨어지긴 하지만 3분의 1 정도 무게를 더 나가게 하죠. 꽤 많은 이익이 남는 일입니다. 그리고 제가 당신에게 모든 것을 다 말한 것은 아닙니다. 우리 회사 이름은 레제노르Regenor였습니다. 좋은 이름이지 않습니까?"

"그리고 당신은 그 회사를 팔았군요?"

"어떻게 아셨습니까? 인쇄업자들이 하나씩 문을 닫기 시작했습니다. 일종의 기업 집중 때문이었죠. 일차 원료를 손에 넣기가 점점 더 힘들어졌기 때문이기도 했고요. 그리고 우리 같은 재활용업자들도 마찬가지였습니다. 결국 파프렉이 우리 회사를 샀습니다. 그래서 저는 떠났었죠. 바람을 좀 쐬고 싶었거든요. 하지만 얼마 지난 후에 프티위게넹이

---

119 1971년 클로드 소테 감독이 발표한 작품으로 프랑스 스릴러의 고전으로 불린다.

저에게 돌아올 것을 제안했습니다. 그리고 전 그 제안을 받아들였습니다."

"왜죠?"

"프티위게넹그에게는 비전이 있었거든요. 은퇴하기 직전이라도 분야를 바꿔보는 건 좋은 일이니까요."

* * *

여러 대의 카메라가 감시하고 있으며 아주 튼튼해 보이는 문이 달린 이 창고는 무엇일까? 그곳에서 나온 소형 트럭이 우리에게 그 답을 가르쳐주었다. 트럭의 측면에는 다음과 같은 문구가 분명하게 쓰여 있었다.

콩피당티알리스Confidentialys

비밀 문서 파쇄 전문 기업

01 41 47 20 30

신분증을 보여주고 나서 우리는 안으로 들어갔다. 그곳에는 수표가 종류^{은행, 사용처} 별로 분류된 채 산더미처럼 쌓여 있었다. 그 옆에는 로또 표가 산더미처럼 쌓여 있었다. 법적 보존 기간이 지났기 때문에 분쇄할 때가 된 것이다. 나는 크고 작은 물건들을 샀던 추억, 큰 돈을 벌 것이라는 기대, 마치 퍼즐처럼 흩어진 채 떠나게 되는 이 모든 흔적들의 마지막 모습을 보면서 아무런 감정이 들지 않은 것은 아니다.

수표 더미와 로또 표들은 일단 잘게 찢어져서 1톤짜리 덩어리로 뭉쳐진 채로 또다시 펄프가 되고 종이가 되기 위해 제지공장으로 향하게 된다. 이렇게 해서 순환 경제가 이루어지는 것이다.

두꺼운 철책 뒤에서 고문서들이 기다리고 있었다. 그들은 이미 수명을 다하였다. 그래서 잘게 찢어질 차례를 기다리고 있는 것이다.

* * *

창고 한쪽 구석에 상자가 놓여 있었다. 상자 안에는 작은 원기둥들이 가득 차 있었다. 초록색으로 보이는 그 원기둥들은 나무로 만들어진 것인 듯했다. 얼핏 보아서는 침대 다리처럼 보였다.

도대체 이것을 어디에 쓰는 것일까? 내가 재빨리 포기하자 가이드가 만족스러운 표정으로 나에게 대답해주었다.

"부스러기 뭉치입니다. 폐기물들이 강하게 움직이면 공중으로 호흡에 좋지 않은 온갖 종류의 미립자들이 쏟아져 나옵니다. 우리는 대형 청소기를 설치했고, 당신이 말했던 '침대 다리'는 거기에서 나온 것입니다."

"그러면 이 부스러기 뭉치는 어디에 사용을 하십니까?"

"태우죠. 그래서 에너지 생산에 이용합니다."

"당신이 아주 잘 재활용하고 있다는 것으로 들리는데요!"

나의 가이드는 몹시 당황해하며 고개를 끄덕였다.

"당신 말씀이 분명히 맞습니다."

그리고 내 나이에도 불구하고 그들은 그 자리에서 당장 나에게 약속하라고 채근했다.

"당신은 재활용 정신이 투철하신 것 같습니다."

멕시코 만류^{Gulf Stream}를 연구한 이후로 내 뇌가 단지 순환하며 추론하게 되었다는 것을 그들이 어떻게 알았을까? 나는 직선이 아닌 순환 규칙에 따라 움직이는 자연의 이미지를 생각해보았다. 나는 장 뤽 프티 위게넝이 왜 그토록 바다를 사랑하는지, 그리고 장 피에르 딕^{Jean-Pierre Dick}이 조종하는 파프렉 호를 타고 방데글로브^{Vendée Globe}[120]에서 승리하는 것, 말하자면 요트 세계 일주를 꿈꾸는지 이해할 수 있다.

* * *

바다는 살아가는 법을 가르쳐준다. 배를 타고 나선 사람에게 바다는 순식간에 몇몇 기본적인 진실을 일깨워준다. 무엇보다 자신보다 더 강한 존재에 직면했을 때 느끼게 되는 겸손을 가르쳐준다. 그리고 조수의 흐름을 이해시키기 위해 순환에 대한 존중을 가르친다.

범선을 탄 선원에게 바다는 절약하는 법을 가르친다. 변덕스러운 바람을 가르는 이 여행이 얼마나 오랫동안 지속될지 아무도 알지 못한다. 따라서 앞으로 나아가려면 그만큼 가벼워지는 법을 배워야 하는 것이다.

---

120 프랑스 서부의 항구도시 레 사블 돌론느(Les Sables-d'Olonne)에서 시작되는 방데글로브는 단 한 사람의 항해자가 요트를 모터나 기타 기계에 의존하지 않고 중간 기착도 없이 자신의 힘과 바람과 조류에 배를 맡긴 채 가장 빠른 시간 안에 세계일주항해를 완주하는 경기다.

2002년에 라 루트 뒤 륌La Route du Rhum[121]을 획득한 작은 체구의 경이로운 여인, 알렌 맥아서Ellen MacArthur의 이야기를 들어보자. 알렌 맥아서는 어느 날 자신의 단독 세계 일주 항해 기록을 빼앗은 프란시스 조이얀Francis Joyon을 만났다.

엘렌은 자신의 것과 너무도 비슷하게 생긴 거대한 3동선, IDEC를 찾아갔다. 그런데 프란시스는 에너지를 만들어내는 데 연료전지, 풍력에너지, 태양열판만을 이용하고 있었다. 경유는 사용하지 않았다. 따라서 무게가 엘렌의 요트보다 반 톤이나 가벼웠다.

그 이후로 알렌 맥아서는 요트 경주의 세계를 떠났다. 그녀는 자신의 이름을 딴 재단을 만들고 자원을 보다 잘 활용하여 경제를 발전시킬 수 있는 방법을 찾는 활동을 하고 있다.

장 뤽 프티위게넹도 비슷한 말을 했다.

"재활용은 우리의 미래입니다. 경기 하락에 대해 말하면서 그 이유로 자원 고갈을 내세우는 사람들에게 해줄 수 있는 유일한 대답입니다."

재활용은 이미 사용한 원료에 새로운 생명력을 불어넣을 뿐만 아니라 에너지를 절약할 수 있게 해준다. 모래를 유리로 만들기 위해 필요한 에너지는 유리를 재활용할 때 필요한 에너지의 10배 이상이다. 그리고 종이에 관심이 많다면 2010년은 특별히 기억해야 할 해이다. 처음으로 지구에서 생산된 종이의 절반이 다 쓰고 나서 다시 되돌아왔다. 1960년의 경우에 이 비율은 10퍼센트도 안 되었다.

---

121 대서양 횡단 요트 경기

나는 이와 같은 순간에 일어나서 우리 지구에서의 삶을 변화시킨 또 다른 큰 변화에 대해 다시 생각해보았다. 오늘날 두 명 중 한 명 이상의 사람이 도시에서 살고 있고, 우리가 소비하는 생선 두 마리 중 한 마리 이상이 양식한 것이다.

파프렉의 사업주는 열정적인 구두 변론을 계속 이어갔다.

"19세기 산업은 광산을 중심으로 형성되었습니다. 미래의 광산은 대량소비 지역이 될 것입니다. 왜냐하면 우리가 재활용품을 가장 많이 회수할 수 있는 곳이 바로 그곳이기 때문입니다. 이것은 사소한 문제가 아닙니다. 왜냐하면 이제 막 시작되고 있는 전 세계적 차원의 또 하나의 산업혁명이기 때문입니다."

식당 안에서 그는 호탕하게 웃었다.

"나 같은 사람들이 왜 몇몇 생태학자들에게 위협적인 존재로 보이는지 그 이유를 아십니까? 그것은 바로 우리가 검소한 생활에서 벗어날 수 있는 방법을 찾았기 때문입니다. 다시 한 번 묻겠습니다. 경제 성장으로 누릴 수 있는 혜택을 왜 군이 스스로 포기해야 합니까?"

내 조사 과정상 필요에 의해, 그리고 진실을 파헤치려는 나의 열정에 때문에, 나는 그의 좋은 기분을 깨뜨려야 했다.

"선량한 시민인 우리는 쓰레기 수거 비용을 세금으로 내고 있습니다. 그 비용을 지불해야 하는 것은 당신인데 말입니다. 더구나 당신은 분류한 쓰레기를 누구에게 팔고 있습니까? 바로 중국 사람들입니다."

예상했던 대로 장-뤽 프티위게넹은 폭발했다.

나는 용기를 낸 김에 하던 말을 계속 이어갔다.

"그리고 이렇게 함으로써 당신은 프랑스 산업, 특히 제지업체에 필요한 원료를 빼앗아갔습니다."

오랫동안 심사숙고한 후 이어진 그의 답변은 마치 돌풍처럼 나에게 되돌아왔다.

"첫째, 당신이 말하는 세금은 서비스로 보상받고 있습니다. 당신은 프랑스에 있는 제지업체를 지원하기 위해 낭신의 쓰레기통을 수거하는 것에 대해 더 비싼 세금을 낼 준비가 되어 있습니까? 둘째, 우리가 공급하는 제품에 대해 결정권을 가진 것은 바로 시장입니다. 왜 프랑스 업체가 중국, 아니 독일이나 스페인의 제지업체에 비해 더 많은 혜택을 누려야 한다고 생각하십니까? 이 두 나라가 가장 고도의 기술이 필요한 분야, 음식 포장지의 재활용 분야에서 뛰어난 능력을 개발한 것이 내 잘못입니까? 프랑스 업체는 왜 몇 번이고 반복해서 도움과 보조금이 필요한 것이죠? 셋째, 당신이 내 말을 잘 이해했다면, 그리고 당신이 재활용의 필요성을 확신한다면 재활용 제품에 적절한 비용, 다시 말해서 지금보다 더 높은 비용을 지불해야 하는 거 아닌가요? 넷째, 우리는 이 분야에서 프랑스의 우수성을 자랑하고 있습니다. 우리의 기술은 세계 최고입니다. 우리는 일자리를 창출하고 제품을 수출하고 날마다 혁신하고 있습니다. 물론 제지업은 그것이 영주의 직업이었던 과거로 돌아갈 수 있습니다. 하지만 우리 폐품수거업자, 재활용업자들은 오래 전부터 가장 밑바닥에 있던 비천한 직업, 경멸받는 직업에 종사하면서 매일 생존을 위해 싸워야만 했습니다."

나는 웃지 않을 수가 없었다. 3,500명의 직원을 둔 번영하는 회사의 사장에다 전직 럭비선수 같은 당당한 풍체를 가진 장 뤽 프티위게넹에게 어떻게 동정심이 생길 수 있겠는가?

우체부, 선별기,
와이퍼와 치약 튜브

매일 프랑스에서는 10만 명의 우체부들이 2,600만 건의 우편물^{편지,} _{소포, 신문, 홍보물}을 배달하고 있다. 이런 종이들 중 대부분은 결국 쓰레기통으로 가게 되는데, 대부분의 쓰레기통에는 더럽고 악취를 풍기는 다른 동료들, 즉 집안 쓰레기들로 가득하다.

우체부들에게 더 이상 필요 없는 우편물을 회수하는 일을 맡기면 어떨까? 자동업무처리용 우편물 10건 중 8건은 제대로 수거되지 않아 재활용되지 않고 있다. 온 나라에 우체국만큼 긴밀하고 촘촘하게 연결된 사무실과 대리점의 조직망을 가진 기구가 또 있을까?

우체국은 중소기업과 지방행정기관들에게 자동업무처리용 우편물의 특별 수거를 제안했다. 불쌍한 우체부들! 우편물을 배달하러 나가면서 무거운 가방을 메고 나간 우체부는 배달을 다 끝내고 가벼워진 가방을 메고 돌아올 때면 그 홀가분함에 콧노래를 불렀다. 그런데 이제 이런 휴식이 끝날 위기에 처해 있다. 단지 재활용 때문에 말이다.

에코 앙발라즈Eco-Emballages라는 회사는 파리, 오스만 부르바르boulevard Haussmann 50번지, 쁘렝땅Printemps 백화점과 갈레리 라파이에프Galeries Lafayette 백화점이라는 두 개의 소비 성전 사이에 위치하고 있다. 이 회사 사옥의 높은 층6층 정도에 위치한 사무실에서는 예술가들이 출입하는 오페라l'Opéra의 뒷문이 곧장 내려다보인다.

이 회사의 주주와 파트너는 모두 기업이다. 하지만 회사는 '생산자의 책임 확대'라는 원칙을 바탕으로 보편적인 공공의 이익을 추구하는 것을 사명으로 삼고 있다. 따라서 회사의 역할은 단순히 제품을 판매하는데 그치지 않고, 판매한 제품의 수명이 다하는 최종 상태에 관심을 가지는 것으로 확대되었다. 1992년에 설립된 에코 앙발라즈의 목적은 가정용품 포장지의 재활용을 돕는 것이다. 이렇게 하기 위해 에코 앙발라즈는 모든 포장지에 대해 세금을 받는다. 이렇게 해서 거두어들인 세금매년 5 내지 6억 유로에 달한다은 주로 지방공공단체가 분리수거와 재활용을 하는 데 사용되어진다. 시민은 공공 서비스로 세금에 대한 보상을 받게되는 것이다. 종이의 분리수거와 재활용은 아득한 옛날에 시작된 반면에 그 밖의 관련 사업은 비교적 최근에 생겨났다.

나는 나와 대화를 나누고 있던 사람들을 칭찬했다. 이 모든 것이 나에게는 좋아보였고 야심차고 현실적으로 보였다. 오래 전부터 나는 공공 산업 분야가 공공 서비스에 대한 독점권을 가지고 있다는 편견을 가지고 있었다.

"하지만 이 사람 없이 우리는 아무것도 할 수가 없습니다."

사장인 에릭 브락 드 라 페리에르Éric Brac de La Perrière는 잠시 동안 나에게 추측해볼 시간을 주었다.

"그것은 바로 분리수거를 하는 사람입니다."

그의 두 명의 부하 직원인 카를로스 드 로스 르라노Carlos De Los Llanos와 소피 울프Sophie Wolff 역시 열정에서 비롯된 확신으로 고개를 끄덕였다.

"맞아요, 분리수거를 하는 사람들에게 경의를 보냅니다. 그 역시 '소비 시민'입니다. 그들은 무상으로 일을 하는 셈이죠. 분리수거를 함으로써 그들은 우리의 자금 조달에 기여하고, 기업은 그들의 노력에 대해 가격으로 보상하게 됩니다. 그리고 그들은 또다시 분리수거를 하게 되는 거죠. 사람들에게 일상적인 활동 중에서 지구에 가장 도움이 되는 활동이 무엇인지 물었을 때 93퍼센트가 분리수거라고 대답했습니다. 그런데 당신도 분리수거를 하십니까?"

나는 그들에게 조금은 부끄럽지만 분리수거와 관련하여 약간의 노력밖에 하지 않고 있다고 사실대로 고백했다. 심각해진 분위기를 바꾸기 위해 나는 그들의 활동이 얼마나 효율적인지 질문을 던졌다.

"분리수거 덕분에 우리는 시장에 나오게 되는 470만 톤의 포장용품 중에서 300만 톤을 재활용하고 있습니다. 200만 톤은 유리, 50만 톤은 마분지, 23만 톤은 플라스틱, 30만 톤은 금속이죠."

"하지만 무엇보다 당신의 파트너인 기업들이 본보기를 잘 보여주고 있습니까? 그들의 결정이 선량한 쓰레기 분리수거자들의 환경에 대한 염려보다 더 중요한 영향력을 끼칠 수도 있을 것 같은데요."

와이퍼와 치약이 등장한 것은 바로 이때였다. 나는 회의실 탁자 한복판에 왜 와이퍼와 치약이 있는지 그 이유가 궁금했었다. 사장은 나에게 자동차 와이퍼용 포장 상자를 보여주었다. 그 상자는 플라스틱과 마분지로 만들어져 있었다. 그리고 포장 상자 측면에는 포장상자를 구성하는 두 가지 요소가 각각 어떤 쓰레기통으로 들어가야 하는지 친절하게 설명하는 두 개의 작은 로고가 그려져 있었다.

"미셀 에두아르Michel-Édouard는 회사에서 생산하는 40억 가지의 제품에 이와 같은 정보를 인쇄하기로 결정한 것을 알고 계십니까? 그리고 이 치약 튜브는 마분지 상자 없이 이대로 판매되고 있습니다."

소피 울프가 그를 대신하여 말을 이어갔다.

"맥도날드가 해마다 몇 개의 '샌드위치'를 판매하고 있다고 공식적으로 말하고 있는지 아십니까? 프랑스에서만 3억 7,000만 개입니다. 1990년대 중반에 맥도날드는 샌드위치를 담는 폴리스틸렌 상자를 마분지로 대체하기로 결정했습니다. 그리고 조금 더 시간이 지난 후에 맥도날드는 내용물이 서로 뒤섞이는 것을 막기 위해서 포장봉투 바닥에 가로대를 만들어 넣었습니다. 햄버거를 넣는 칸과 감자튀김을 넣는 칸을 구분하기 위해서죠."

"저도 절약이 실천되고 있다는 사실은 잘 이해할 수 있습니다. 그런데 이 과정이 재활용과 무슨 상관이 있죠?"

"음식물과 직접 닿는 종이는 다른 것들과 함께 처리될 수 없습니다. 위생에 대한 염려 때문에 그런 종이들은 엄격한 기준에 따라 따로 처리됩니다. 어떻게 할까요? 이러한 제품의 재활용에 대해 잘 알고 있는 기업들이 있는 독일로 보내집니다. 이 과정에서 발생하는 탄소 손실은 그리 크지 않습니다."

나는 동의했다. 나는 아키텐 호두의 여정에 대해 생각했다. 몇몇 생산자들은 벨라루스에 호두를 보내 호두껍질을 까는 것보다 더 현명한 방법을 찾지 못했다. 벨라루스는 인건비가 많이 들지 않기 때문이다. 그런 다음에 호두를 시장에서 팔기 위해 다시 프랑스로 가져오는 것이다.

소피 울프는 '소각기'에 대해 말했다. 산소 없이 천천히 연소시킨 쓰레기들은 가스를 발생시킨다. 이 가스를 발전기로 보내면 열과 전기를 제공할 수 있게 된다. 그리고 소각 후에 생긴 찌꺼기는 비료로 이용할 수 있다. 루아르^{Loire} 지방에서 오이 재배자들은 이미 이 프로젝트와 제휴하고 있는 듯했다.

나는 얼마 전부터 대화의 흐름을 놓치고 있었다. 프랑스에서 분리수거와 재활용이 신뢰할 만한 사람의 손에 맡겨지고 있으며, 그들의 능력이 점점 더 진보하고 있다는 행복한 이야기를 들으면서 나는 서서히 경계를 늦추게 된 것이다. 나는 그들에게 고마움을 전하고 작별인사를 했다.

나는 오페라 뒷길에서 잠시 멈추어 섰다. 그곳에서 발레리나가 지나가는 모습을 보는 것은 드문 일이 아니다. 여왕처럼 위엄 있는 아름다운 여인들이 아기처럼 포근하게 몸을 감싼 채 지나가는 모습을 보는 것은 나를 즐겁게 한다.

에릭이란?

재활용 세계에 들어온 이후로, 나는 분명 나와 상관없이 내 이름이 여기저기서 반복해서 불리는 것을 듣게 되었다.

"대충 봐도 이 종이는 에릭2 정도인 것 같아." 혹은 "어떻게 하면 에릭1 이하로 떨어지게 할 수 있을까" 등의 이야기를 듣곤 했다.

어느 날 나는 도저히 참을 수 없을 정도로 궁금해졌다. 그래서 마음을 단단히 먹고 도대체 이렇게 자주 언급되는 에릭이 누구인지 묻기로 했다. 나는 그르노블에 위치한 한창 번영하고 있는 기업인 베르타리 Vertaris를 방문했다. 그곳은 다양한 유형의 인쇄 종이부터 완벽하게 흰 종이를 생산하고 있었다.

나를 안내해주고 있는 이 회사의 사장인 프랑소와 베시에르 François Vessière는 비웃었다. 물론 이것은 과장이 아니다.

"에릭이란 재활용된 종이가 온갖 세척과 처리 과정을 거친 후에도 남아 있는 잉크량을 말합니다. 즉, 잔류 잉크 농도Effective Residual Ink Concentration의 약자죠."

그리고 웃으면서 덧붙였다.

"따라서 '에릭0'은 종이가 새하얗다는 것을 뜻합니다."

커피머신에 대한 찬사

그르노블Grenoble | 프랑스

그르노블. 셀룰로스 밸리Cellulose Valley! 이 지역에서 그 어떤 것도 예측할 수 없다는 사실을 인정하면서, 내가 3시간의 기차 여행 끝에 도착한 대서양 연안에서 나는 힘겹게 종이에 대한 지식을 찾아냈다.

로베르Le Robert 사전에 따르면, 생태계는 '어떤 환경과 그곳에 살고 있는 동물, 식물, 박테리아 등의 유기체로 이루어진 생태학적 기본 단위'를 말한다.

자연은 이러한 생태계에 대해 독점권을 가지고 있지 않다. 앞의 정의에서 '생태학적'이란 단어는 '경제학적'이란 단어로 '동물, 식물, 박테리아 등의 유기체'라는 단어는 '연구소, 학교, 대학, 기업'이라는 단어로 바뀔 수 있다. 그렇게 할 경우에 당신은 '그르노블의 생태계'에 대해 이해하게 될 것이다.

무엇보다 그르노블에는 '환경'이 있었다. 즉, 산에서 내려오는 맑게 흐르는 샘물이 충분한 에너지를 제공해주었다. 사람들은 그르노블에 자리 잡고 살면서 이런 에너지를 이용하게 되었고, 다른 생물들도 합류하게 되었다. 서로 역할은 다르지만 도움을 주고받으면서 함께 발전해 갔다.

그르노블. 지리학과 인간관계학의 측면에서 두 가지 중요성을 가지고 있다. 경제학자들은 이러한 현상을 일반인도 이해하기 쉽도록 쉬운 표현을 사용하고 있다. 그것은 바로 '커피 머신 효과'이다. 처음 인터넷이 개발되었을 때 온 세상 사람들은 클릭이라는 마법으로 전 세계가 서로 연결되어 있다고 믿었다. 굳이 물리적인 만남을 가질 필요가 없게 된 것이다.

이러한 관계는 물론 여전히 지속되고 있으며, 지구의 한쪽에서 그 반대편까지 의사소통은 수적으로 크게 증가하였다. 하지만 현실은 잠재적인 가능성에 대해 좋은 추억들을 기억하고 있다. 그리고 지리는 우리가 정렬해놓은 감옥에서 씩씩하게 튀어나왔다.

연구 결과에 따르면, 기업이나 연구소, 교육기관이 물리적으로 가까이 위치하고 사람들 사이에 진정한 접촉이 이루어질 경우가 단지 전자우편을 주고받을 때보다 훨씬 뛰어난 상승효과를 만들어낸다고 한다.

실리콘 분야의 놀라운 기술 혁신은 캘리포니아의 일정한 장소에 이와 관련된 재능을 가진 사람들을 모두 모아둔 덕분이었다. 이와 마찬가지로 그르노블에 새로운 화학^{녹색 화학}의 중심지가 만들어지고 있다. 그것은 바로 셀룰로스 밸리^{Cellulose Valley}다.

기본적인 연구는 고분자 식물 연구소^{Centre de recherches sur les macro-}

molécues végétales(Cermav) 내의 CNRS가 맡고 있다. 그곳에 있는 네 곳의 실험실에서 당염의 내적 변화, 식물 내벽의 (매우 복합적인) 기능, 분자의 구조와 집합, 그리고 동식물 총량의 변화에 대해 연구하고 있다. 이와 같은 맥락에서 높은 수준을 자랑하는 학교인 INP 파고라INP122-Pagora가 종이 분야뿐만 아니라 화학 및 생체수용물질 분야에서 전문적인 기술자를 꾸준히 양산하고 있다.

이 모든 연구들이 이루어지는 중심지에서 종이기술연구소Centre technique du papier는 기업의 요구에 부응하기 위해 다양한 연구 프로젝트를 실시하고 있다. 세 가지 최악의 프랑스병거만, 질투, 분할을 극복하기 위해, 이 연구소는 지역 내에 있는 수많은 전문가들과 긴밀한 관계를 맺고 있다. 다음은 지금 진행 중인 세 가지 연구 사례이다.

현명한 포장지

소비자들은 자신이 구입하는 제품에 대해 점점 더 많은 호기심을 보이고 있다. 따라서 제작에 사용되는 종이나 마분지의 양을 계속해서 줄여야 하는 상황에 있는 포장용품은 점점 더 제한된 표면 위에 점점 더 많은 정보를 제공할 수 있어야 한다. 따라서 글로 쓸 수 있는 정보로는 부족하다.

이러한 필요에 부응하기 위해 대부분의 휴대전화로 읽을 수 있는 코드를 포장용품에 인쇄한다. 이미 이 단계는 이루어졌기 때문에 우리는 포장 용품에 지혜, 다시 말해서 인식, 분석, 기억, 소통, 에너지 자원과

---

122 Institut National Polytechnique, 이공계열 국가 연구소

의 결합이라는 다섯 가지 능력을 갖추게 해야만 할 것이다.

이것이 가능하게 하려면 전자와 화학을 연결함으로써 기능적인 잉크를 만들어야 한다. 다시 말해서 전자공학, 예를 들면 저온유통시스템이 잘 지켜졌는지 알려주는 픽업[123], 경우에 따라 충격의 정도를 알려주는 픽업, 이러한 자료를 보여주는 화면, 의사소통을 위한 소형 송신기, 에너지를 끌어들일 수 있는 소형 배터리나 안테나 등을 인쇄할 수 있는 기술을 개발하는 것이다.

포장용품은 더 이상 수동적 집합소, 소리 없는 보호막이 아니다. 이제 대화의 매개체이다.

백조와 오리의 사례를 따라서

포장을 하는 데 오래 묵힌 마분지보다 더 좋은 것은 없다. 오래된 마분지는 가볍고 질기고 재활용 가능한 소재이다. 단지 한 가지 약점을 가지고 있다. 그것은 바로 물과 습기에 취약하다는 것이다.

그렇다면 방어벽의 성능, 다시 말해서 방수성을 어떻게 높일 수 있을까? 그르노블 사람들은 백조와 오리를 잘 관찰했다. 어떤 자연의 발명품에 의해 이 새들은 그토록 오랫동안 물에 떠 있으면서 최소한의 물도 묻히지 않을 수 있는 것일까?

오랜 분석 끝에 그들은 백조와 오리의 날개가 에스테르, 알코올, 지방산으로 구성된 소수성[124] 왁스로 덮여 있다는 사실을 알게 되었다. 이

---

123 열, 음성 신호 따위를 전기 신호로 전환하는 장치
124 물에 대해 친화력이 없는 성질, 즉 물과 혼합되지 않는 성질

러한 보호막을 입힌 종이는 더 이상 수생조류를 부러워할 이유가 없다. 이런 마분지로 만든 상자는 작은 배와 마찬가지로 세느 강이나 루아르 강으로 떠내려 보내도 그 내용물이 전혀 손상되지 않을 것이다.

연구소는 젊은 기업인 BT3 테크놀로지^{BT3 Technologies}와 손을 잡았다. 그들은 함께 꿈의 가능성을 증명해보였다. 이제 대량생산하는 일만이 남아 있다.

변기에 버릴 수 있는 부드러운 티슈

전문 용어 위원회를 비난하고 싶지는 않다. 매일 새로운 과학과 기술이 만들어내는 영어 용어를 적당한 프랑스어로 바꾸어야 하는 그들의 일이 얼마나 힘든지 나는 잘 알고 있다. 그 일은 정말 지치는 일이다…….

아무튼 'to flush'라는 동사가 '변기에 버릴 수 있다'라는 뜻이라고 할 때 'flushablility'라는 단어는 어떤 단어로 바꾸는 것이 좋을까?

더 나은 단어가 없다면 그냥 'flushabilité'라는 단어에 만족하기로 하자. 이 단어는 위생 관련 임무를 끝낸 휴지가 화장실 변기 속에 버려졌을 때 얼마나 배수관을 따라 잘 빠져나갈 수 있는가 하는 능력을 의미한다.

화장지를 생산하는 네 개의 기업이 한자리에 모여서 기술연구소에 가장 'flushabile'한 화장지에 대한 정의를 내려달라는 요청을 했다. 그래서 연구소는 임시 실험실을 만들어 아침부터 저녁까지 서로 다른 특징을 가진 세 개의 변기^{배출구의 직경, 배수관의 경사}에 각기 다른 종이를 투하했다. 그런 다음 연구원들은 각 종이의 여정을 관찰했다.

더 예쁜 이름이 아니라 더 명백한 정의를 보여줄 수 있는 이름을 찾는 것이 그 목적이었다. 그렇다면 부드럽다는 것은 무엇일까? 제작자들에게는 핵심적인 문제였다. 왜냐하면 대부분의 사람들은 찰과상을 입거나 염증이 생기기 쉬운 가장 민감한 부위를 누군가 어루만져주는 느낌을 좋아하기 때문이다. 그래서 사람들은 자신의 코나 엉덩이에 가장 덜 공격적이고 가장 부드럽게 닿는 느낌의 화장지나 손수건을 선택하는 것이다.

연구소는 의욕적으로 연구하기 시작했다. 다양한 연령대와 사회적 배경의 아홉 명의 여자와 일곱 명의 남자가 하나의 실험에 응했다. 실험의 정확성을 보장하고 그 결과가 왜곡되는 것을 피하기 위해 실험 참가자들에게 정확한 동작을 요구했다. 그런 다음 실험 참가자들의 시각적인 충돌을 제한하기 위해 그들을 채광이 잘 되는 기표소로 데리고 갔다. 화장지의 부드러운 느낌은 두 가지 복합적인 감각으로 이루어졌다는 사실이 순식간에 드러났다.

- 표면의 부드러움: 손가락 끝의 부드러운 살로 화장지 위를 문지르면서 평가한다.
- 뭉쳤을 때의 부드러움: 손에 화장지를 들고 구길 때의 부드러운 느낌이나 유연한 느낌으로 평가한다.

이런 느낌들은 어느 정도 주관적이며 개인에 따라 적잖이 차이가 났다. 영국에서 실시된 이와 비슷한 실험에 의하면, 부드러움에 대한 평가는 축구 시합 결과로부터 영향을 받기도 하는 것으로 드러났다. 그

전날 지역 팀이 경기에서 패배하면 사람들은 부드러움이 덜한 것으로 평가했다.

그렇다면 대량생산을 위해 부드러움을 어떤 방식으로 측정해야 할까? 화장지가 가져야 하는 두 가지 서로 다른 자질, 즉 뛰어난 흡수력과 시련에 대한 내구성을 동시에 보장할 수 있을까?

연구소는 도전에 응했다. 그들은 앞서 구분했던 두 가지 부드러움이 사용하는 섬유의 질과 표면 처리과정크레이프 가공에서 비롯된다는 사실을 증명해냈다. 그 결과가 불확실하고 유동적인 손으로 실시하는 테스트 대신 생산 전 과정에 픽업을 설치했다. 그래서 픽업을 통해 각 단계에서 종이가 부드러워지는 과정을 잘 거치고 있는지 꼼꼼히 확인해보는 것이다.

실험실 소장은 마치 자신이 최근에 발견한 사실을 아무것도 모르는 어른에게 설명하는 어린아이처럼 확신에 차서 나에게 결과를 보여주었다. 과거의 불확실한 실험 결과는 이제 과학 이전 시대로 거슬러 올라가는 나쁜 추억일 뿐이라는 사실을 그 결과가 보여주었다.

이제 부드러움을 정복했다. 이해하기 힘든 신비로운 작용에 더 많은 의문이 생기는 것은 사실이다. 우리는 그 충동을 잘 알고 있다. 이제 주문과 인류 복지를 위해 한발 앞으로 나아가게 되었다.

"그렇습니다. 우리는 부드러움을 객관화시켰습니다."

소장이 반복해서 말했다.

* * *

이런 사례들 외에도 녹색 화학 분야에서 새로운 도약을 위한 다양한 노력들이 이루어지고 있다. 그렇다면 제지공장은 무엇을 하고 있을까? 정제공장은 바이오매스의 세 가지 주요 구성 성분인 셀룰로스^{나무 무게의} ^{40퍼센트}, 헤미 셀룰로오스, 리그닌을 분해시킨다.

삶는 과정을 통해 섬유에서 추출되면서 검은 액체로 변하는 리그닌은 이미 오래 전부터 연료로 사용되고 있다. 리그닌을 불에 태워서 증기를 만들어낸다. 하지만 또 다른 방식으로 사용할 수도 있다. 리그닌은 특수한 접착제로 사용할 수 있다. 리그닌의 접착 능력은 널빤지 제작에서 큰 역할을 한다.

제지업자들이 소홀히 하는 나무껍질이나 그루터기를 대상으로 또 다른 프로젝트도 실시되고 있다. 그 과정에서 놀라운 속성을 가진 분자가 발견되었다. 그것은 바로 박테리아와 균류에 대해 뛰어난 저항력을 가지고 있는 분자였다. 기술 연구소의 최근 보고서는 다양한 다른 관점들을 보여주고 있다.

"오늘날 자동차는 문의 부속품, 보네트의 절연체, 시트와 직물 등에 40 내지 50킬로그램의 셀룰로스성 리그닌과 같은 섬유를 포함하고 있다. 머지않아 나무에서 나오는 점점 더 많은 부산물들이 성능 강화를 위하여 셀룰로스의 소섬유로 보강되어진 채 계기판이나 문에 이용될 것이다. 이 새로운 소재는 장래 유망한 속성을 지니고 있다…….

"셀룰로스 솜을 단열재로 사용하면 주거 환경 속에서 녹색탄소를 성장시킬 수 있다. 재생 가능한 바이오소스^{신문의 재활용 등}는 미네랄 섬유처럼 열기뿐 아니라 냉기도 보존할 수 있다. 붕소염^{셀룰로오스 솜을 썩지 않고 불에 강하게}

^{만든다}을 천연 첨가물로 대체하는 일만 남아 있다."

나는 내가 얻은 것을 함께 나누고 싶다. 당신이 낙심하게 될 때마다, 당신이 프랑스라는 당신의 조국에 대해 자신감을 잃게 될 때마다 그르노블을 방문해보라.

미래가 당신을 기다리고 있을 것이다. 당신의 사기가 충전될 것이나. 우리는 트루아리비에르 앞에서 부끄러워할 필요가 없다. 프랑스 역시 녹색탄소를 향해 한 걸음씩 나아가고 있다.

예술가들에 대한 찬사 I

낭테르Nanterre | 프랑스

이런저런 이유로 범죄에 대한 전쟁이 관심이 있다면 파리에서 광역급행열차RER, Réseau express régional A노선을 타라. 그런 다음 낭테르 프레펙튀르Nanterre-Préfecture 역에서 내려라. 지나가는 사람 누구에게 물어보더라도 당신에게 트루아 퐁타노Trois-Fontanot라고 불리는 거리를 가르쳐 줄 것이다. 트루아 퐁타노 거리는 레지스탕스의 영웅이자 나치에 의해 총살당한 세 형제의 이름을 딴 거리이다. 나는 이런 사실을 미리 조사했다. 왜냐하면 나는 내가 발 디딜 곳이 누구의 집이었는지를 아는 것을 좋아하기 때문이다.

101호 건물은 두 명의 제복을 입은 경찰이 지키고 있으며 문 위에 파란색, 흰색, 붉은색으로 이루어진 깃발이 나부끼고 있다는 점을 빼고는 특별한 점이 아무것도 없었다. 물론 사람들의 움직임은 많았다. 옆 건물에 비해 101호는 사람들이 끊임없이 들어가고 나온다는 특징을 가지고 있었다.

리미에 사냥견은 좀이 쑤셔 가만히 있지를 못했다. 하지만 당신은 보안을 맡은 경찰이 자신의 사무실에서 꼼짝 않고 있다면 당신이 보호받고 있다고 느끼겠는가? 내가 신분증을 제시하자마자 아름답고 젊은 여자 한 명이 나와서 손을 내밀었다.

"경찰서장인 코린 베르투Corinne Bertoux 입니다!"

내가 만나고 싶었던 여자였다. 코린 베르투는 위조지폐 단속을 위한 중앙 경찰서를 책임지고 있었다. 나는 내가 실시하고 있는 조사 덕분에 범죄 소굴을 어슬렁거리게 되었다. 화폐용 종이도 없이 어떻게 양질의 위조지폐를 만들 수 있었을까?

한 층씩 올라갈 때마다 내 인간 관계의 범위가 점점 더 넓어지고 있었다. 엘리베이터에서 만나게 되는 모든 동료들에게 나의 새로운 경찰서장 친구는 나를 소개했다. 물론 나에게 상대방이 소속되어 있는 사무실마약, 매춘, 경제사범 등의 이름을 귓속말로 말해주는 것도 잊지 않았다. 나는 짜릿했다. 이 건물은 금광이다. 더 나중에, 나의 다음 생에서, 내가 만약 애거서 크리스티Agatha Christie나 P. D. 제임스P.D. James와 같은 영어 소설가가 된다면 나는 반드시 101호로 다시 돌아와서 여기서 들을 수 있는 부도덕한 이야기들을 잔뜩 듣고 갈 것이다. 하지만 지금 나는 내 주제에 집중해야 한다.

8층에 위치한 위조지폐 전담반은 문화제 밀거래 전담반과 이웃해 있었다. 정부는 이 두 부서를 가까이 위치시킴으로써 두 악행이 깊은 연관성이 있다는 사실을 교육적으로 보여주고 싶어 했던 듯했다. 더구나 둘 다 예술과 관련이 있다.

경찰서장의 보좌관인 장 루이 페리에Jean-Louis Perrier가 기다리고 있었다. 그는 문자에 대한 연구를 한 뒤 스물일곱 살에 경찰에 들어왔다. 위조지폐와 관련된 사건이 프랑스, 이 유럽 안에 있다니! 내가 받을 수 있는 최고의 안내는 무엇일까? 장 루이 페리에의 사무실은 쓰레기봉지로 가득했다.

"아무 거나 열어보세요."

그가 나에게 말했다.

나는 사과와 같은 초록빛의 100유로짜리 지폐 속에 오른손을 집어넣었다.

"내일이면 소각될 것들입니다."

"확실합니까? 유감인데요!"

"이것들은 더 이상 대접을 받을 가치가 없거든요. 하나 가지세요. 제가 처음으로 TRI 교육을 받은 것도 이런 방식이었습니다."

첫째, 만져라Toucher. 장 루이 페리에의 말이 옳았다. 손가락이 위조지폐에 살짝 닿자마자 나는 그것들이 진짜 지폐와 같은 질감의 종이가 아니라는 사실을 알게 되었다.

둘째, 쳐다보아라Regarder. 장 루이 페리에는 나에게 감춰져 있는 판별 기준을 하나씩 가르쳐주었다. 우리는 일곱 가지 다른 점을 찾아내는 게임을 진지하게 즐겼다.

마지막으로 TRI의 I는 기울이는 것이다Incliner. 그러면 홀로그램이 나타나고 무지개빛으로 영롱한 글씨가 완전히 드러난다.

장 루이 페리에는 거의 경멸하는 듯한 태도로 이 보잘 것 없는 100유로짜리 지폐들을 쓰레기 봉지에 담았다. 그리고 한숨을 내쉬었다.

"보자르스키Bojarski의 시대는 이미 끝났습니다."

"네?!"

"보자르스키가 만든 것을 한번 보실래요?"

나는 서둘러 동의했다. 그가 말하는 이 '보자르스키'가 누구인지 혹은 무엇인지 전혀 알지 못했지만 말이다. 우리는 그의 사무실과 쓰레기 봉지를 떠났다. 복도로 나온 장 루이 페리에는 자물쇠로 잠겨 있는 한 유리 진열장에 가까이 다가갔다. 그는 문을 열었다. 그런 다음, 선사 시대에서 온 것 같은 100프랑짜리 지폐를 한 장 꺼냈다.

"그의 걸작품이죠."

페리에르가 중얼거렸다. 그는 조심스럽게 걸작품을 유리 진열장 안에 다시 넣었다.

1912년 11월 15일에 폴란드에서 태어난 체슬라브 보자르스키Czeslaw Bojarski는 기술자가 되고 싶었다. 그래서 그는 단찌히Dantzig(오늘날의 그단스크(Gdańsk)) 이공과대학에서 학위를 땄다. 하지만 독일의 위협 때문에 그는 조국인 폴란드의 군대에 입대했고 빠른 시간 내에 장교가 되었다. 제2차 세계대전이 시작되면서 포로가 된 그는 헝가리 수용소에서 도망쳐 나와서 프랑스로 왔다. 그리고 다시 폴란드 제1사단에 합류했다.

평화가 돌아오자, 보자르스키는 빅 쉬르 세르Vic-sur-Cère(캉탈(Cantal))에 정착하여서 아내프랑스인를 얻고 기술자로서의 첫번째 소명을 다시 찾았다. 그는 발명가로서의 자신의 운을 시험해보았다. 그래서 효율성을 자랑하는 주입 마개와 면도기를 발명했다. 하지만 이 시제품들은 생산하기에 비용이 너무 많이 들었고, 누구도 그 특허를 사려고 나서는 사람이 없었다. 보자르스키는 자신의 다양한 재능을 다른 사업에 이용하기로 결정했다.

1950년부터 프랑스 은행은 비상벨을 울리게 되었다. 파랑색 바탕의 1945년도 1,000프랑짜리 위조지폐가 시중에 유통된 것이다. 모방은 거의 완벽에 가까웠다. 예술가의 작품이었다. 경찰서장인 베르투와 페리에의 선임자들은 추격에 나섰다. 하지만 아무런 소득이 없었다. 막다른 궁지에 도달해서도 아무런 흔적도 남기지 않았다. 이 예술가는 자신의 작품을 유통시키는 데도 뛰어난 능력을 보였던 것이다.

당국은 화가 났다. 1958년에 새로운 위조지폐가 유통되기 시작했다. 이번에는 5,000프랑짜리 지폐였다. 이 걸작품이 나온 지 4년이 지난 뒤에는 100프랑짜리 보나파르트 지폐가 나왔다.

1964년 1월 17일, 경찰은 파리 남쪽 외곽 몽게롱Montgeron의 체슬라브 보자르스키가 살고 있던 작은 집의 문 앞에 나타났다. 러시아인과 폴란드인인 두 남자가 그를 고발한 것이다.

가택 수색이 이루어졌다. 얼마 지나지 않아 경찰은 국고 채권 더미가 얌전하게 들어 있는 상자를 발견했다. 그 가치는 무려 7,200만 프랑이었다. 하지만 과연 작업장은 어디에 있을까? 보자르스키는 계속해서 부인했다.

"어떻게 개인이 당신들이 말씀하시는 그 많은 양의 지폐를 이런 평범한 집에서 그 정도 수준으로 만들 수 있겠습니까? 공장을 찾아보셔야 하는 것 아닙니까?"

결국 경찰은 마룻바닥에 나 있는 뚜껑 문을 발견했다. 그리고 제작 설비도 찾아냈다. 어쩔 수 없이 보자르스키는 탁자로 갔다. 잠시 동안 침묵을 지킨 후에 그가 말했다. 누구가의 도움 없이 이 기계들을 어떻게 구상했는지, 아무런 의심도 받지 않고 필요한 종이를 어떻게 구입했는지 말이다. 누구에게도 의존하지 않고 직접 끈기 있게 알아낸 옛날 방식으로 종이를 직접 제작하는 방식까지 다 털어놓았다.

화폐를 만들고 나면 그는 프랑스 전 지역을 돌아다니면서 호텔에 전혀 들르지 않은 채 밤기차만 이용하면서 진짜 화폐 다발 속에 위조지폐를 한 번에 한 장 이상 절대로 섞지 않고 사용하면서 그것을 유통시켰다.

보자르스키의 멍청한 공모자인 러시아인과 폴란드인에 대해서도 말하지 않을 수가 없다. 그들은 서둘러 돈을 챙겼지만 단지 위조지폐만 챙겼으며, 더구나 그것을 파리의 우체국 한 군데에 모두 예치하였다.

보자르스키는 20년형을 선고받았다. 하지만 모범수로 13년만에 풀려났다. 그리고 또다시 그는 사라졌다. 그 누구도 그가 어떻게 되었는지 알지 못한다.

"만약 그가 여전히 살아 있다면 그는 분명히 성공했을 것입니다. 최근 경매에서 이것과 같은 보나파르트 지폐가 6,000유로 이상의 가격에 낙찰되었거든요."

보자르스기에 대한 이야기는 경찰관을 아주 슬프게 만든 것 같다. 그가 향수에 젖은 이유를 맞추기 위해 위대한 심리학자가 될 필요는 없다. 그럭저럭 나는 그를 위로해주려고 했다.

"우리는 아무것도 할 수 없습니다. 시대가 그런 것이었죠. 그때는 진정한 예술가들이 설 자리가 없었습니다."

나는 페리에르의 어깨를 토닥여주고 싶었다. 하지만 나는 감히 그럴 수가 없었다. 마지막 순간에 나는 내가 있는 장소가 범죄와의 전쟁을 벌이고 있는 구역 101호라는 사실을 떠올랐다.

페리에르가 나에게 미소를 지으며 감사를 전했다.

"당신이 옳아요. 만약 당신이 우리가 쓰러뜨린 마지막 팀을 알았다면…… 재미있죠! 그들은 컴퓨터를 가지고 있기 때문에 스스로 강하다고 믿었습니다. 하지만 모든 것은 종이에 있습니다. 에릭 오르세나, 당신이 종이에 그토록 많은 관심을 가지는 것은 옳은 일입니다. 화폐의 투명무늬, 도안, 야광 장치보다 더 큰 차이를 만들어내는 것은 바로 종이입니다. 얼마 전 좋은 종이들을 남프랑스에서 도둑맞았습니다. 아마 뛰어난 품질의 위조지폐가 되어 우리에게 돌아올 것입니다. 자, 즐거운 오후 보내십시오. 그리고 나폴리에 가게 된다면 몸조심하세요."

나는 깜짝 놀랐다.

"왜 나폴리죠?"

"동유럽이나 영국과의 경쟁에도 불구하고 위조지폐의 중심지, 다시 말해서 우리의 문화적 수도는 늘 나폴리거든요."

예술가들에 대한 찬사 II

크레브쾨르Crèvecoeur[125] | 프랑스

공장은 숨어 있었다. 심지어 GPS도 포기했다. 금방 '우회전하세요'
라고 말했다가, 또 금방 '100미터 앞에서 좌회전하세요'라고 말하면서,
우리를 치즈의 이름으로 사용되고 있는 쿨로미에르Coulommiers을 포함하
여 센에마른Seine-et-Marne[126] 지역의 거의 모든 마을들을 구석구석을 끌
고 다녔다.

결국 주이Jouy를 나오면서 나는 내가 찾고 있던 크레브쾨르Crèvecoeur
라는 이름이 적힌 아주 작은 흰색 화살표를 발견했다.

크레브쾨르! 지폐 공장에게는 어울리지 않는 이름이다. 유대 그리스

---

125 프랑스의 작가, 정치가, 농업 전문가. 1759년 이후 미국에서 활약했다.
126 프랑스의 일드프랑스 주에 있는 데파트망

도교의 도덕적인 위선 속에서 돈이 행복을 주는 것이 아니라는 뜻을 전하고 싶었던 것일까?

아무튼 그랑 모렝Grand Morin이라는 아름다운 강가에 은밀하게 자리 잡은 이 공장은 오래된 나무들에 에워싸여 있었다. 높은 철책과 철조망, 철통같은 출입문, 경고판, 마치 먹이를 쫓는 새처럼 우리의 아주 작은 움직임도 놓치지 않기 위해 거의 모든 곳에 설치되어 있는 수많은 카메라들에 둘러싸인 흰색과 푸른색의 건물들의 모습은 더 이상 전원적이라고 하기는 힘든 풍경이었다.

이 건물의 신비를 가능한 빨리 파헤쳐보고 싶어 나는 첫번째 성벽으로 다가갔다. 그곳의 책임자가 내 팔을 붙잡았다. 성소 중의 성소로 들어가기 전에, 그는 나에게 모험이 시작되었던 장소를 보여주고 싶어 했다. 우리는 다시 자동차를 타고 2킬로미터 정도를 달렸다. 길 끝으로 보이는 철책은 열려 있었다.

마치 한 집안의 개인 소유지인 듯했다. 나무들이 잘 자라고 있는 정원 한복판에 있는 집은 장미로 덮여 있었다. 업무용 사택인가? 나는 아르조 위긴스Arjo Wiggins의 이런 환경이 샘나기 시작했다.

"마레Le Marais에 오신 것을 환영합니다. 이곳은 16세기부터 종이를 만든 곳입니다. 그리고 시간이 좀 더 흐른 18세기부터 아시냐 지폐[127], 그리고 초기 지폐를 만들었습니다."

놀랄 일은 1층에서 기다리고 있었다. 이런 유형의 주택들이 대부분

---

127 프랑스 대혁명 때 발행된 불환(不換) 지폐. 재정난을 타계하기 위해 발행했으나 남발로 인한 경제계의 혼란과 가치 폭락으로 1796년에 집정 정부에서 이를 폐지했다.

그러하듯이 노란색 복도를 따라 방들이 이어져 있었다. 물론 이 방들은 사무실인 동시에 작업실로 사용되고 있었다. 그곳에서 화가나 조각가 등 진짜 예술가들이 정보처리기술자들과 함께 공동 작업을 하고 있었다. 일단 예술가들이 최대한 다양한 얼굴이나 문양을 그리거나 새기면 정보처리기술자들은 이것을 위조하기 가장 힘든 복제품으로 만들 수 있는 방법을 연구한다.

나는 투명무늬를 창안한 이탈리아의 파브리아노를 다시 떠올렸다. 지금 내가 보고 있는 것은 그와 같은 원리에서 비롯된 가장 최근의 기술이었다. 픽셀Pixel(이미지의 가장 작은 단위)이라는 이름의 새로운 기술은 놀라운 결과를 보여주었다. 인물의 얼굴이 초자연적인 빛에 둘러싸인 채 갑자기 3차원으로 풍요롭게 보였다. 마치 종이에서 튀어나올 것만 같았다.

전원적이고 예술적인 단계가 끝났다. 우리는 다시 공장으로 돌아갔다. 휴대전화와 신분증을 맡긴 뒤 수하물 보관소의 규칙들을 읽었다. 출구에 붙어 있는 다양한 경고문에는 다른 방문객들과 마찬가지로 나역시 불시의 검문을 당할 수 있다고 말하고 있었다. 금속 탐지기를 통과하고 회전문을 지났다. 그토록 많은 카메라200대들이 한꺼번에 나를 쳐다본 것은 처음이었다. 그들은 이곳이 접근제한구역, 제1급소로 분류되며, 또한 ECB유럽중앙은행의 신임을 받고 있는 곳이라고 자랑스럽게 말했다.

아르조 위긴스는 이미 내 도덕성에 대한 조사를 끝냈을 것이다. 이러한 요새로 들어오는 허락을 받았다는 나의 자신감과 안도감인간은 누구나 죄 많은 짐승이다. 누가 스스로 확신할 수 있겠는가?을 당신은 이해할 수 있을 것이다. 이런 지나친 신중한 태도는 약간은 우스꽝스러워 보일 수도 있다. 하지만 크레브쾨르의 극도로 민감한 사명에 대해 알게 된다면 생각이 달라질 것이다. 크레브쾨르는 은행 지폐의 제작뿐 아니라 위조의 우려가 있는 온갖 종류의 문서들, 여권, 비자, 학위, 식권…… 콘서트 티켓 등의 제작에 사용되는 종이를 창안하고 만들고 있다.

나를 데리고 간 기술자들은 서로 앞 다투어 자신의 독창적인 아이디어를 나에게 소개했다.

'픽셀'로 바뀐 투명무늬 외에도 그들은 반죽 속에 실을 삽입하는 기술을 성공시켰다. 그때까지만 해도 새로운 것은 없었다. 실은 연속적으로 나타나기도 하고, 창문처럼 간격을 띄우고 나타나기도 했다. 몇몇은 홀로그램이 되어 색깔이 바뀌기도 했다. 형광색으로 표현된 것도 있었고, 코드를 덧붙인 것도 있었다.

"이 띠를 보세요. 우리는 이것은 '필름'이라고 부릅니다. 왜냐하면 과거의 얇은 막과 같은 성질을 지니고 있거든요. 이 필름에 우리는 마음대로 홀로그래피[128]를 삽입합니다. 여기에 한두 개 정도의 반사되는 선이나 형광물질을 덧붙입니다."

"와서 보세요. 무지갯빛의 얇은 띠가 있습니다. 여권을 위아래로 움직일 때 나타나는 선들처럼 말입니다."

조금 더 떨어진 곳에 있는 또 다른 방으로 나는 이끌려갔다. 그곳에서는 나를 진열장 가까이로 데려가서 불빛을 차단했다. 낱장의 종이에서 나는 섬유와 띠, 점들을 구분할 수 있었다.

---

128 빛의 간섭을 이용한 사진법의 하나

"이해하셨죠? 이런 것들은 모두 UV^{자외선} 아래에서만 보입니다."

나는 위조지폐 예술가인 보자르스키가 문득 생각났다. 보자르스키와 함께 크레브쾨르에 왔더라면 얼마나 좋았을까. 나는 보자르스키가 놀라는 모습을 상상했다. 그리고 보안 기술로 무장된 이런 정교함 앞에서 낙심하는 모습도 함께 말이다.

* * *

지폐, 특히 소액권은 이 사람 저 사람 사람들의 손을 거치면서 손상되기 마련이다. 그래서 지폐는 찢어지거나 액체에 젖거나 세균에 더러워지는 등의 공격에 더 잘 견딜 수 있도록 (은밀한) 처리 과정을 거치게 된다.

나는 수표에 이러한 마법의 처리를 하는 과정을 지켜보았다. 표면을 문지르는 순간 색깔이 변하기 시작했다. 더 맘에 드는 다른 숫자로 바꾸기 위해 표시된 금액의 숫자를 지우고 싶어하는 사람들에게는 절망적인 일이다.

내 소중한 종이에 대해 사람들이 옛 것을 무시하는 투로 말할 때 내가 느끼는 분노를 이제 당신도 이해할 것이다. 트루아리비에르, 그르노블, 크레브쾨르에서 온 "아, 이 오래된 종이들⋯⋯." 그들은 그러한 무시를 참을 것이다. 역사상 그 어떤 물건도 2,200년 동안 이토록 변화되고 다양해지고 풍요로워진 것은 없으니까 말이다.

크레브쾨르에서의 내 여정을 끝내기가 쉽지 않았다. 나를 안내해준 책임자는 열 번도 넘게 신분증 확인기에 자신의 신분 명찰을 보여주고

(과중하게 방탄 장치가 된) 수많은 문을 열어주었다. 그럼 다음, 그들의 고객인 150여 곳의 중앙은행으로부터 주문 받은 지폐를 인도하기 전에 (철통 보안장치가 된 상태에서) 보관하고 있는 우아즈Oise의 포트 녹스Fort Knox[129]에 마침내 도착했다.

"이건 파키스탄, 저건 우크라이나, 그리고 저 아래에 쌓여 있는 건 특수한 투명무늬로 구레나룻이 있는 라틴아메리카의 역사적 인물을 잘 새겨놓은 볼리비아 지폐입니다⋯⋯."

내가 늘 하던 습관대로 수첩과 연필을 꺼내자마자 다섯 명의 보안요원들이 나타났다. 그와 동시에 4대의 카메라가 나를 찍었다. 책임자의 항의에도 불구하고 내 수첩은 검열을 당했다. 보안요원들은 분명히 내 수첩 안에 불법침입을 준비하기 위한 무언가가 있을 것이라고 생각했을 것이다. 더구나 내 글도 보안요원들을 안심시키지 못했다.

"당신이 휘갈겨 쓴 이 글씨들이 무슨 뜻인지 말씀해주시겠습니까? 암호인가요? 아무튼, 우리는 당신의 신상명세를 이미 가지고 있습니다!"

이렇게 해서 나는 감탄과 의심 속에 크레브쾨르를 나왔다.

---

129 미국 켄터키 주에 위치한 지명의 이름으로, 연방 금괴보관소가 자리하고 있는 것으로 유명하다.

즐거움의 확장

토레스 노바스Torres Novas | 포르투갈

높은 언덕 아래 옴폭 패인 곳에 웅크린 듯 자리 잡고 있는 작은 마을은 주위 다른 마을보다 더 희고 깨끗하다. 일요일 예배 시간이면 마을은 하느님과 파티마Fatima[130]의 성모가 그들에게 준 선물인 이 깨끗하고 풍요로운 환경에 대해 감사를 드린다. 토레스 노바스는 항상 관개가 잘되는 논과 17세기로 거슬러 올라가는 제지의 전통이라는 혜택을 얻었다.

신앙심이 없는 사람들, 무지한 사람들, 회의적인 사람들, 다시 말해

---

130 포르투갈 산타렘 주 빌라노바데오렘에 있는 마을. 1917년 5월부터 10월까지 매달 13일이 되면 3명의 어린 목동 앞에 성모 마리아가 나타나 죄의 회개와 로자리오의 기도를 권하였다는 유래 때문에 순례지로 알려지게 되었다. 정부는 목동들을 체포하고 순례를 금지하였으나 30년 레이리아의 주교가 이 같은 사실의 신빙성을 인정하면서 '파티마의 로자리오 성모'에 대한 숭앙은 전 세계로 확산되었다.

서 포르투갈밖에 있는 모든 사람들을 위해 나는 파티마에서 1917년 한 해 동안 예수 그리스도의 어머니인 성모 마리아가 세 목동 앞에 여섯 번 나타났다는 사실을 말하고 싶다.

토레스 노바스는 수많은 매력을 가지고 있는데, 특히 주민들이 너무도 친절하게 방문객들에게 아주 맛있는 음식^{나는 특히 대구 아솔다131를 추천한다}을 대접한다는 매력이 있다. 그래서 나는 그곳에서 몇 달, 아니 몇 년이라도 머물면서 골치 아픈 전공 논문을 쓰고 싶을 정도이다. 토레스 노바스에는 아름다운 이야기들도 넘쳐난다. 그리고 꼭 소개해야 할 이야기가 있다.

이런저런 사건이 있은 후에 1943년에 여섯 가족이 함께 오래된 종이 공장을 매입했다. 그들은 공장에 자금과 활기를 불어넣었다. 이렇게 해서 레노바^{Renova132}라는 회사가 탄생했다. 지금은 작은 키에 의욕 넘치는 마을로 미구엘 페레이라 다 실바^{Paulo Miguel Pereira da Silva}라는 사람이 회사의 운영을 맡고 있다. 첫눈에 그의 곱슬거리는 긴 머리카락은 사장으로 보기에는 다소 의외의 모습이다. 하지만 순식간에 이 '예술가'적인 외모가 그의 기질 밑바닥에 깔려 있는 자유를 드러내고 있다는 사실을 알게 된다. 그리고 그의 사무실은 그의 자유로운 기질을 더욱 확실하게 알려준다. 바닥은 콘크리트로 되어 있고 천장에는 파이프가 이어져 있는 대형 창고를 상상해보라. 갈색 나무로 된 탁자들 사이에 권투 링이 아마추어 선수들이 열정을 발산하기를 기다리고 있다. 1~2분 동안

---

131 구, 달걀, 빵, 파슬리 등으로 만든 수프
132 패션 화장지로 유명한 포르투칼의 제지회사

이라도 어린 시절로 되돌아가고 싶은 아마추어 선수들을 위한 것인 듯했다. 네 개의 그네가 그 사실을 더 잘 말해주고 있었다. 그네는 확실히 효과가 있었으며, 담배보다 건강에 훨씬 더 좋다고 파울로 미구엘이 나에게 말했다.

벽에 거대한 그리스도의 사진들이 있었다. 반쯤 옷을 걸친 놀라울 정도로 아름다운 젊은이들이 '하늘나라의 완전한 행복'을 나타내고 있었다. 사진 속 남자와 여자들은 브라질 사람으로 리오^{Rio}의 빈민가 출신인 듯했다. 사진을 찍은 사람은 프랑소와 루소^{François Rousseau[133]}였다.

이 '하늘나라의 완전한 행복' 사이에 다채로운 색상의 두루마리 화장지가 나타났다. 파울로 미구엘이 미소를 지었다.

"당신이 우리 회사의 특별함을 잊은 것 같군요!"

그리고는 단도직입적으로 그는 이런 놀라운 아이디어가 어떻게 떠올랐는지 나에게 이야기하기 시작했다.

"나는 라스베가스^{Las Vegas}에 대해 알아보기로 결심했습니다. 전혀 예상 밖으로 나는 라스베가스가 무척이나 맘에 들었습니다. 그 어디에도 없는 천국이었죠. 이 단어가 시발점이 되었습니다. 그리고 내 입에서 계속 맴돌았죠. '그 어디에도 없는, 그 어디에도 없는……' 왜 화장실용 휴지를 라스베가스처럼 눈길을 끌 수 있도록 만들지 않는 것일까? 그리고 가장 눈길을 끌 수 있는 화장실용 휴지는 어떤 것일까? 나 자신에게 질문하면서 나는 대답을 찾았습니다. 검정색 화장식. 나도 놀라고 남도 놀라게 할 필요가 있었습니다. 그렇지 않습니까?"

---

[133] 프랑스의 화가이자 사진작가

어떻게 그를 옳다고 인정하지 않을 수 있을까?

"검정색은 모든 다른 색상을 드러나게 해주는 색상입니다. 늘 익숙한 연한 장밋빛 대신에 생동감 넘치는 빨강색을 포기할 필요가 있을까요? 초록색은 왜 안 될까요? 어디서나 즐거움을 찾을 수 있어야 합니다. 그렇지 않나요? 심지어 화장실에서도 즐거움을 찾아야 하지 않겠습니까?"

"그렇습니다."

어떠한 장소에 대해서도 금기 없이 즐거움을 확장시켜야 한다는 확신을 서로 나누면서 파울로 미구엘과 나 사이에는 한나절 동안 갑자기 우정이 마구 샘솟았다. 이 기업가는 다양한 음식만큼 다양한 지식을 탐닉했다.

파리의 콩띠Conti 가 23번지, 다섯 개의 전문학원이 있는 건물의 마지막 층에는 내가 그 누구도 듣지 않을 것이라고 생각했던 격조 높은 라디오 방송국이 있었다.

한편으론 부끄럽고 한편으로 기쁘게도, 나는 여기 포르투갈에서 화장지의 제왕으로 인해서 내가 잘못 생각했다는 사실을 알게 되었다. 카날 아카데미Canal Adacemie의 최근 방송 중에서 파울로는 장 캉비에Jean Cambier 박사와 함께했던 '당신의 뇌는 시간을 어떻게 인식합니까?'와 크리스티앙 뒤마Christian Dumas와 함께했던 '식물은 호르몬을 가지고 있다'라는 방송이 특히 좋았다고 말했다.

라블레Rabelais[134]를 파울로 미구엘은 자신의 회사의 영적인 주인으로

---

134 프랑소와 라블레(François Rabelais, 1490~1553) 프랑스의 풍자작가

생각한다고 말했다. 그런 다음 권투링이 있는 창고 안을 서성이며 라블레를 낭송했다.

"그다음에 나는 두건, 베개, 실내화, 전대, 바구니, 모자로 뒤를 닦아보았습니다 하지만 화장지로는 그다지 마음에 들지 않더군요. 모자 중에서도 보풀이 짧은 펠트로 만든 것, 털로 만든 것, 벨벳으로 만든 것, 타프타로 만든 것들을 써보았습니다. 가장 좋은 것은 털로 만든 것이더군요. 왜냐하면 똥을 기막히게 잘 닦아내거든요. 그리고 수탉, 암탉, 병아리, 소가죽, 토끼, 비둘기, 가마우지, 복면, 머리쓰개, 미끼새 등으로 똥을 닦아보았습니다."

가르강투아가 말했다.

비서 중 어느 누구도 놀라지 않았다. 레노바 사람들은 이미 사장의 기괴함에 익숙해져 있었다. 파티마의 성모는 이 화려한 말장난에 대해 무슨 생각을 할까? 그리고 레노바의 전략적 방향이나 라스베가스에서 영감을 얻은 이 검정색 휴지에 대해 진심으로 어떤 의견을 가지고 있을까?

하지만 결론을 말하자면, 나는 솜털이 잔뜩 난 거위 새끼 대가리를 내 두 다리 사이에 집어넣을 수만 있다면 그보다 더 엉덩이를 닦기에 좋은 것은 없다고 주장하고 싶습니다. 내 밀을 믿어보세요. 거위 새끼가 장에서 시작하여 심장이나 뇌까지 전달하는 온기 때문이 아니라 그 솜털의 부드러움 때문에 당신은 항문에서 쾌감을 느끼게 될 것입니다. 샹젤리제에 있는 초인적 인물들이나 영웅들의 '완전한 행복'은 여기 있는 노인들이 말하는 신들의 양식이나 신들의 음료와 관련이 있는 것이 아닙니다. 내 생각에 그것은 새끼 거위로 똥을 닦는 것입니다.

그런 다음 파울로는 결론지었다.

"600명의 직원들을 책임져야 하고 매일 상승하는 원자재 가격, 높은 에너지 비용, 대량 분배의 냉혹한 현실과 싸워야 하는 기업가로서의 근심을 한 순간이라도 잊기에 라블레를 읽는 것보다 더 좋은 것은 없죠."

* * *

다시 현실로 돌아와서 나는 공상과학에 대해 말하고 싶다.

레노바의 자랑거리인 제2공장으로 향하는 길에서 우리는 형광노란색 조끼를 입고 흰색 헬멧을 머리에 쓴 작은 생명체들과 마주쳤다. 인건비를 줄이기 위해 레노바에 외계인들을 고용하기라도 한 것일까?

잠시 후에 나는 그들이 단지 재활용의 가치, 다시 말해 레노바의 원료 절반을 차지하는 폐지를 비롯하여 모든 것을 그냥 버리지 않고 재활용할 필요성에 대해 알아보기 위해 현장체험을 나온 중학생들일 뿐이라는 사실을 알게 되었다.

제2공장은 로봇의 고향으로 유명하다. 붉은색과 회색으로 이루어진 로봇 하나가 내 눈길을 끌었다. 눈이 나를 향하고 있었지만 나는 경계하지 않았다. 나는 로봇의 유도장치가 나를 보고난 뒤 결국 자신의 길을 찾아낼 것이라고 생각했다. 하지만 마지막 순간 파울로 미구엘이 나를 구해주었다. 이 괴물은 단지 레이저에 따라 움직였고 레이저가 나를 장애물로 간주했던 것이다. 소설가가 현실성이 부족하다는 새로운 증거이다.

유럽에서 침울한 생각이 은밀히 번져 나가고 있다. 부정적인 사람들은 유럽 대륙이 저주를 받은 곳이며, 어쩔 수 없이 아시아에 추월당할 것이라고 생각한다. 만약 그들이 테라스 노바스^{Terras Novas}에 온다면! 누가 봐도 보잘 것 없는 이 작은 마을에서 아주 가끔씩 기술자들^{대부분 여자들이다}이 감독할 뿐 로봇들이 우리의 위생을 개선하기 위해 빠른 속도로 2천 종류의 휴지를 만들고 있다는 사실을 짐작이나 할 수 있겠는가?

과연 이것이 레노바와 그의 직원들의 미래를 보장해줄 수 있을까? 파울로 미구엘은 여전히 자신을 짓누르고 있는 근심을 우아하게 감추기 위해서 더 큰 미소를 짓고 있었다.

"에너지가 많은 것을 좌우합니다. 우리 회사는 비싸지 않지만 부피가 큰 제품들을 트럭으로 운송하고 있습니다. 포르투갈은 거의 모든 지역과 거리가 있죠. 만약 경유의 가격이 오른다면 우리는 제작비도 줄여야만 하겠지만, 무엇보다 우리 제품이 판매 지점까지 너무 비싼 비용을 지불하면서 도착하게 된다는 문제가 생기겠죠."

"그렇게 된다면요?"

"우리가 주요 판매 거점에 더 가까이 가야겠죠."

"그게 무슨 말이죠?"

"공장을 옮겨야지요."

다시 한 번 확인했다. 에너지와 이동 거리는 고락을 함께하는 동일한 현실의 두 가지 측면이다. 그런데 그럴 경우에도 파울로 미구엘이 카날 아카데미의 방송을 여전히 필요로 하면 어떻게 해야 할지 걱정이다.

나는 파리로 돌아가는 즉시 콩티가 23번지 건물 꼭대기에 위치한 작은 라디오 방송국에 있는 내 친구들을 찾아가기로 결심했다. 나는 그들이 수줍어하며 청중에 개의치 않는 척할 것이라는 사실을 알고 있다. 하지만 그들은 자신들이 즐거움을 확장하는 데 기여했다는 사실을 알게 되면 자랑스러워할 것이다.

종이의 지정학 II

두 초강대국인 인도네시아와 브라질에서 내 여정을 끝내기 전에 나는 힘에 관한 표를 만들기 위해 몇몇 자료들을 모아보았다.

① 모든 종류의 종이를 만들기 위한 펄프의 세계적인 생산량은 해마다 약 4억 톤씩 늘어나고 있다.

② 천연섬유로 만든 펄프 대부분은 나무이지만 대나무나 짚단도 포함된다은 두 가지 제조 기술로 만들어진다.

- 화학: 리그닌은 섬유를 이어주는 역할을 한다. 리그닌을 녹여서 섬유를 분리시키기 위해 사람들은 소다를 비롯한 온갖 화학용품을 이용하고 있다.
- 기계: 섬유를 분리하기 위해 힘을 사용한다.

천연섬유 펄프의 대부분은 종이나 마분지 제작에 이용된다. 하지만 나는 면을 사랑하는 사람으로서 직물을 만들기 위해 종이 반죽을 사용한다는 것을 알게 되었다. 섬유를 가지고 있기만 하다면 어떤 소재이든 상관없다.

③ 수많은 종이 제조업체들은 직접 만든 펄프를 사용한다. 하지만 단지 펄프만을 제조하는 회사들도 있다. 그리고 제조한 펄프를 세상의 모든 제지업체에 판매하는 것이다.

주요 펄프 제조업체	
피브리아Fibria(브라질)	연간 펄프 생산량: 550만 톤
에이프릴April(인도네시아)	연간 펄프 생산량: 400만 톤
아라우코Arauco(칠레)	연간 펄프 생산량: 360만 톤
APP(인도네시아)	연간 펄프 생산량: 300만 톤
조지아 퍼시픽Georgia-Pacific(북아메리카)	연간 펄프 생산량: 250만 톤

④ 유럽은 800만 톤의 펄프를 수입한다. 17퍼센트의 소비량

⑤ 다른 지역에 비교할 때 경쟁력은 어떤 종의 나무를 심는지와 그 기후 조건에 달려 있다.

• 생산량각 헥타르 당 숲의 평방미터은 10스칸디나비아에서 15스페인. 포르투갈, 60브라질에 이르는 곳도 있다.

피를 흘리는 길

수마트라Sumatra | 인도네시아

섬나라인 싱가폴에서 강제 착륙했다. 매번 방문할 때와 마찬가지로 영토가 작은 나라인데도 똑같은 힘이 느껴진다. 특히 불안정한 세상 한복판에서 지배력을 유지하는 국가라는 인상이다.

말라카Malacca 해협의 해적들이 주위에서 활동하고 있고, 인도네시아 화산이 깨어나고 있고, 해일이 이어지고 있으며, 이슬람주의자들이 동요하고 있다.

싱가폴은 끊임없이 분석하고 생각하고 예측해야 한다. 그리고 모든 것으로부터 이익을 찾는다. 매번 내 열정을 가라앉히기 위해 나는 이러한 기적의 감추어진 어두운 면을 찾아보았다. 권위적인 체제, 냉엄한 경찰, 변두리에 살면서 아무런 권리도 누리지 못한 채 인두세와 부역에 가차 없이 처해지는 외국인 노동자들, 그리고 G20의 약속에서 불구하고 언제나처럼 뿌리 깊은 조세 피난처라는 오명에 대해 거의 신경 쓰지 않는 관행.

한순간 나는 격분했다. 그런 다음 나 자신도 모르게 서서히 수많은 인재들, 장기적인 비전들, (현기증을 일으키는) 목표들 사이의 일관성과 그에 영향을 끼치는 수단들을 보면서 이 나라에 대한 감탄을 다시 회복했다.

그러한 백 가지 중 한 가지 예는 무엇일까? 물 처리. 싱가폴은 다른 수많은 나라들처럼 가뭄과 홍수 문제에 한꺼번에 시달리고 있다.

2007년에 싱가폴 당국은 나에게 그들의 장대한 프로젝트를 설명했었다. 만의 입구에 (지나치게 큰) 펌프 시설이 갖추어진 (거대한) 댐을 설치하는 것이다. 이렇게 해서 형성된 저주지에 비를 저장하고 넘치는 물은 흘려보내는 것이다. 4년 뒤에 이 프로젝트는 현실이 되었다. 마천루로 에워싸인 호수가 탄생한 것이다.

또 다른 예는? 레알 마드리드 Real Madrid 가 스타 선수들을 영입하는 것처럼 아주 높은 비용을 지불하여 전 세계에서 교수들을 초빙한 우수한 실력의 대학들. 영토를 확장할 수 없는 이 작은 국가는 항상 미래를 준비하고 있었다. 바로 그 미래–수많은 일자리, 수많은 금지 사항, 수많은 소비–가 매력이 있는지는 또 다른 이야기이긴 하지만 말이다.

짧은 비행시간 동안 우리는 또 다른 세계로 갔다. 인도네시아. 하나의 섬이 아니라 1만 7,000개의 섬으로 이루어져 있다. 500만이 아니라 2억 5,000명의 인구이다. 하나의 민족이 우세한 국가가 아니라 1만 민족으로 이루어진 나라이다. 발전을 통제하고 과도한 성장을 통제하는 나라이다. 그리고 이제 더 이상 무시할 수 없는 국가이다. 이미 인도 경제력의 절반 수준에 도달했다.

* * *

　우리는 리아우Riau 주의 주도인 페칸바루Pekanbaru에 잠시 착륙했다. 주위에서 석유가 발견되었기 때문에 도시는 비약적인 발전을 이루고 있었다. 부동산 가격은 날이 갈수록 오르고 있다. 자동차 수가 점점 더 늘어나는 바람에 심각해진 교통체증 때문에 자동차 속도가 점점 더 느려졌다. 신흥 갑부 자녀들의 결혼식은 점점 더 성대한 잔치의 구실을 마련해주었다. 그 일요일에 릴리라는 처녀가 헤르난도라는 총각과 생을 함께하기로 결정한 날인 듯했다. 여기저기 벽마다 이 두 개의 이름이 꽃다발을 비롯하여 다양한 색깔과 소재로 장식되어 있었다.

　일단 이 신혼부부를 축복해준 다음에, 나는 세계에서 가장 큰 제지공장 중의 하나로 APP의 자회사인 인다 키아트Indah Kiat에 대해 경의를 표하러 가기로 결심했다.

　나의 공식적인 방문 요청이 거절당했기 때문에 나는 시악Siak 강을 통해 들르기로 결심했다. 나중에 300만 루피260유로를 주기로 하고, 나는 600마력의 힘으로 움직이는 배에 올라탔다. 물은 동남아시아의 숭배물 중 첫번째이다. 아이들은 목욕을 하고, 여자들은 빨래를 하고, 남자들은 낚시를 한다. 사람들은 모두 우리처럼 지나가는 사람들에게 손을 흔든다. 나무들도 물결과 서로 대화를 나누고 있다. 우리가 타고 있는 선외 발동기 배의 속도에도 불구하고 시간은 정지된 것처럼 느껴졌다. 우리가 적도에 있어서 계절을 느낄 수 없기 때문이다. 비가 올 것 같기도 하고 이미 내린 것 같기도 한 날씨이다.

하늘에 있는 큰 구름을 보고 나는 목적지에 가까워지고 있다는 사실을 알 수 있었다. 폭우가 내릴 때의 하늘 색깔이 아니었다. 갑자기 거대한 무언가가 나타났다. 멀리서 식인귀처럼 보이는 연기를 뿜어내고 있는 공장이 나타났다. 그 뒤로 바로 식인귀의 식량이 보였다. 언덕처럼 높이 통나무들이 쌓여 있었다.

그리고 강가에 정박한 바지선들은 식인귀의 식량이 부족할 것을 대비하여 또 다른 통나무들을 내려놓고 있었다. 그리고 또 다른 더미, 펄프_{식인귀의 생산품}로 가득 찬 컨테이너들이 그 옆에 있었다. 부교를 따라 정박한 배들의 행렬이 전 세계로 배달할 제품을 싣기 위해서 자신의 차례를 기다리고 있었다.

나는 200미터 간격으로 설치되어 있는 높은 망루에서 경비들이 우리를 감시하고 있다는 사실을 잊고 있었다. 나는 다시 돌아보면서, 이 엄청나게 큰 시설을 더 자세히 살펴보고 나무에 대한 나의 병적인 허기증을 채우고 싶었다. 이런 간청은 내가 탄 작은 배의 주인에 의해 강하게 거부당했다. 내가 인도네시아어를 전혀 모르긴 하지만 내가 선을 넘는 말도 안 되는 부탁을 했다는 사실을 알 수 있었다. 더 이상 할 수 있는 것이 없었기 때문에 그는 나를 나무_{확인 결과 아카시아나무였다}가 가득 실린 트럭들을 싣고 있는 페리선의 갑판에 내려놓았다.

내가 다시 땅에 발을 내딛자마자 검은 옷을 입은 한 남자가 가까이 다가왔다. 경비원이었다. 망루 중 한 군데로부터 연락 받은 것이 분명한 그 남자는 나에게 공장 주변은 항해가 모두 금지되어 있다고 말해주었다. 그런 다음 허가증을 보여달라고 했다. 그런데 내 소지품 중에 그런 것이 있었던가? 없다.

"그렇다면 당신은 여기서 아무것도 할 수가 없습니다."

페칸바루로 떠나는 자동차가 나를 데리고 가고 싶어 했다. 이렇게 나의 인도네시아 종이 길이 시작되었다.

* * *

여행을 좋아하는 사람들이라면 누구나 좋아하는 길이 따로 있기 마련이다. 누군가에게 비밀을 털어놓고 싶은 마음이 들 정도로 너무도 아름다운 길들이 있다. 그런 길들 중 하나는 뉴멕시코 주의 타오스Taos 근처에 있다. 그리고 또 다른 길은 코트다모르Côtes-d'Armor(프랑스), 이탈리아 피엔차(Pienza) 근처, 영국의 레이크 디스트릭트Lake District에 있다.

마치 함정에 빠진 것처럼 움직일 수 없는 길도 있다. 교통 혼잡이 너무 심해서 우리는 그곳에서 도대체 어떻게 빠져나올 수 있을지 묻고 또 묻게 된다. 최고의 기록은 도심에서 킨샤사Kinshasa[135] 공항까지 가는 길로 4시간 반이 걸리는 길이다.

가장 많은 수치를 기록하는 길은 있다. 사망 사고가 가장 많은 길이 그런 유형의 길이다. 이런 유형의 길들은 경쟁이 치열하다. 카이로Caire—알렉산드리아Alecandrie 고속도로? 리우데자이네루Rio de Janeiro—산토스Santos 고속도로? 인도에서는 어떤 여정을 선택해야 할까? 어떤 길이 가장 위험한 길일까?

---

[135] 콩고 민주 공화국의 수도

남에서 북으로 수마트라를 가로지르는 유일한 길은 특별히 언급할 필요가 있다. 온갖 위험이 다 도사리고 있다. 동물들을 사냥하기 위해 우물처럼 깊이 파놓은 덫도 있고, 단지 구덩이를 파놓은 곳도 있다. 미친 듯이 질주하는 트럭들과 지나치게 느리게 움직이는 짐수레들이 뒤엉켜 다닌다. 경오토바이를 탄 젊은이들의 무리가 지나가고 우연히 물소 떼와 마주치기도 한다. 갑자기 폭우가 쏟아지기도 하고 안개가 자욱하게 끼기도 한다.

죽음의 가능성이 도사리고 있는 이 길에서 위안이 되는 것은 있을 것 같지도 않다. 무성한 잡초와 통나무와 나뭇잎에 비교할 때 우리 인간 존재는 얼마나 초라하고 보잘 것 없는가?

한순간에 지금까지 평평하던 길이 오르막길로 바뀌었다. 마치 이 길에 은밀한 속셈이라도 숨어 있는 듯했다. 이 길은 나에게 중요한 무언가, 집들로 이어진 선 때문에 내가 볼 수 없는 어떤 비밀이나 자랑거리를 보여주고 싶어 하는 것이 분명했다. 오르막길은 작은 고개에서 끝이 났다. 그 너머로 보이는 광경은 내 숨을 멎게 만들었다. 내가 수마트라의 새로운 주요 인사를 만날 시간이 된 것이다. 그것은 바로 기름야자나무였다. 모두 비슷비슷한 수백만 그루의 나무들이 넓은 벌판을 차지하고 있었다.

임무를 완수한 길은 다시 내리막길로 변했다. 시치미 뚝 떼고 지나가면서 그 길은 나에게 식물 사회에서 권력을 가지고 있는 것이 누구인지 가르쳐주려는 듯했다. 다른 식물들은 여기서 볼 수 없었다. 나는 거의 아침에 가까운, 보다 호의적인 관점에서 이 섬의 보물인 크고 둥근 갈색의 야자나무의 열매를 실어 나르고 있는 수십 대의 트럭들을 보려고 했다.

이날 알게 된 다른 교육적인 이야기가 있다. 불평등에 대한 가르침이다. 우리는 피로를 조금 풀기 위해서 잠시 자동차에서 내려서 앞서 말한 야자수의 유입에서 기적적으로 보존된 원시림처럼 보이는 곳으로 걸어 들어가기로 했다. 맙소사! 우리는 한 발짝도 앞으로 나아갈 수가 없었다. 지나치게 잘 관리가 된 길로 들어서자마자 우리는 임시 야영장과 마주쳤다. 손에 벌채용 칼을 든 야만스러워 보이는 스무 명 정도의 사람들이 어느새 우리를 에워싸고 있었다. 서로 의견을 나누지도 않은 채 우리는 가던 길을 서둘러 되돌아왔다.

"누구죠?" 일단 위험에서 벗어나자 내가 질문했다.

"밀수입자들입니다. 나무나 짐승을 밀수입하는."

"큰길에서 이렇게 가까운 곳에서요?"

"우리가 경찰의 능력을 기대할 수 있는 곳은 단지 작은 마을에서 뿐입니다."

우리는 끝없는 길을 다시 갔다. 마을과 도시들이 연달아 나타났다. 그런 다음 밤이 되었고, 진정한 러시안룰렛[136]이 시작되었다.

* * *

---

136 회전식 연발권총에 하나의 총알만 장전하고 머리에 총을 겨누어 방아쇠를 당기는 목숨을 건 게임이다. 러시안룰렛은 자칫하면 모든 것을 잃어버릴 수도 있는 위험을 감수하면서 벌이는 시도, 즉 무모한 모험을 비유하는 말로 쓰인다.

첫번째 추월이 가장 힘들다. 매번 우리는 죽을 지도 모른다고 생각했다. 살아남았기 때문에 우리는 다시 철학하고 우리의 영혼을 회복시키고 충전한다. 우리에게 남은 유일한 기회는 점점 더 늦어지고 있는 이 시간에 잠을 자는 것이다.

자동차가 결국 멈추었을 때 언젠가는 어딘가에 도착할 것이라는 기대는 이미 오래 전에 나를 떠나 있었다. 나의 안내인이자 WWF[137]의 지역 대표인 아프다할Afdhal이 자랑스럽게 말했다.

"세계적인 산림벌목의 중심지인 림보 구자나Rimbo Gujana입니다!"

우리가 유일한 손님이었던 켄터키 후라이드 치킨Kentuchy Fried Chicken에서 보여준 WWF의 증거는 결정적이었다. 해마다 인도네시아에서 생산되는 펄프 700만 톤 중에서 86퍼센트가 수마트라에서 생산된다.

1988년에 이 거대한 섬의 지표면 중 58퍼센트2,500만 헥타르가 원시림으로 덮여 있었다. 오늘날에는 단지 29퍼센트1,200만 헥타르만이 원시림이다.

창문을 사이에 두고 커다란 나비 한 마리가 우리의 이야기를 엿듣고 있는 듯했다. 나비는 오른쪽 날개에 상처를 입었는지 힘겹게 날개짓을 하고 있었다.

* * *

그랑 라투Grand Ratu 호텔에 대해서는 할 말이 없다. 단지 이 호텔 역

137　World Wide Fund for Nature. 세계자연보호기금

시 기네스로부터 인정받을 만한 기록을 가지고 있다는 점만 빼고 말이다. 50여 개의 객실이 야기할 수 있는 온갖 소란이 한 장소에 밀집되어 있었다. 거기다가 외부에서 들려오는 시끄러운 소리까지 더해졌다. 언덕 높은 곳에 위치하고 있었기 때문에 호텔 바로 앞에서 무거운 짐을 실은 트럭들이 속도를 바꾸었다.

나는 여행자들의 뗄 수 없는 벗인 귀마개를 했다. 헛수고였다. 새벽 4시에 회교 승려가 나와서 기도 시간을 소리쳐 알리기 시작하자 나는 더 이상 참을 수 없는 지경에 도달했다. 대부분의 경우에는 부드러운 인도네시아 이슬람교도의 속성을 잘 알지 못했던 것이다.

알제리나 모로코 사람들의 울부짖음과는 상관없이, 기도 시간을 알리는 이 목소리에는 애정과 연민뿐만 아니라 방해를 한 것에 대한 유감이 섞여 있었다. 내 이웃들은 기도를 시작했다. 갑자기 트럭도 조용해지고 지나가는 사람들도 줄어들었다. 나는 내가 있는 이 빌어먹을 도시에 대해 잠시 잊고 다시 깊은 잠에 빠져들었다.

날이 밝은 후에 본 삼림 벌목의 세계적인 중심지는 우리가 알고 있는 미국 서부와 닮아 있었다. 교회 대신 회교 사원이 있고, 말 대신 경오토바이가 다니고, 제철공 대신 휴대전화가게가 있는 아시아적이고 현대적인 서부 지방이다.

* * *

잘 가꿔진 정원으로 연결되어 있는 집들은 산뜻해보였다. 주차장에는 자동차가 한 대씩, 간혹 두 대씩 주차되어 있었다. 열 살 정도 되어

보이는 아이들은 미니스쿠터를 타고 학교에서 돌아왔다. 거위 무리, 오리 한 쌍, 말뚝에 묶인 말이 삶의 질을 더 높여주고 있었다.

이 마을들의 여유는 어디에서 오는 것일까? 주민들이 산림벌목으로 이익을 얻는 것일까? 우리의 안내자인 아프드할은 우리에게 그 비밀을 말해주었다.

소설을 준비하기 위해 몇 주 동안 아마존을 누비고 다닌 적이 있기 때문에 나는 눈물을 흘리는 나무, 고무의 원료가 되는 수액을 흘리는 가느다란 회색 줄기를 가진 나무를 잘 알고 있었다.

나는 여기저기에서 식물 재배지를 볼 수 있었지만 오일 야자나무 때문인지 그 식물재배지는 유행이 지난 듯했다. 1870년 말에 아시아에 유입되면서 마나우스Manaus[138]와 브라질 북부 전역에 큰 손해를 끼쳤다는 사실에도 불구하고 나는 이 나무들이 손님맞이에 있어서 무척이나 너그러운 수마트라 사람들에게 위안을 가져다주는 모습을 보고 기뻤다.

이른 시간부터 우리는 뜰룩 꾸안딴Teluk Kuantan을 떠나서 항해라기보다 굴러갔다. 우리의 4×4[139]는 마치 거센 물결에 맞서 싸우는 배처럼 물에 빠지기도 하고 다시 기어나오면서 우리 몸을 흔들어놓았다. 극기심으로 참아보려고 했지만 나는 결국 길의 지독한 상태에 놀라고 말았다.

"벌목한 나무를 실은 트럭들은 어떤 길로 지나갑니까? 설마 이 길은

---

138   브자질 북서부 아마조나스 주의 주도
139   4륜구동 자동차

아니겠지요? 다시 말해서, 더 편안하게 지나갈 수 있는 길은 알지 못합
니까?"

나의 은근한 비난을 알아차리지 못한 아프트할은 웃음을 터뜨렸다.

"APP에 물어보십시오. 한 달 전부터 APP는 그곳에서 일하지 않는
사람이라면 누구도 그들의 땅에 접근하는 것을 금지시켰으니까요."

"그렇다면 우리는 지금 몰래 들어가는 것입니까?"

"다른 방법을 알고 계십니까?"

"그러다가 만일 제가 체포되면요?"

WWF 직원은 조롱하는 듯한 눈초리를 나를 쳐다보았다.

"당신의 책을 홍보하는 훌륭한 방법이 되지 않겠습니까?"

퇴직한 법관 같은 나의 고지식함은 머지않아서 개구쟁이같은 흥분
감에 밀려났다. 우리의 불쌍한 자동차가 멈췄기 때문이다. 강이 우리가
앞으로 더 나아가는 것을 막고 있었다.

나는 조심스럽게 만남을 준비했다. 이곳에서 정말 고약한 사람을
만나게 되는 것이 매일 일어나는 일은 아닐 것이다. 특히 그린워싱
greenwashing[140]으로 인해서 모든 기업들이 초록색으로 표현되고 있는 이
시대에는 특히 더 그럴 것이다.

아시아 펄프 앤 페이퍼Asia Pulp and Paper, APP. 인도네시아에서 두 번
째 혹은 세 번째로 부유한 가문인 위자야Wijaya 가문이 소유한 시나르
마스Sinar Mas 그룹의 자회사이다.

---

140 위장환경주의. 기업들이 실질적인 친환경경영과는 거리가 있지만 녹색경영을 표방하는 것처럼
    홍보하는 것을 말한다.

APP: 제지업계에서 세계 최고의 기업이다. 화장지용 펄프를 포함하여 모든 형태의 연간 제지 생산량은 1,500만 톤이며, 이것을 65개국에 판매하고 있다.

APP: 2000년에 상환 능력 부족으로 인해서 뉴욕과 싱가폴의 증권 거래소에서 제외되었다. 더 최근에는 미국 법정에서 새로운 분쟁에 휘말렸으며, 미국 수출입 은행에 10억 달러의 돈을 갚으라는 판결을 받았다.

APP: 중국에도 몇몇 공장이 있다. 하지만 주요 생산지는 인도네시아의 수마트라 섬 중앙에 있는 리아우와 잠비Jambi 지역이다. 이 지역은 동식물의 다양성이 자리 잡은 핵심 지역 중 하나이다. 그곳에는 코끼리, 호랑이, 우랑우탄이 살고 있었는데, 이러한 동물들은 지금 모두 멸종 위기에 처해 있다.

20년 전부터 APP는 벌목을 해왔다. 1984년부터 APP는 100만 헥타르 이상의 나무들을 펄프로 만들었다. 이렇게 해서 생긴 점점 더 넓은 지역에 그들은 나무를 심고 있다고 주장하고 있다. 따라서 그들의 주장에 따르면, 지금 펄프의 원료가 되는 것은 대부분 새로 심은 나무들이라는 것이다. 인도네시아의 환경단체는 이것이 모두 거짓말이라고 말한다. 인도네시아 환경단체는 공장 입구에 자리 잡고서 공장 안으로 들어가는 트럭들을 면밀히 관찰한 적이 있다. 이 숲에서 나는 목재들의 혼합물인 혼합 열대우림 목재Mixed Tropical Hardwood(단면이 더 붉고 껍질이 불규칙적이다)와 유칼립투스나 아카시아새로 심은 나무들를 구분하는 것은 더 이상 쉬운 일이 아니었다.

WWF가 실시한 최근 조사 결과에 따르면, APP 공장에 매일 도착하는 나무들의 70퍼센트가 원시림에서 오는 것이라고 한다. 하지만 APP는 단지 100퍼센트 식목한 나무들만을 사용하겠다는 약속을 정기적으로 발표하고 있다. 하지만 이런 약속은 매번 미뤄지고 있다. 2004년에서 2007년으로, 그다음 2009년으로, 그리고 지금은 2015년으로 연기되었다. 과거의 관행과 생산 능력에 비추어볼 때, WWF는 APP가 이 새로운 맹세를 절대로 지키지 않을 것이라고 생각한다.

왜 APP는 옮겨 심은 나무보다 벌목을 더 선호하는 것일까? 왜냐하면 유칼립투스나 아카시아가 빨리 자란다고 하더라도(5년에서 7년), 나무가 충분히 자라서 벌목할 수 있을 때까지 기다려야 하기 때문이다.

APP는 그들의 대부분의 경쟁사들과 대조적으로 산림벌목이 문제라는 사실을 계속해서 부인하고 있는 유일한 회사이다. APP는 결국 HCVF^{High Conservation Value Forest}, 중요한 보호가치가 있는 삼림을 보호하겠다는 모든 약속에 서명하기를 거절하고 있다. APP는 해마다 문을 폐쇄하고 직원들을 제외한 모든 외부인들이 그들의 벌목장에 출입하는 것을 금지하고 있다……. APP, 무언가 감출 것이 있는 것일까?

APP의 벌목장은 강 건너편에서 시작되었다. 사람들이 다가왔다. 그들은 우리를 기다린 듯했다. WWF 직원은 나에게 놀랄 준비를 하라고 했다. 그러고는 나에게 설명해주었다. 그들은 APP와 맞서 싸우고 있는 마을주민들이었다. 손을 꽉 쥔 채 크게 미소를 보냈다. 마치 라틴아메리카에 있는 기분이었다.

그들 중 한 명이 특별한 권한을 가지고 있는 듯했다. 나는 더 나중에 그 이유를 듣고 부르르 떨지 않을 수가 없었다. 사람들은 나에게 그를 이렇게 소개해주었다.

"팡드리Pendri입니다. 팡드리는 땅과 관련된 분쟁을 모두 알고 있습니다."

나는 잘 적어두었다. 마을주민들은 나에게 함께 가자고 제안했다. 그들 중 한 명의 경오토바이 뒷자리에 나를 앉으라고 했다. 생각할 시간이 없었기 때문에 나는 어느새 경오토바이에 올라타서 다리의 역할을 대신하고 있는 반쯤 썩어서 부서지고 흔들리는 널빤지 위를 지나가고 있었다. 널빤지 틈 사이로 내가 곧 빠질 것 같은 밤색 물이 흐르고 있는 것이 보였다. 하지만 나는 물에 빠지지는 않았다. 이렇게 해서 나는 곧 환경 파괴의 팡테온으로 들어가게 될 것이다.

하지만 영광은 나를 원하지 않았다. 우리는 비슷한 종류의 널빤지를 건너는 동안 강에 빠지지도, 길에 군데군데 있는 수십 개의 진흙 구덩이에도 빠지지 않았다.

나는 나를 태운 경오토바이 기사가 더 주위 깊게 길을 보게 해달라고 기도했다. 아슬아슬해 보이는 가파른 협곡에 난 모래로 된 좁은 오솔길을 가는 동안 나를 태운 경오토바이 기사는 끊임없이 나를 뒤돌아보았다. 내가 인도네시아어를 전혀 모르고 모터에서 시끄러운 소리가 나고 있었기 때문에 우리의 의사소통은 제한적이고 위험천만했다. 우리가 나무를 지나갈 때마다 경오토바이 기사는 나무에 대해 설명하면서 더불어 평가까지 내렸다. 파라고무나무의 경우에는 엄지를 치켜 올리며 'good'이라고 말했고, 최근에 심은 유칼립투스나무의 경우에는 엄지는 내리면서 'not good'이라고, 그리고 아카시아나무의 경우에는 마찬가지로 'not good'이라고 말했다. 이렇게 하기 위해서 그는 위험천만하게도 오른손을 핸들에서 놓고 있었다. 그리고 나는 내가 할 수 있는 한 모든 확신을 실은 표정으로 그의 'good'와 'not good'을 따라하면서 고개를 끄덕여주었다.

이제 그는 속도를 늦추었다. 그리고 결국 멈추었다. 온몸에 힘이 쭉 빠지면서 안도감을 느꼈지만 그런 기분은 그리 오래가지 않았다. 내 친구 역시 단 한 마디 말도 하지 않고 경직되어 있었다. 그리고 바라보았다.

그가 우연히 이 장소를 선택한 것이 아니었다. 이곳은 그가 투쟁에 대한 용기를 얻기 위해, 혹은 울기 위해서 혼자 와야만 했던 장소였다. 이 언덕 꼭대기에서 모든 것이 한 눈에 내려다보였다. 비극의 크기를 알 수 있었다. 최후의 시나리오를 향해 거침없이 나아가고 있었다.

제1장. 우리 발밑에 펼쳐진 현재: 공포이다. 대략 300헥타르의 땅에서 식물들이 모두 사라지고 없었다. 단지 그루터기들이 비죽 솟아 있는 붉은 땅만 남아 있었다. 군데군데 나무가 한 그루씩 하늘을 향해 삐죽 솟아 있었다. 나는 전쟁터를 본 적이 있다. 그래서 나는 죽음의 현장을 알아볼 수 있다. 그런데 내가 지금 그런 곳에 와 있다.

황폐해진 언덕 아래로 물이 흐르고 있었다. 암살자들은 숲의 일부만을 남겨놓았는데, 그것은 전쟁 이전의 과거 모습을 짐작하게 해주었다. 남겨진 숲의 일부는 분명 경사가 너무 가파르기 때문에 벌채나 벌목, 운송이 쉽지 않았기 때문일 것이다.

제2장. 미래: 모두 비슷하게 생긴 오일 야자나무의 작은 초록색 머리들이 절대 권력을 꿈꾸며 수만 그루씩 줄지어 서 있다. 끝없이 다양하고 복잡하던 식물 사회는 규칙에 순응하는 모두 비슷한 무리로 변해 있다.

나는 시인 빅토르 세갈렝Victor Segalen의 예언을 떠올렸다. 프랑소와 미테랑François Mitterrand이 프랑스 대통령을 역임하고 내가 대통령의 연설문을 작성하던 시절에 나는 세 번 정도 미테랑 대통령의 입에서 세갈렝의 이름이 나오게 한 적이 있다.

"다양성이 줄어들고 있습니다. 바로 거기에 지구 전체를 위협하는 위험이 도사리고 있습니다. 우리는 맞서 싸워야 합니다. 어쩌면 죽음이 기다리고 있을지도 모릅니다."

이 악몽 너머에 안개 사이로 보이는 지평선 근처에 부킷 티가풀룩 Bukit Tigapuluk 국립공원이 자리 잡고 있는 언덕이 있었다. 얼마나 더 오랜 시간을 APP의 욕망에 맞서 싸워야 할까?

내가 있는 장소의 주변 지역은 '야생동물 이동 통로'로 분류된 곳이었다. 말하자면 대형 야생동물들이 이쪽 밀림에서 저쪽 밀림으로 생존을 보장 받으면서 지나갈 수 있도록 만든 보호 지역이다. 이 섬에는 이제 단지 145마리의 코뿔소와 250마리의 호랑이가 남아 있다. 그리고 우리의 사촌인 오랑우탄'사람', '인간', 혹은 '숲의 사람'을 뜻하는 단어이다의 수는 20년 전에 비해 50퍼센트가량 줄어들었다. 따라서 지금은 단지 5,000마리 정도만 남아 있다.

쌍안경으로 인부들의 모습이 보였다. 300미터 정도 떨어진 곳에서 그들은 두 대의 노란 불도저의 움직임을 뒤따르고 있었다. 땅바닥에서 한 번에 열 개 정도의 나무줄기를 들어 올려 썰매처럼 생긴 것에 실어서 트럭으로 옮기고 있었다.

"숨어요! 저 사람들이 우리를 봐서는 안됩니다."

나는 바보처럼 그 상황을 비웃는 실수를 저질렀다.

"우리에게 어떤 위험이 생긴다는 거죠?"

"팡드리에게 물어보세요."

"아주 심각한 것인가요?"

"7개월 정도 징역에 처해집니다. 만일 당신이 그것도 괜찮다면 상관 없지만요."

나는 이 비통하고 어처구니없는 광경에서 눈을 뗄 수밖에 없었다. 화장지용 펄프를 만들기 위해 1,000년이 된 숲을 없애버린다는 사실을 어떻게 믿을 수 있겠는가?

바로 그때 나의 일행 중 한 사람이 새로운 소리가 들린다고 말했다. 그는 하늘을 가리키며 소리쳤다.

"헬리콥터예요!"

잠시 후에 우리는 모두 경오토바이에 올라타고 전속력으로 앞으로 질주했다.

벌목장을 다시 보기 위해 내 친구들은 파라고무나무 숲으로 이어지는 또 다른 길을 선택했다. 나에게 뭐든지 알려주기 위해 혈안이 된 그들은 그 나무들 아래로 수많은 식물들이 어떻게 자라는지 보여주고 싶어 했다. 안장에서 온몸이 흔들리는 동안 나는 희미한 불빛과 아마존 특유의 썩은 냄새를 찾아냈다. 경오토바이를 운전하던 마을주민이 나의 감정을 어떻게 알아차렸을까?

* * *

여기에 모든 것을 다 말할 수는 없지만 우리의 대화는 계속 이어졌다. APP 구역에서 1만 9,000헥타르를 받았는데, 마을 공동체는 그중 3,000헥타르를 경작지로 보존하고 싶어 했다는 것 정도만 말할 수 있다. 마을 사람들은 수십 년 전부터 그곳에서 살아왔지만 자신들의 소유로 인정받을 수 있는 종이 한 장도 생산할 수 없었다. 하지만 정부로부터 허가를 받았다고 주장하는 APP는 무엇 하나 놓치려고 하지 않았다. 양측이 서로 정당한 권리를 놓고 충돌하였다. 한쪽은 법으로부터 인정받은 권리이며, 다른 한쪽은 전통적으로 내려오던 권리다. APP는 얼마 되지도 않는 자신의 땅을 지키려는 마을 사람들에게 소유권을 포기시키기 위해서 위협을 멈추지 않았다. 마을 사람들 역시 이에 반발하여 불도저를 공격하거나 가건물에 불을 질렀다.

나는 결국 팡드리의 과거를 알게 되었다. 팡드리가 경찰에 체포된 것은 이러한 충돌 과정에서였다. 하지만 경찰은 늘 APP의 편이었다. 여기까지 침묵하던 팡드리가 말을 시작했다.

"어쩌면 당신이라면 이 이상한 일을 저에게 설명할 수 있을지도 모르겠군요. 우리의 국무총리는 국가적인 재앙인 부패를 청산하겠다고 선언했습니다. 그 후로 장관이나 정부 관리들 역시 특히 불법으로 사업권을 허가한 것에 대해 인정했습니다. 심지어 그들 중 몇몇은 감옥에 가기도 했죠. 하지만 왜 APP의 어떤 허가권도 취소되지 않는 것이죠? 그리고 왜 부당한 이익을 취득한 회사가 전혀 걱정을 하지 않는 것일까요?"

팡드리는 미소를 지었다. 오후가 끝날 때까지 팡드리는 또다시 한 마디도 개입하지 않고 동료들이 흥분하도록 내버려두었다. 단지 나와 작별인사를 할 때 팡드리가 덧붙여 말했다.

"저는 당신이 글을 쓰는 작가라고 알고 있습니다. 우리는 종이에 대해 아무런 반감도 없습니다. 하지만 숲을 존중해야만 합니다. 그래서 우리는 투쟁을 계속할 것입니다."

나는 나를 환대해준 마을 사람들에게 열렬한 감사를 전하면서, 한편으로 그들의 투쟁에 대한 나의 회의적인 생각들을 감추는 데 성공했기를 마음속으로 기원했다. 소중하고 불쌍한 경오토바이들! 어떻게 하면 그들에게 더 많은 권리를 줄 수 있을까?

엔진 소리가 들리자, 나는 자동차에 올라탔다. 자동차는 딱딱하고 끊어지는 듯한 어떤 소리가 들리자 속도를 늦추었다. 나는 베트남에 관한 영화를 떠올렸다. 그리고 기억해냈다고 생각했다. 특히 팡드리 앞에서 똑똑한 척을 하고 싶었다.

"이번에는 헬리곱터예요!"

평생 동안 나는 마을 사람들에게 고마워할 것이다. 그들은 강기슭에서 오두막집 몇 채와 파란색 텐트를 보여주면서 흐뭇해했다. 그리고 나에게 짧게 말했다.

"저 엔진은 펌프예요."

"저기 아래에 있는 것이죠. 그리고 저것은 금 탐지기입니다."

내가 마지막으로 바보 같은 질문을 던졌다.

"불법인가요?"

내 친구들은 시선을 다른 쪽으로 돌리는 것을 선택했다.

* * *

그다음 날 나는 두 군데의 벌목장을 더 방문했다.

공식적인 출입이 금지되어 있었기 때문에 우리는 길이라고 생각할 수 없는 길을 따라갔다.

5만 헥타르 규모의 첫번째 벌목장은 PT Wanamukti Wisesa 회사의 소유라는 사실을 여기저기 꽂아놓은 커다란 입간판이 자랑스럽게 알리고 있었다. 그들을 대신하여 나까지 이 사실을 떠벌리고 싶지는 않다. 숲을 깎아대는 이 사람들의 목적은 파라고무나무를 심는 것이다. 그들은 벌목한 나무의 판매에는 직접적으로 관심이 없다. 제지업체에 팔지 못한 나무들은 땅에 파놓은 구덩이에 쌓아서 불을 질렀다. 하지만 불에 완전히 타지 못한 거무스름한 나무 더미들 때문에 그 지역에는 음산한 분위기가 감돌았다.

조금 더 멀리 떨어진 곳에서 7만 헥타르의 PT 르스따리 아스리 자야 PT Lestari Asri Jaya의 벌목장이 시작되었다. 이 벌목장은 50킬로미터 떨어진 곳에 위치한 거대한 공장의 식욕을 매일 채워주어야 한다는 강박관념에 사로잡혀 있었다. 공장의 식욕을 채우기 위해서는 나무가 필요했기 때문에 그들은 벌목을 한다. 아무런 양심의 가책도 없이 말이다. 한 구역을 벌목하고 나면 다음 구역 차례이다. 더구나 그들은 정확한 사람들이기 때문에 늘 구역 간의 경계를 분명하게 지켰다.

오른쪽으로 복잡하고 무질서하게 뒤얽혀 있는 원시림이 보였다. 땅을 뒤덮고 있는 고사리부터 하늘을 향해 가지를 뻗고 인사를 하고 있는 거대한 나무들까지 다양한 초록색이 뒤섞여 있었다. 하지만 왼쪽으로는 아무것도 없었다. 단지 내가 전날 보았던 것과 같은 피부가 벗겨진 10, 20 혹은 100헥타르의 붉은 땅밖에 없었다.

이 숲에는 동물들이 있었다. 하지만 동물들은 불도저가 그들을 밀어 버리기 전에 도망치는 것 말고는 할 수 있는 것이 없었다. WWF는 호랑이의 수를 세기 위해서 적외선 카메라를 설치했었다. 1구역에서 살고 있던 호랑이의 수는 12마리였다. 그런데 지금은 모두 사라지고 한 마리도 남지 않았다.

태곳적부터 그곳에 살고 있던 사람들이 있다. 그들은 '숲의 민족'이라는 뜻으로 오랑 림바Orang Rimba라고 불렸다. 오랑 림바 역시 물러날 수밖에 없었다. 동물들처럼 오랑 림바다 도망쳤다. 매주 그들의 땅은 좁아지고 있다.

우리는 오랑 림바 중 한 명과 접촉을 시도했다. 오랑 림바는 끊임없이 이동하고 있었기 때문에 그들을 만나는 것은 힘들었다. 과거에 오랑 림바는 사냥 영역을 바꾸기 위해서 움직였다. 하지만 요즘은 거대한 삽에 휩쓸려 나가지 않기 위해 이동한다. 한 젊은 오랑 림바를 만날 수 있었다. 그는 마을을 선택하면서 오랑 림바로 사는 것을 포기했다. 하지만 그는 여전히 매주 과자와 특히 담배를 가지고 다섯 시간 동안 경오토바이를 타고서 그곳을 들르고 있었다.

나와 만난 픽업 지점에 서서, 그는 오랑 림바의 현재 위치를 찾기 위해서 주변을 주의 깊게 살폈다. 마침내 그가 나에게 빨래가 늘려 있는 곳을 가리켰다. 바지, 셔츠, 그리고 작은 브래지어.

오솔길을 따라가기만 하면 되었다. 한 가족이 우리가 오는 모습을 지켜보고 있었다. 세 명의 여자, 두 명의 남자, 열 명 정도의 아이들이 나무 사이에 플라스틱 덮개를 걸쳐서 만든 텐트 아래에 앉아 있었다. 조금 더 떨어진 곳에 널빤지를 대충 이어서 만든 가건물은 비가 너무 많이 올 때 그들이 피신처로 삼는 곳이 분명했다.

3,000년, 아니 5,000년 전부터 오랑 럼바는 생활 방식을 바꾸지 않은 것일까? 나는 그들이 이 숲의 현재를 살아가고 있다는 말하는 것은 잘못이라고 생각한다. 그들은 죽을 때까지 숲을 지킬 것이라고 했다. 하지만 무슨 수로?

그들의 야생적인 삶이 나를 힘들게 하지는 않았다. 다만 이 사람들의 물질적 궁핍은 내 가슴을 아프게 했다. 왜 그들은 현대 문명의 혜택 중 단만 몇 가지라도 누릴 수 없는 것일까?

한 여자가 나에게 말을 걸었다. 그녀는 품에 두 아이를 안고 있었다.

"당신은 길을 따라 이곳으로 오셨나요?"

그녀의 말을 마을에 사는 오랑이 통역해주었다. 나는 그렇다고 대답했다. 그리고 나는 잘못을, 그것도 아주 큰 잘못을 저지르고 말았다. 나는 자갈을 깔아놓은 아름답고 곧게 뻗은 이 길 덕분에 왕래가 편리해졌다는 말을 덧붙였던 것이다. 나는 그 여자의 분노를 결코 잊을 수가 없다. 오랑이 나에게 간단하게 말해주었다.

"이 길은 빌어먹을 길입니다. 이 길은 우리를 죽이러 가는 방향을 알려주는 화살표죠. 죽음과 트럭과 군인들의 길입니다. 진짜 숲은 길이 필요하지 않습니다. 모든 길은 피를 흘리게 합니다."

이 길, 피를 흘리게 한 이 길 역시 종이의 길이다.

60만 헥타르

아라크루즈Aracruz[141] | 브라질

비토리아Vitória. 에스피리토산토Espírito Santo 주[142]. 사람들은 부유한 이웃인 미나스제라이스Minas Gerais[143] 주가 성령의 주[144]가 그들 도시로 이어지는 도로를 건설하는 것을 막았다는 이야기를 하곤 한다. 미나스제라이스 주의 주민들은 이런 도로를 통해 다른 지역 사람들이 자신들의 금을 강탈하러 오는 것을 두려워했던 것이다.

최초의 이주민들은 고지대에 정착하였다. 그들은 특히 식욕이 왕성한 그 지역의 개미들의 공격을 참지 못했던 것이다.

---

141 브라질 상파울루 주의 도시
142 브라질 동부의 주
143 브라질 동부의 주
144 '성령'을 뜻하는 에스피리토 산토 주를 가리킨다.

비토리아. 리우데자네이루^{Rio de Janeiro}[145]의 북부에서 600킬로미터 떨어져 있다. 오른편으로 멀리 보이는 건물들 위로 굵고 하얀 연기가 피어오른다. 인디언 아르셀로미탈^{Indien ArcelorMittal}이다. 어쩌면 지구상에서 가장 중요한 공장인지도 모른다고 운전사가 나에게 말해주었다. 해마다 800만 톤의 강철을 생산하고 있는 곳이라고 했다.

이 회사를 설립한 사람은 바로 룰라^{Lula} 대통령이었다. 브라질. 길을 따라 모텔들이 쭉 늘어서 있었다. 모텔들은 앞 다투어 요란한 색깔과 주목을 끄는 이름을 경쟁적으로 사용하고 있었다. 그중에는 알리비^{Alibi}라는 고상한 이름도 섞여 있었다. 그리고 모두 끔직한 글씨로 광고판을 만들어 밖에 내걸어놓았다.

크리스마스 맞이 특별할인

10시부터 18시 사이에는

50퍼센트 할인해드립니다!

2011년 12월 초였다. 빗소리가 바다에서 들려오는 파도 소리와 뒤섞였다. 비가 더 많이 내릴수록 성령의 주 주민들은 더 많이 웃었다.

심지어 폭우로 인해 공항이 문을 닫아야 할 때조차도 말이다. 성령의 주 주민들의 이러한 유쾌함은 비보다 더 최근에 생긴 또 다른 이유 때문이다. 그것은 바로 해안에서 발견한 석유 때문이었다. 하지만 이곳 사람들은 그 누구도 비에 대한 찬양 역시 잊지 않았다. 왜냐하면 유칼

---

145 브라질의 옛 수도

립투스가 세상 어느 지역에서보다 성령의 주에서 더 빨리 자란다면 그것은 브라질의 땅과 열기와 비 덕분이기 때문이다. 더구나 유칼립투스가 빨리 자랄수록 성령의 주는 더 부유해졌다.

* * *

처음 도착했을 때만 해도 나는 유칼립투스를 좋아하지 않았다. 나는 질베르토 프레이레Gilberto Freyre[146]가 유칼립투스에 대해 몇 페이지에 걸쳐서 썼던 그다지 호의적이지 않은 글을 기억한다. 1936년에 발간된 『설탕의 땅Terres du sucre』에서 그는 브라질 북동부 지역에서 사탕수수의 단작에 의한 피해를 분석했다.

그는 산림벌목뿐만 아니라 그와 비슷한 수준의 피해를 야기하는 경우인 천연 종을 수입 종으로 대체하는 것에 대해 한탄했다. 그리고 그 대표적인 예가 오스트레일리아 유칼립투스이다.

만약 북동부의 새들이 토양의 양분을 너무 많이 흡수하고, 사람들에게 그늘을 거의 주지 않고, 동물들에게 안식처를 거의 제공하지 않는, 이 마르고 탐식적인 나무에 몸을 숨기거나 둥지를 틀 수 없게 된다면 유칼립투스가 공원이나 숲 전체로 퍼져 나가는 것은 단지 그 지역의 식물뿐만 아니라 동물과 인간의 생명에도 위험할 수 있다. 왜냐하면 유칼립투스의 성장 때문에 새들이 번식하지 못하게 된다며 그 지역 사람들이나 경제에 유용한

146　브라질의 사회학자. 브라질 북동부에 대한 사회학 연구의 개척자로 알려져 있다.

영향을 끼치는 수많은 식물들의 건강 역시 위협받게 된다. 식물들의 건강은 새들에게 달려 있기 때문이다. 송충이나 해충에 관해 연구하는 어떤 농학자보다 새들이 이 식물들을 더 잘 보호해준다. 예를 들어 카옌Cayenne의 뻐꾸기의 경우처럼, 우리가 예방 활동의 중요성을 아무리 강조해도 지나치지 않다.

"그렇다면 유칼립투스는 어떤 이 점은 있습니까? 급속도로 증식하고 있는데요. [……]"

하지만 나는 인도네시아의 산림벌목이 생각났다. 산에 나무를 모조리 베어 없애버리느니 유칼립투스라도 심는 것이 더 낫지 않을까? 나는 직접 볼 수 있는 기회를 기다렸다. 왜냐하면 나는 보는 것을 좋아하니까. 그리고 보았다.

1960년, 1970년대에 얼링 스벤 로렌첸Erling Sven Lorentzen이라는 노르웨이인이 있었다. 이 북반구 사람은 이미 잠재력이 풍부하지만 그 잠재력을 발휘하지 못하고 있는 남반구의 나라들, 즉 브라질을 동경했다.

로렌첸은 무엇보다 기업가였다. 비전에 사로잡힌 사람은 현실을 바꿀 수 있다.

로렌첸의 비전 한복판에는 나무, 즉 유칼립투스가 있었다. 유칼립투스는 브라질에서 전혀 생소한 나무는 아니었다. 철도 침목이나 광산 축대를 만드는 데 대량의 목재가 필요하게 되자 로렌첸은 유칼립투스를 원산지인 오스트레일리아에서 들여왔다.

하지만 로렌첸은 유칼립투스에 대해 또 다른 야심찬 계획을 가지고 있었다. 로렌첸은 성장 속도가 빠른 이 나무와 이제 막 잠에서 깨어난 브라질 사이에 비슷한 점을 발견한 것이 분명했다.

1967년의 어느 날, 로렌첸은 자신과 가까운 사람들을 불러 모았다.

"자, 이것이 우리가 해야 할 일입니다.

① 유칼립투스의 대규모 재배지 조성

② 유칼립투스를 사용하는 세계에서 제일 큰 공장 설립

③ 우리의 제품을 그 누구의 방해도 받지 않고 전 세계로 수출할 수 있는 항구 건설"

"하지만 우리가 생산하게 되는 것이 정확히 무엇이죠?"

로렌첸의 측근 중 한 사람이 물었다.

"펄프입니다. 전 세계가 펄프를 필요로 합니다. 하지만 북유럽의 나무들은 모두 성장 속도가 너무 느려서 그 수요를 감당할 수가 없습니다."

로렌첸은 여세를 몰아서 회사를 설립했다. 회사의 이름은 이웃 도시의 이름을 따서 아라크루즈[147]로 정했다.

몇 년 동안 세심한 준비 과정을 거치면서 로렌첸은 유칼립투스의 원산지인 오스트레일리아를 방문하기도 했다. 왜냐하면 브라질이나 종이에 가장 적합한 나무를 선택해야만 했기 때문이다. 그리하여 1967년에 처음으로 나무를 심기 시작했다. 그리고 1978년에 첫번째 공장이 문을 열었다. 성공이었다. 그리고 계속 성장했다. 온갖 시련과 우여곡절을 겪으면서, 아라크루즈는 계속 발전했다.

이 회사가 부도의 위기를 겪게 되는 2008년까지는 말이다. 전 세계

---

147 브라질의 상파울루 주에 아라크루즈라는 도시가 있다.

를 강타한 경제 위기 때문이 아니라 회사의 재무부장 때문이었다. 그는 회사의 유동자산을 금융시장에서 가지고 놀면서 그것이 영리한 행동이라고 믿었던 것이다. 결국 브라질에서 영향력 있는 그룹인 보토란팅Votorantim이 아라크루즈를 매입하였다. 그리고 회사 이름을 피브리아Fibria로 바꾸었다.

파산으로 인한 끔찍한 혼란을 막기 위해, 브라질 국책은행인 경제사회개발은행BNDES가 자금을 융통해주었다. 그리고 피브리아는 다시 비약적으로 발전하기 시작했다.

브라질에서 가장 유명한 농업 관련 산업의 전설에서 주인공은 공장이 아니다. 하지만 공장은 로렌첸이 예고했던 것처럼 지금도 세계 제일이다. 바다에서 2킬로미터 정도 떨어진 곳에 산처럼 쌓인 통나무, 또 다른 산처럼 쌓인 대팻밥, 굴뚝, 창고, 배수관, 정수 시설 등이 96헥타르의 땅을 차지하고 있다. 해마다 230만 톤의 펄프를 생산하기 위해 이 회사는 매일 2만 3,000평방미터의 숲을 집어삼키고 있다.

주인공은 항구도 아니다. 하지만 해마다 거의 300여 대의 대형 선박이 수천 개의 희끄무레한 입방체, 즉 펄프를 실으러 왔다. 그런 다음 펄프를 필요로 하는 사람들에게 배달했다. 우선 유럽40퍼센트에 가져다주고, 그다음으로 아시아와 북아메리카에 가져다주었다. 수많은 입방체에는 마치 어린아이가 그린 것 같은 오렌지색 앵무새 그림이 그려져 있다. 이것은 알파벳을 거의 모르는 중국인 하역 인부를 위해 그려놓은 것이다. 이 수다스러운 새는 중국인 하역 인부들에게 어떤 회사로부터 펄프가 도착했는지 알려주는 표시가 되는 것이다.

세계화 시대이다. 항구에는 (거대한) 바지선이 정기적으로 정박한다.

진한 초록색의 둥글고 귀여운 형태의 예선들에 이끌려서 움직이는 바지선은 공장의 엄청난 식욕을 채워주기 위해 북부 지방^{바이아(Bahia) 주148}에서 나무를 가득 싣고 온 것이다.

그들은 나에게 한 대의 바지선이 자그마치 110대의 트럭을 대신할 수 있다는 말만 해주었다. 친환경적인 물자보급 수단이다. 해양 운송 수단 만세! 공장과 항구, 우리는 그 거대함과 웅장함에 매료당했다. 그리고 프로젝트의 전체적인 일관성에 감탄했다. 그럼에도 불구하고 우리는 속아서는 안 된다.

피브리아에서 가장 중요한 것은 나무이다. 때로는 희끄무레하고 때로는 누르스름하기도 한, 이파리가 거의 없는 길고 가는 줄기, 간단히 말해서 외모가 볼품없는 식물인 것이다.

그것은 바로 유칼립투스이다. 유칼립투스는 세심한 관심을 기울여야 하는 식물이다. 사람들은 유칼립투스를 잘 키우기 위해 어떻게 해야 하는지 알지 못한다. 그래서 편애하고 보호할 뿐이다. 유칼립투스의 조그만 변덕에도 순식간에 반응하면서 말이다. 유칼립투스는 마치 영화 무대의 스타처럼 대접받고 있다. 말 그대로 스타이다. 영화는 바로 스타에 의해 좌지우지되는 것이다.

* * *

모종 농장^{17헥타르}을 보러갔다.

---

148 브라질 북동부에 있는 주

"왜 이렇게 넓은 거죠?"

관리인은 내 질문을 재미있어 했다.

"단지 이 지역에서만 피브리아는 해마다 6,000만 그루의 나무를 심습니다."

멀리서 탁자 위로 몸을 구부리고 있는 여자들이 보였다. 여자들은 모두 연한 초록색 유니폼을 입고 있었다. 그녀들은 무슨 일을 하는 것일까?

관리자는 나에게 기다리라고 충고했다.

"제가 곧 말씀드리겠습니다. 유칼립투스의 생식이나 성장은 인간의 그것과 전혀 비슷하지 않습니다. 시적인 느낌은 전혀 나지 않는 기술적인 용어로 말하면 영양번식[149]이라는 것입니다."

관리자는 나를 내가 미처 보지 못했던 창고로 데리고 갔다. 테이블이 있어야 할 자리에 콘크리트 재배조가 놓여 있었다. 내가 보기에는 모두 비슷비슷하게 생긴, 이미 잘 자리 잡은 아주 작은 묘목들이 심어져 있었다.

"당신이 맞습니다. 이것은 클론입니다. 여자들이 하는 일을 잘 지켜보십시오."

나는 가까이 다가갔다. 이 작은 유칼립투스에서 여자들은 10센티미터 정도의 길이가 되는 가지를 세심하게 채취하고 있었다. 이 가지에는

---

149 특히 식물에서 세포 생식에 속하는 포자생식이나 무배생식을 제외한 무성생식. 영양번식에 의해 만들어진 동일한 유전자형을 갖는 개체를 무성생식체, 무성생식체 전체의 집합을 유성생식체라고 한다.

잎이 하나라도 붙어 있어야만 한다. 이렇게 채취한 가지는 가방 속으로 들어갔다. 나는 일본을 생각했다.

"마치 분재 같은데요. 이 유칼립투스는 자라지 않습니까?"

"매일 가지를 뻗습니다. 우리는 이 유칼립투스를 모태 유칼립투스라고 부릅니다."

슬프지만 너그러운 운명이다!

"잘려진 가지는 이 가지가 원래 붙어 있던 나무와 같은 유전형질을 가지고 있습니다. 바로 클론이죠. 이 창고에 있는 나뭇가지들은 모두 같은 클론을 가지고 있습니다."

"그렇다면 다른 창고들은요?"

"다른 클론이죠! 우리는 8개의 창고를 가지고 있습니다."

"아주 다양하군요!"

"당신이 믿지 않을지 모르겠지만 잠재적인 질병의 확산을 피하기 위해 우리는 구역별로 클론을 다르게 하고 있습니다."

다시 10센티미터 정도 되는 잔가지로 돌아왔다. 여자들은 그것을 쌀겨, 야자열매 조각, 그리고 몇몇 다른 영양 보충물이 잘 섞여 있는 플라스틱 통에 심고 있었다.

어린 유칼립투스는 정성껏 보살핌을 받았다. 어린 유칼립투스는 빨리 자라는 것으로 그에 대한 만족감을 표현했다.

"진정하십시오. 한 종류는 통 속에서 키웁니다. 그리고 또 한 종류는 숲의 가혹한 환경에 부딪혀보게 합니다."

통 속에서 키우는 묘목은 서서히 보호의 손길을 줄이면서 빛에 노출시키고 뿌리의 끝을 잘라낸다. 그런 다음, 90일이 지나면 작별이다. 유칼립투스의 경우에는 탕기Tanguy[150]도 엄마 아빠 곁에서 영원히 지내게 되는 어린이도 없다. 트럭이 와서 이미 30센티미터 정도 자란 묘목들을 실고 갔다. 땅으로 옮겨심기 위해서이다.

"그거 아십니까? 우리 묘목 농장은 유칼립투스만 키우고 있지는 않습니다!"

관리인이 나에게 말했다. 그리고 착한 행동을 고백할 수밖에 없다는 듯한 겸손을 위장한 가식적인 미소를 지으며 그는 나에게 '천연' 숲을 지키기 위해 피브리아가 어떤 역할을 하고 있는지 설명했다.

"더구나 우리는 법으로부터 제약 받고 있습니다. 몇몇 군데의 보호 지역에는 우리의 나무를 심을 수가 없습니다. 예를 들면, 언덕 꼭대기나 강기슭 같은 곳이죠. 그리고 우리의 다섯 번째 농장 규모의 숲을 다시 살려낼 의무가 있습니다."

나는 잠시 이 복잡한 행정 절차에 어리둥절했지만 동의의 뜻을 나타내기 위해 고개를 끄덕였다. 마찬가지로 더 나중에 확인하겠지만 이 규칙들은 여기서 잘 지켜지는 편인 듯했다. 두 개의 브라질이 존재하는 것일까? 숲을 지키려는 성스러운 영혼의 브라질? 그리고 숲을 황폐하게 만드는 아마존의 브라질? 나는 다시 관리인과 대화를 이어갔다.

"원시림을 지키려는 이 숭고한 사회 운동과 묘목 농장이 무슨 관계가 있죠?"

"유칼립투스의 경우처럼 우리는 85종의 클론, 다시 말해서 재생에 필요한 클론을 만들어내고 있습니다! 보십시오."

---

150 에티엔 샤틸리에즈 감독의 영화로 부모로부터 독립을 싫어하는 아들의 이야기

나는 관목 앞에서 몸을 구부렸다. 관목에 달려 있는 명찰을 읽었다.

Pau Brasil, caesalpinia echinata 나라의 이름을 딴 홍목의 일종이다.

* * *

농장으로 이어진 길을 가면서 나는 상처 받은 풍경을 보게 되는 최악의 상황이 두려웠다.

스위스 출신의 한 회의주의 철학자의 말대로, 기껏해야 실망하는 정도이기를 바랬다.

유칼립투스, 600여 종류 중에서 특히 그란디스grandis와 우로필라 urophylla가 제일 낫다는 말에 동의한다. 각 구획은 보통 크기20헥타르로 나뉘어져 있었고, 빠르게 다시 자라고 있어서 눈이 지루하지 않았다. 지평선까지 단모작으로 이루어진 작고 평편한 언덕이 있는 것은 아니었다. 우리는 각기 다른 나이의 나무들 사이를 산책할 수 있었다. 막 벌목이 끝난 땅에는 묘목 농장에서 가져온 어린 묘목이 심어져 있었다.

높이: 1미터

길 건너에는 다 자란 나무들이 있었다. 심은 지 5년밖에 지나지 않았는데도 이미 높이가 25미터에 달했다. 조금 더 멀리 떨어진 곳에는 10헥타르 면적에 청년기 나무들이 심어져 있었다. 2년 정도 된 나무로 높이가 12미터 정도였다.

각 구획 사이에는 원시림 보존 지역이 있었다. 법이 정한 대로 꽤 넓은 면적이었다.

간단히 말해서 우리는 불편한 감정을 느낄 필요 없이 둘러볼 수 있었고, 오히려 특별한 다양성을 지켜보는 즐거움을 누릴 수 있었다. 나는 일드프랑스Île-de-France를 방문한 브라질 사람이 보스 평야의 단조로움에 화를 내는 모습을 상상해보았다.

* * *

"왜 그렇게 유칼립투스에 대해 적대감을 가지고 있는 것이죠?"

루이즈 제랄도Luiz Geraldo가 안타까워했다. 그의 젊은 두 어깨 위에 그 유명한 FSC[151]의 인증을 받을 책임을 지고 있었다. 끈질기지만 친절하게 그는 내 생각을 바꾸어 놓기 위한 작업을 계속 진행했다.

사랑에 대한 첫번째 강의.

알려진 것과는 달리, 유칼립투스는 본래 친화력이 좋은 나무이다. 유칼립투스는 다른 나무들과 함께 잘 자라며 심지어 영양분을 서로 주고받는다.

아침 일찍부터 우리는 발목까지 붉은 흙에 잠긴 채 걸었다. 아주 어린 묘목 사이에 옥수수, 마니옥[152], 강낭콩이 심어져 있었다. 이 작은 세계는 훌륭하게 잘 어울리며 잘 자라고 있었다. 아무튼 나는 대충 넘어가지 않기 위해서 이 작은 생태계도 주의 깊게 관찰했다. 이유가 어찌

---

151 Forest Stewardship Council 산림관리협의회. 벌목이 환경이나 지역 주민에게 모두 해가 되지 않도록 산림을 관리하는 기관

152 카사바 속의 식물

되었던 간에, 루이즈는 나의 태도를 높이 평가했다. 나로서는 기분 좋은 일이다.

10분마다 소나기가 내려서 우리를 흠뻑 적셨다. 나는 이미 브르타뉴 지방 출신, 말하자면 비의 친구라고 소개했기 때문에, 루이즈는 나에 대해 그다지 걱정하지 않았다. 루이즈는 브르타뉴 사람들이 성미가 얼마나 급한 지는 아직 모르고 있는 눈치였다. 그것 역시 좋은 일이다.

나는 사랑학 교수님에게 다음 강의로 넘어가는 것이 좋을지도 모르겠다고 말하고 싶었다. 그래서 나는 유칼립투스의 사회성을 믿어 의심치 않는다고 고백했다. 하지만 루이즈는 강의를 끝내지 않았다.

"이 식량 대용의 식물은 함께 자라는 식물로부터 영향을 받습니다."

"만약 제가 잘 이해했다면 피브리아도 유칼립투스만큼이나 사회성이 좋은 것이군요!"

루이즈가 환한 미소로 나에게 답했다. 그리고 나를 풀어주었다. 휴식 시간을 알리는 종소리가 울렸다. 우리는 자동차로 돌아갔다. 나는 이유를 알 수는 없었지만 왠지 커진 기분이었다. 유칼립투스의 영향으로 내가 나의 저주 받은 1미터 73센티미터라는 키를 극복하게 된 것일까? 확인해본 결과, 내 신발 안창에 달라붙어 있는 브라질 토양 때문이었다.

첫번째 강의 반복. 강의를 계속 진행하기 위해 걷는 동안에 루이즈는 나에게 나무들 사이에 놓여 있는 초록색과 파란색의 상자들을 보여주었다.

"무엇인지 맞혀보시겠습니까?"

"벌통?"

"맞습니다. 한 해에 90톤의 꿀을 생산하고 있습니다. 이것을 통해 얻을 수 있는 수입이 어느 정도인지 아십니까? 우리는 전반적으로 꽤 잘하고 있는 편입니다."

나는 10년 동안 원주민 마을과 피브리아가 충돌해왔다고 들었다. 태곳적부터 원주민 마을이 자리 잡고 있었던 땅은 공장이 매일 필요한 나무를 벌목하기 위해 필요했던 엄청난 면적의 땅의 일부였던 것이다.

토론은 무력 충돌로 이어지곤 했다. 정부가 개입했다. 피브리아가 결국 1만 1,000헥타르의 땅을 양보하는 것으로 끝이 났다. 양측 간에 평화 협정이 체결되자 협동을 시작할 수 있었다. 나무 농장의 몇 가지 사례들을 그곳에서도 볼 수 있었다. 또 다른 발전교육이나 건강 프로젝트, 농업 활동 지원 등……도 함께 이루어지고 있었다.

나는 막강한 힘을 가진 대기업을 죽여야 했던 두 가지 사건에 대해 다시 생각해보았다.

- 현대인의 탐욕에 대한 풍자라고 할 수 있는 돈의 광기
- 그리고 인류의 역사와 함께 시작된 땅을 차지하기 위한 전투

* * *

사랑에 대한 두 번째 강의.

"아뇨. 유칼립투스는 우리가 생각하는 것처럼 물을 말라버리게 하지 않습니다."

내가 물에 대한 책을 쓴 것을 알고서 루이즈는 나에게 자신의 사랑하

는 나무가 이런 비난에 대해 아무런 책임이 없다는 분명한 증거, 반박할 수 없는 확실한 증거를 나에게 보여주었다.

"보십시오."

다 자란 유칼립투스나무 아래에 커다란 구멍이 뚫려 있었다.

"자, 내려가보세요."

나는 조심스럽게 대나무 사다리의 첫번째 살에 발을 디뎠다.

"겁내지 마세요."

나는 좀 더 속도를 냈다. 프랑스의 명예를 걸고.

"그런데 이건?"

"뿌리입니다."

"네, 뿌리군요."

"너무 짧아서 보이지 않는데요."

"평균 2미터 50센티미터 정도 됩니다."

"바람이 강하게 불지 않으면 좋겠군요."

"내가 당신에게 이해시키고 싶은 것은 그것이 아닙니다."

위에서 들려오는 친절한 루이즈의 목소리는 평정을 잃고 있었다.

"지하수층은 15미터 정도에서 시작됩니다. 당신이 말씀하셨듯이, 이렇게 짧은 뿌리가 어떻게 지하수를 빨아들일 수 있을까요? 자, 이제 올라오셔도 좋습니다."

땅 위로 다시 돌아와서 내가 토론을 벌였을까? 하지만 나는 그럴 여유가 없었다. 이미 나의 유칼립투스학 교수님은 나를 다음 강의 장소로 끌고 갔다.

세 번째 강의

"저기 돛대 끝에 있는 남자는 무슨 일을 하고 있는지 짐작하시겠습니까?"

나는 하늘을 향해 고개를 들어보았다.

나무 꼭대기, 다시 말해 땅에서 30 내지 35미터 정도 되는 지점에 있는 작은 공간의 윤곽이 보였다.

"올라가고 싶으세요?"

나는 현기증이 났다. 그리고 공포에 몸을 떨었다. 루이즈가 미소를 지었다.

"저는 등산가는 철학자라고 생각합니다. 저 사람은 지금 증발량을 측정하고 있습니다. 제가 당신에게 연구 결과를 보내드리겠습니다. 이 연구는 유칼립투스가 다른 나무들에 비해 물을 더 많이 소비하지 않는다는 것을 증명하기 위한 연구입니다. 그리고 나무 농장에 비가 내리면 임관[153]에서 상당한 양의 물을 머물게 되는 천연 숲에 비해 훨씬 더 많은 양의 물이 농장의 땅에 도달하게 됩니다. 뿐만 아니라 1킬로그램의 나무를 생산하기 위해 유칼립투스가 0.43입방미터의 물을 소비하고 있다는 것을 아십니까? 1킬로미터의 옥수수의 경우에는 1입방미터, 콩의 경우에는 1.65입방미터, 닭고기의 경우에는 3.5입방미터, 쇠고기의 경우에는 15입방미터의 물이 필요한데 말입니다."

---

153 수림 위층의 전체적인 생김새

누구도 그의 강의를 멈추게 할 수가 없었을 것이다. 그리고 지칠 대로 지친 나는 아무런 조건 없이 완전히 항복한다는 서명을 할 준비가 되어 있었다. 그렇다, 내가 잘못했다. 네, 나는 유칼립투스가 가장 생산적인 나무인 동시에 가장 존중받아야하는 나무라는 사실을 인정합니다. 나는 파렴치한 잘못을 저질렀다는 유칼립투스의 오명을 씻어주기 위해 모든 사람들 앞에서 유칼립투스를 변론하겠다는 약속을 했다.

나는 새로운 친구들 속에서 약간의 시간을 더 보내고 싶었다. 우리는 산책을 했다. 선을 좋아하는 내가 보기에도 너무 많은 선들이 눈앞에 펼쳐졌다. 여러 개의 긴 지평선들, 각 구획을 나누는 선이 날아오를 듯이 높이 솟은 나무줄기가 만들어내는 선과 서로 교차하고 있었다.

마른 잎이 우리 발밑에서 바스락거렸다. 루이즈는 소위 뱀을 겁주겠다는 명목으로 나보다 앞장 서서 걸었다. 나는 루이즈를 즐겁게 해주기 위해서 겁을 먹은 척 가장했다. 하지만 내 발 아래에는 그다지 많은 생명이 살고 있는 것 같지는 않았다. 가끔씩 새소리가 들려올 뿐이었다.

불쌍한 루이즈! 그를 화나게 하지 않고 내가 그를 속였다는 사실을 어떻게 알릴까? 하지만 그는 나의 열정이 부족한 탓이라고 생각할 것이다. 요약하고 결론지을 줄 아는 좋은 교사로서 루이즈는 나를 마지막 만찬에 초대하기 위해서 기다리고 있었다.

"나는 내가 실패했다는 사실을 알고 있습니다. 당신은 여전히 유칼립투스가 토양을 황폐하게 만들고 있다고 믿고 있습니다. 나는 그 반대의 결론에 도달한 모든 논문들을 당신에게 제시하겠습니다. 하지만 그것을 당신이 믿을까요. 일단 당신의 양식에 기대해보겠습니다. 데카르트 이후로 모든 프랑스인들이 이성을 가지고 있다는 사실을 세상 모든 사람들이 알게 되었으니까요. 우리는 첫번째 나무를 1967년에 심었습니다. 그리고 지금까지 일곱 주기를 돌았습니다. 우리의 나무가 그토록 토양에 해롭다면 우리가 어떤 신비로운 작용에 의해 생산량을 끊임없이 증가시킬 수 있었을까요? 봉 비아젱Bom Viagem[154]!"

그런 다음, 나는 나의 양식으로 가정되는 유일한 동반자와 혼자 남겨졌다.

그다음 날 나는 루이즈로부터 다음과 같은 우편물을 받았다.

"확인 결과 아라크루즈라는 지역 내의 우리 땅에서 살고 있는 새의 종류는 559종에 달합니다. 안녕히!"

결국 이 젊은 남자는 아무것도 포기하지 않았다. 피브리아는 나에게 깊은 인상을 남겼다. 환경이나 지역 사회와의 상호작용을 포함하여 생산 라인 전체를 이처럼 열정적으로 관리하는 완벽한 회사는 자주 찾기 힘들다.

나도 알고 있다. 브라질을 여행할 때마다 매번 비슷하게 감탄하게 된다. 나라 전체에 감도는 경쾌한 흥분에 감탄하게 되는 것이다. 그리고 매번 고통스럽다. 우리의 병든 유럽과의 비교가 나를 점점 더 가슴 아프게 하기 때문이다.

발전을 향해 미친 듯이 달려가는 것은 폭력을 불러올 수밖에 없다. 중국에서처럼 말이다. 물론 중국보다는 훨씬 덜 하겠지만.

내가 머무르는 동안 공화국 의회는 숲에 관한 법률 개정에 대해 논의하는 중이었다. 환경운동가들과 국회의 정당 활동에 재정적인 후원

---

154 여행 잘하세요!

을 아끼지 않았던 기업들 사이에 격한 논쟁이 오갔다. 나는 또 다른 의견을 들어볼 필요가 있었다. 보다 가치 있는 견해를 만들기 위해서 말이다.

나는 WWF의 브라질 사무국과 접촉했다. 이 새로운 숲 협정에 대해 환경운동가들은 노여움을 가라앉히지 않았다. 이것은 모든 불법 벌목업자들을 용서할 뿐만 아니라 앞으로도 이러한 권력 남용에 대해 처벌하지 않겠다는 약속이 포함되어 있다고 했다. 뿐만 아니라 독일, 이탈리아, 오스트리아를 합친 면적에 해당하는 약 7,500헥타르의 보호구역의 면적을 줄이겠다는 내용도 포함되어 있다.

브라질 환경운동가는 내가 피브리아 이야기를 꺼냈을 때 다시 미소를 되찾았다. 내 느낌은 틀리지 않았다. 피브리아는 좋은 관행을 쫓아가고 있었다. 과거의 폭력은 이제 나쁜 추억일 뿐이다. 피브리아는 오늘날 자연 환경과 사회 환경을 진심으로 존중하면서 경제적인 효율성을 높이고 있다. 더구나 피브리아는 New Generation Plantations Project에 적극적으로 개입하고 있다. WWF가 시작한 이 프로그램은 우리가 환경을 파괴하지 않고 다시 심은 숲을 잘 관리할 수 있다는 것을 증명하고 있다.

그란디스 유칼립투스와 우로필라 유칼립투스는 그 정도의 사랑을 받을 가치가 있는 것일까?

유칼립투스에 대한 찬사
혹은 새롭게 얻은 생각들

나는 낭시Nancy를 사랑한다. 스태니슬라스 광장place Stanislas[155] 뿐만 아니라 도시를 에워싸고 있는 호수들의 자유로움 때문에 낭시를 사랑한다. 건축학과에 식물학 과목을 개설한 낭시의 새로 설립된 예술학교 때문에 사랑한다.

소설가를 사람으로 대접하는 시장의 아내인 프랑소와즈 때문에 사랑한다. 그리고 유칼립투스에 대해 너무도 잘못 알려진 지식 때문에 사랑한다.

국립농학연구소는 전 세계적으로 가장 연구가 활발한 연구소 중 하

---

155 낭시에 세워진 광장으로 18세기 건축의 실용적이면서도 화려한 면을 보여준다. 1983년 그 가치를 인정받아 '유네스코 세계유산'으로 지정되었다.

나를 로렌의 중심 도시인 낭시에 설치했다. 이곳에는 토양학자, 다시 말해서 땅을 연구하는 학자인 자크 랑게르Jacques Ranger가 있다. 그리고 숲에 대해 박식한 시라드Cirad[156]의 농학자인 로랑 생 앙드레Laurent Saint-André가 있다그는 곧 셋째 아이의 아빠가 된다. 그는 나에게 먼저 양해를 구했다. "전화기를 켜놓아도 되겠습니까?".

"첫번째 질문입니다. 첫번째 혐의는 무엇입니까? 유칼립투스가 토양을 척박하게 만들었습니까?"

"말도 안 됩니다. 유칼립투스가 주로 서식하는 열대 토양은 지구에서 가장 척박한 토양 중 하나입니다. 이 나무는 다른 나무들처럼, 다른 식물들처럼, 다른 생명체들처럼 영양분을 필요로 합니다. 따라서 이 나무는 자신에게 필요한 것을 스스로 찾게 됩니다. 하지만 2년이 지나자 이 나무는 그것을 중단했습니다. 시스템이 작동하기 시작한 것이지요. 우리의 친구는 재활용에 천재적인 능력을 가지고 있습니다. 유칼립투스는 일단 한 번 사용한 영양분을 오래된 기관에서 성장을 계속해야 하는 기관으로 순환하게 합니다. 그리고 자신의 잎을 재활용합니다. 일단 바닥에 떨어져서 분해된 잎은 토양에 받은 것만큼 되돌려주게 됩니다. 콩고에서 유칼립투스나무 농장과 대초원을 비교한 적이 있습니다. 부식토와 유기물질의 양이 유칼립투스가 심어진 지역에서 훨씬 우월한 것으로 나타났습니다."

두 지식인은 나를 비웃었다.

---

156 Centre de coopération internaitonale en recherche agronomique pour le développement, 프랑스 농업개발연구 국제협력센터

"브라질 사람들은 그들의 생산성을 자랑합니다. 그것이 단지 토양이나 품종의 개량 덕분은 아닙니다. 그들이 비료에 대해서는 말하지 않던가요? 그들이 비료를 사용하지 않는 것은 아닙니다. 그렇다면 어떻게 된 일일까요? 토양은 매우 척박합니다. 더구나 비료 가격이 오르고 있습니다. 하지만 천국은 간단하게 만들어졌습니다. 유칼립투스 사이에 아카시아를 심는 것입니다. 이 나무들은 공기 중 질소를 고정[157]시키거든요."

나는 내가 할 수 있는 한 주의를 집중해서 이야기를 들었다. 나는 그의 이야기를 들으면서 모든 것을 이해하고 싶어졌다. 어느 순간 나는 이야기에 흠뻑 빠져들어서 그 밖의 모든 것을 잊고 있었다.

나는 두 지식인들과 함께 몇 시간을 보냈다. 문득 미래의 아버지의 전화기가 생각났다. 현재까지는 전화기가 울리지 않았다. 미래의 엄마를 너무 오랫동안 혼자 내버려두는 것은 말이 되지 않는다.

나는 궁극적인 질문을 던졌다. 내가 가장 좋아하는 물에 대한 질문이다. 유칼립투스는 사람들이 말하는 것만큼 물을 많이 흡수하는가? 나의 지식인들은 새롭게 흥미로워했다. 나에게 다시 한 번 질문을 말하게 하면서 그들은 몹시 미안해했다.

"물에 대한 욕구는 영양분에 대한 욕구와 마찬가지로 자연스러운 것입니다. 많은 목재를 생산하려면 나무는 많은 양의 물을 흡수해야만 합니다. 하지만 떡갈나무가 소비하는 물 이상의 물을 소비하지는 않습니

---

157 질소 고정—지구 대기에 존재하는 질소 가스를 생물학적으로 유용한 형태로 사용할 수 있게 암모니아의 형태로 전환하는 작용

다. 당신은 조사를 통해 우리 지구가 항상 더 많은 종이를 원하고 있다는 사실을 알고 있을 것입니다."

나는 고개를 끄덕였다.

"물론 종이가 나무를 가장 많이 필요로 하는 것은 아닙니다. 당신 입장에서는 어떤지 잘 모르겠지만 나는 산림벌목보다는 나무 농장이 더 낫다고 생각합니다."

자크 랑게르가 나에게 결론을 지어주었다.

"어디에나 유칼립투스를 심을 수 있습니다. 남아프리카는 큰 희생을 치르고 몇 가지 사실을 알게 되었습니다. 우선 유칼립투스를 심을 토양이 비옥해야 합니다. 물론 공간을 고려해야 합니다. 그다지 넓지 않은 면적에 한꺼번에 심어서는 안 됩니다. 공간을 모자이크 식으로 구성해서 관리해야 합니다. 하지만 대부분의 경우에 우리는 나무만 잘못했다고 비난합니다. 나무를 제대로 이해하지 못한 것이지요. 가능한 모든 잘못된 생각을 바꿀 필요가 있습니다. 모든 사실을 고려해볼 때……."

지식인은 부드럽게 미소를 지으며 나를 쳐다보았다.

"모든 사실을 고려해볼 때 유칼립투스는 가장 사랑스러운 식물입니다."

종이 접기에 대한 경의

나는 아시아에서 여행을 시작했다. 따라서 나는 아시아에서 여행을 끝내고 싶다. 그 이유를 정확하게 알 수는 없지만 가장 아름다운 이야기들은 둥글게 이어진다고 생각하기 때문이다. 우리를 가슴속 깊이 감동시킨 이야기는 우리를 가장 먼 곳으로 데려간다. 히로시마의 어린 소녀인 사다코이 이야기는 나를 충분히 감동시켰고, 나로 하여금 전문적으로 종이 접기를 하는 사람들인 오리가미스트에 대해 더 알고 싶게 만들었다. 나는 우선 일본어에서 유래된 이 단어에 대해 알고 싶었다. 오리는 '접다'를 뜻하고, 가미는 '종이'를 뜻한다.

그런 다음 나는 프랑스 국립 장식미술학교l'École nationale supérieure des arts décoratifs 출신의 장 클로드 코레이아Jean-Claude Correia 라는 사람이 1978년에 설립한 프랑스 종기 접기 운동이 존재한다는 사실을 알게 되었다. 나는 연락을 했다(01 43 43 01 69). 약속이 정해졌다. 알렝 조르조 Alain Georgeot가 자신을 소개했다. 그는 오렐르 뒤다Aurèle Duda와 동행 했다. 내가 지금까지 만나본 사람들 가장 시적인 분위기의 두 사람이 었다. 알렝 조르조는 파리 조페국Monnaie de Paris에서 최근에 은퇴했다. 오렐르 뒤다는 젊고 똑똑한 예술가였다.

그들은 나에게 선물산타 할아버지와 코끼리였다. 둘 다 종이접기로 만든 것이었는데, 뚱뚱한 동물은 지하철 티켓으로 만든 것이었다을 주면서, 나를 루이스 캐롤Lewis Carroll(그 역시 종이접기를 즐겨했다)이 좋아했을 세계로 데리고 갔다.

종이접기는 생명의 신호이다. 지구가 깨어났을 때 계곡이 있었고 산이 있었다. 그리고 공간이 확장되었다. 종이접기는 철학이다. 어려 운 텍스트를 좋아하는 모든 비전문가들에게 나는 그들이 라이프니츠 Leibniz[158]에 대해 논할 때 질 들뢰즈Gilles Deleuze[159]를 읽으라고 충고한다.

종이 접기는 교육이다. 위대한 교수법의 창시자이며 '어린이의 정 원'[160]을 만든 프리드리히 프뢰벨Friedrich Fröbel(1782~1852)에 대해 아는가? 그는 어린아이들에게 종이 접기는 기하학을 배울 수 있는 첫걸음이라 고 말했다. 종이접기는 수학적인 활동이기 때문이다. 연속된 형태를 즐 기면서 감성적으로 잠재된 형태를 찾아낸 이 분야의 대가들은 많다.

종이접기는 놀이와 오락이지만 모든 종류의 '진지한' 활동에도 유용 한 효과를 끼치는 것으로 나타났다. 때때로 사람들은 종이비행기 접기

158　(1646~1716) 독일의 철학자, 수학자
159　(1925~95) 프랑스 철학자로 후기 구조주의 대표
160　유치원

세계 선수권 대회를 개최하곤 한다. 보잉Boeing과 에어버스Airbus의 기술
자들은 이런 행사에 초대되어 종종 의외의 발견을 하기도 한다. 그런
발견은 실제 비행기의 양력을 개선하는 데 이용되기도 한다.

종이접기는 도덕이자 영적인 훈련이다. 종이접기를 완성하려면 아주
정확하게 한 단계 한 단계 따라가야 한다. 그리고 단순한 종이 한 장으
로 풀이나 다른 보조수단도 없이 황소, 장미, 돈키호테, 자화상 등을 만
들어내려면 무수히 많은 단계가 필요하다. 종이접기는 춤이다. 사람들
이 손가락 끝으로 추는 춤이다. 종이접기는 또한 음악과 닮아 있다. 왜
냐하면 순서에 따라 모습이 변하면서 끊임없이 새로운 모습을 만들어
내기 때문이다.

결국 종이접기는 무엇보다 예술이다. 도쿄의 종이 박물관에서 열렸
던 아키라 요시자와Akira Yoshizawa(1911~2005)의 전시회를 여러분에게 보여
줄 수 없는 것이 얼마나 안타까운지 모르겠다. 여러분은 다양한 종류의
강아지, 복슬개, 세터, 비종, 불독 등을 나타내는 서른 가지 정도의 작
은 작품들 앞에서 아마 스무 번 정도는 놀랄 것이다. 현실에 대한 놀라
운 관찰력이 만들어낸 기적이다.

나의 새로운 친구인 알렝과 오렐르는 요시자와를 대가 중의 대가
로 인정했다. 그들의 강의에 감사를 표하기 위해 나는 그들을 마자린
Mazarine 도서관에 있는 우리의 작업실인 아카데미 프랑세즈로 데려갔다.

우리가 콩티 가로 나 있는 출입구에 들어서자 누군가가 나를 불렀다.
안내를 맡은 매력적인 부인인 프랑소와즈 고생Françoise Gaussin이었다.

"오르세나 씨, 오르세나 씨! 당신에게 종이접기가 배달되었어요."

색깔을 파는 사람

파리 | 프랑스

파리 시민으로 되돌아왔다는 사실을 실감하기 위해 세느 강변을 따라 산책하는 것보다 더 좋은 것은 없다. 내가 없었다는 사실에 대해 아무런 원망도 하지 않는 도시는 나를 돌아온 탕자처럼 맞이해준다. 그리고 미소 지으면 나에게 물어볼 것이다.

"왜 떠나야 했죠? 당신은 여기 노틀담과 콩코드 지역보다 더 아름다운 장소를 지구의 다른 곳에서 찾기라도 했나요?"

구스타브 세네리에^{Gustave Sennelier}은 화학자이다. 색깔에 매료된 그는 색깔을 만들기로 결심했다.

1887년에 구스타브는 좌안에 순식간에 예술가들의 만남의 장소가 될 가게를 열었다. 주소도 단골손님도 변하지 않았다. 볼테르^{Voltaire} 가 3번지의 문을 밀어보아라. 필요한 것을 구하러 온 모든 나이와 국적의 화가들을 만날 수 있는 길이 펼쳐질 것이다. 그런데 왜 이렇게 일본 제품이 많은 것일까?

2층으로 올라가보자. 파트리스 씨가 기다리고 있다. 어떤 색소를 찾든지 파트리스 씨는 그 색소를 찾아준다. 파트리스 씨의 뒤로 수십 가지의 표본병이 진열되어 있다. 하지만 파트리스가 좋아하는 것은 종이다. 젊은 시절에 그는 전 세계를 돌아다니면서 희귀한 종이들을 찾아냈다. 일본, 중국, 한국, 태국, 부탄, 브라질, 그리고 샤먼이 강력한 약효를 보장했던 종이를 구할 수 있었던 멕시코까지 말이다. 파트리스 씨는 미소를 지었다.

"제가 가진 제품들이 독창적이고 다양하다는 사실은 보장할 수 있습니다. 하지만 같은 제품을 또 구할 수 있을지는 보장할 수 없습니다. 여기 제품들은 모두 장인들의 것입니다. 장인들은 일반적으로 가장 맑은 물이 흐르는 산 속으로 들어가서 작업을 하곤 하죠. 때로 그들은 몇 년 동안 작업을 계속하기도 하지만 때로 아무런 예고 없이 작업을 중단해 버리기도 합니다. 언젠가는 다시 시작하겠지만 말입니다."

내가 파트리스 씨에게 그의 고객들 중 유명한 예술가들 몇 명의 이름만 말해달라고 하자 그가 어깨를 으쓱했다.

"제가 그 이름을 말할 것이라고 진심으로 생각하시는 건가요?"

파트리스 씨는 단지 나에게 자신의 자부심의 근거를 밝히는 데 그쳤다.

"몇몇 고객은 어떤 작품을 만들지 정확한 생각을 가지고 옵니다. 하지만 대부분의 경우에는 종이입니다. 그들의 작품에 영향을 끼치고 암시를 주는 것은 바로 나의 종이죠."

어느 날 1층으로 다시 내려와서 내가 주인에게 스넬리에^{Sennelier}가 제작하고 있는 모든 종이 제품의 카탈로그가 있는지 묻자 그는 나를 멍하니 바라보았다.

"어떻게 그런 것이 있을 수 있겠습니까? 당신은 파트리스를 알고 있습니까? 그렇다면 종이, 2층에 있는 진짜 종이는 예측할 수 없다는 사실을 잘 알고 있을 텐데요."

보르헤스^{Borges}, 케이프 혼 ^{le cap Horn161}, 자크 아탈리^{Jacques Attali}, 그리고 아프리카에 대한 생각

1990년대말 12월의 어느 일요일, 나는 베르트랑 뒤부아^{Bertrand} ^{Dubois 162}의 발타자르^{Balthazar163} 그림이 그려진 범선에 올라타고서 우수아이아^{Ushuaia164}로 출발했다. 우리는 정남쪽으로 가기 전에 비글 해협 ^{canal de Beagle}, 호스테^{Hoste} 섬, 나바리노^{Navarino}, 픽턴^{Picton}, 레녹스^{Lennox}에서 잠시 시간을 보냈다.

한 가지 분명한 생각이 떠올랐다. 내가 왜 현대 문물을 스스로 포

---

161 남아메리카 대륙 최남단에 위치한 곳이다. 칠레의 티에라델푸에고 제도에 위치하며, 지명은 네
　　덜란드의 도시인 호른(horn)에서 유래하였다.
162 1972년 파리 근교 롱주모에서 태어났다. 회화와 데생에 심취하여 시각 예술 정보학교에서 미술
　　교육 과정을 마쳤다. 현재 파리에 살면서 일러스트레이터로 활발히 활동하고 있다.
163 그리스도를 예배하러 온 3박사 중 한 사람이라고 함
164 남미의 최남단 땅끝 도시

기하려고 할까? 그 덕분에 나는 한 권의 책 속에 모든 책들을 담아갈 수 있고, 바람이 심하게 부는 나소^{Nassau} 만을 지나가면서『베레니스 Bérénice』¹⁶⁵를 다시 읽을 수 있고, 케이프 혼을 돌아서 가면서『오디세이 L'Odyssée』에 푹 빠질 수 있다.

이것은 보르헤스^{Borges}의 꿈이기도 했다. '바벨의 도서관^{La Bibliothèque de Babel}' 혹은 무한한 도서관에 대한. 나는 첫 줄을 기억한다. "세계^{다른 사람들은 도서관이라고 부르기도 한다}는 무한 수, 어쩌면 육각형 진열실로 구성되어 있다. [……]"

여행에서 돌아온 후로 나는 나의 큰 형인 자크 아탈리^{Jacques Attali}가 대중에게 전자책을 제공하기 위해 만든 회사인 시탈^{Cytale} 사에 들어 갔다.

나는 몹시도 많은 말을 들었다.

"배신자! 책의 살인자! 네가 어떻게 그럴 수 있어? 문학은 너에게 그 토록 많은 것을 주었는데! 나는 실제로 네가 비열한 인간이며 이윤만 쫓아다닌다는 것을 이미 잘 알고 있었어……."

2년간의 투쟁 끝에, 그리고 전자책이 알려지기 시작할 무렵에 우리 는 파산했다. 시탈의 책 커버는 너무 무겁고 너무 비쌌다. 그리고 우리 는 너무 일찍 시작했다.

하지만 나는, 아니 우리는 언젠가 때가 오리라는 것을 알고 있다. 그 리고 내 마음 속 깊은 곳에 나는 두 가지 다른 꿈, 무한한 도서관에 대 한 꿈을 본뜬 꿈을 가지고 있다.

---

165 프랑스의 비극작가인 장 바티스트 라신(Jean-Baptiste Racine)의 작품

나의 첫번째 꿈은 책 이상의 책을 만드는 것이다. 나는 루이 14세의 정원사인 르노트르Le Nôtre의 일생을 책으로 출간했었다. 시탈에서 우리는 전통적인 독서와 더불어, 그 부분은 굳이 다른 것으로 대체하지 않고 그 시대의 음악, 카드, 그림과 더불어 베르사이유를 산책하는 느낌을 줄 수 있는 책, 종합 예술이고 오페라인 책을 만들고 싶었다.

또 다른 꿈은 출간하거나 재출간하기에는 수익성이 없을 것 같은 원고들이 독자들을 만날 수 있는 기회를 주는 것이다. 무한한 도서관은 존재하지 않는 책들과 경제적인 이유로 종이 책이 될 가능성이 없는 글들까지 담을 수 있어야만 한다.

그로부터 10년이 지났다. 그동안 전자책 단말기, 태블릿 PC, 패드라는 것이 우리를 찾아왔다.

이런 수단들, 다시 말해서 책을 읽거나 이야기를 들려줄 수 있는 수단에 대한 선택의 폭이 넓어지는 것을 누가 안타까워하겠는가?

또 다른 세상이 시작되었다. 그래서 『책 이후에Après le livre』에서 프랑소와즈 봉François Bon은 이 새로운 세상에 대해 말한 것이다. 하지만 하나의 매체나무, 양피지, 돌, 모래, 혹은 종이 등가 되기 이전에 책은 우선은 선택의 대상이다. 가능한 모든 내용들 중에서 한 가지 내용을 담기로 선택해야만 한다. 그러므로 전자책은 책들의 세상이 될 수 있다. 구별되지 않고 마구 쏟아지는 자료들 속에서 익사하게 되는 경우를 제외하고 말이다. 원고가 많아질수록 나는 편집자들의 필요성에 대해 더 생각하게 된다.

우리의 만남이 가상 세계에서 비물질적으로 이루어질수록, 나는 실질적인 만남이 필요하다고 생각한다. 훌륭한 출판업자라면 CD에 담을 수 있는 생동감 넘치는 광경을 책에 담을 수 있을 것이다.

나는 종이 역시 신뢰한다. 우리는 모두 내면에 느림, 침묵, 수집에 대한 욕망을 간직하고 있다. 그런 욕망을 나는 오직 종이만이 채워줄 수 있다고 생각한다. 어쩌면 종이가 무엇보다 물로 만들어졌기 때문일까? 우리 인간들처럼 말이다.

그리고 회의적인 생각이 들 때마다 나는 셰이크 하미두 카네^{Cheikh} Hamidou Kane(1961)¹⁶⁶의 대표작인 『모호한 모험L'Aventure ambiguë』를 다시 읽는다.

"만일 내가 그들에게 새로운 학교에 간다고 말한다면 그들도 우르르 몰려갈 것이다. 그들은 그곳에서 우리가 알지 못했던 나무를 기존의 나무와 연관 짓는 방법을 모두 배우게 될 것이다. 하지만 배우면서 또 잊어버릴 것이다. 그런데 그들이 배우게 되는 것은 그들이 잊어버리게 될 것만큼의 가치가 있을까?"

진보는 늘 모호한 모험이 아니고 무엇일까?

—

166 세네갈 출신의 작가

결론

    18세기에 선원들은 식물학을 좋아했다. 선원들은 먼 나라에 상륙하게 되면 그들의 나라에는 알려지지 않은 품종의 식물을 채집한 뒤 그 식물을 위해 특별히 만든 나무상자에 넣어서 유럽으로 가지고 왔다.

    그런 다음, 그들의 거친 손길이라고는 믿기 힘들 정도로 정성스러운 손길로 식물들을 옮겨 심었다. 그리고 이렇게 해서 만든 정원을 '귀환의 정원'이라고 불렀다. 내가 여행에서 돌아올 때마다 나는 스스로 묻곤 한다.

    "나는 가장 소중한 무엇을 가지고 왔는가? 나의 정원에 심을 것은 무엇일까?"

    나의 긴 여정에서 나는 우선 이 마법의 소재, 너무도 부드럽고 질기고 모든 용도로 사용가능하고 모든 색깔을 다 받아들이는, 한마디로 말해서 우리의 바람에 어떻게 반응해야 할지는 알지 못하지만 너무도 친절한 이 소재에 대한 사랑이 더 커졌다. 그리고 존경심을 느꼈다. 거기에다 종이와 관련된 직업 중 하나를 수행하고 있는 모든 사람들에 대한 친근감까지 생겼다. 일상적으로 너무도 가까이 지내는 존재나 사물에 대해 우리는 종종 그 유용함이나 그들이 우리에게 베푸는 친절에 대해 잊곤 한다.

    나는 종이가 필요하다는 사실은 잘 알고 있다. 하지만 종이가 지식,

창조, 기억, 신뢰, 건강, 상업에 얼마나 광범위하게 사용되고 있는지에 대해서는 몰랐다. 결국 종이란 무엇인가? 수프이다. 우리가 진열해서 말리는 섬유 수프이다.

이제 제일 먼저 이 수프를 생각해낸 중국인들에게 감사를 표현할 시간이 되었다. 그리고 22세기 동안 이 요리법을 조금씩 소금씩 다듬어온 모든 요리사들에게 감사를 표현한다.

내가 나의 정원에 묻게 될 두 번째 보석은 그 무엇과도 비교할 수 없는 이야기, 종이의 모험여행을 함께했던 아름답고 부드럽고 중요한 모든 이야기들이다. 사마르칸트의 전투에서부터 넝마주이들의 싸움까지, 몽골피에의 모험에서 위조지폐의 왕자인 보자르스키의 이야기까지, 히로시마에서 죽은 어린 소녀를 추모하며 접은 1,000마리의 종이학 역시 잊을 수 없다. 위생 종이의 세계 정복을 위한 간첩 이야기도 마찬가지다.

왜냐하면 가장 아름다운 이야기는 절대로 가장 오래된 이야기가 아니기 때문이다. 그리고 현재의 정복 이야기는 과거의 역사적 사건만큼 가치가 있다. 내가 배운 바에 의하면, 2,000년이 된 이 종이라는 소재는 또한 가장 최신이자 가장 정교한 기술의 분야이다.

길이 준 마지막 선물은 순환이다. 어쩌면 종이가 준 첫번째 교훈인지도 모른다. 어떤 것도 잃어버리는 것이 없고, 어떤 것도 새로 창조되는 것이 없고, 단지 모든 것이 변모할 뿐이라는 세계관을 얻었다. 1750년경에 라부아지에Lavoisier가 이렇게 요약했지만 종이 발명가는 20세기 더 일찍 그것을 경험했다.

늘 더 많은 펄프를 만들기 위해 인도네시아에서 강도들은 원시림을 약탈하고 있다. 하지만 지구 전체 숲의 절반은 오늘날 장기적인 보호에 대한 염려 속에서 지켜지고 관리되고 있다. 그리고 어쨌든 종이를 만들어내는 것은 대부분 종이다. 왜냐하면 모든 종이의 60퍼센트는 재활용되는 또 다른 종이로 만들어지기 때문이다. 진보는 아직 더 이루어져야 한다. 하지만 어떤 산업 분야가 더 낫다고 말할 수 있을까?

* * *

이 순간에 나는 현기증이 난다. 그리고 만일 나, 에릭 오르세나가 종이였다면 어땠을까? 소설적인 창조의 어떤 단계에 있을까? 처음에 제대로 이해하지 못한 상태로 소설가는 수집한 모든 정보들을 분류한다. 자신이 사용하려고 선택하여 저장해두었던 모든 기억들 속에서 말이다.

그런 다음, 반쯤 의식한 상태에서 소설가는 항상 회수한다. 다시 말해서 이 잡동사니들 중에서 거의 비슷한 정보들을 골라서 하나의 덩어리, 즉 이야기의 초안을 만들기 시작한다.

마지막으로 소설가는 재활용한다. 어울리지 않는 요소들을 섞고, 분쇄하고, 결합해서, 하나의 반죽을 만들어낸다. 그리고 이 반죽, 소설의 반죽을 늘어뜨리고 펼쳐놓고 다듬는다.

소설가는 자신도 미처 깨닫지 못하는 제지업자이고 본능적인 재활용가이다. 이처럼, 소설과 종이, 이야기와 그 매체는 같은 속성을 지니고 있다. 따로 떼어놓을 수 없는 것이다. 소설과 종이는 서로의 메아리다. 끊임없이 반응하면서 서로 뒤섞여 있다.

나는 내가 왜 고집 센 사람들 부류, 즉 책을 반드시 연필^{나무와 흑연}로 종이 위에 쓰려고 하는 사람들 부류에 속하는지 잘 알고 있다. 하지만 지식이라는 바다를 항해할 수 있게 해주는 배이자 먼 곳에 있는 사람들과 의사소통할 수 있게 해주는 우체부인 내 컴퓨터를 내가 사랑한다는 것을 신을 알고 계신다. 하지만 만일 내가 진정한 글쓰기를 위해서 컴퓨터를 사용한다면 나는 감히 앞서 말한 종이와 소설 사이의 긴밀한 관계를 단절시켰을 것이라고 확신할 수 있다. 그리고 참을 수 없는 상처와 고독이 뒤따를 것이다.

나는 종종 아프리카와 남아메리카라는 쌍둥이의 고통을 생각해본다. 어떤 힘이 이 쌍둥이들을 갈라놓고 그들 사이에 이미 대양이 흘러들어 왔을 때 그들이 느꼈을 고통을 말이다.

* * *

가방을 내가 살고 있는 뷔토카이^{Butte-aux-Cailles}에 내려놓자마자 나는 다시 떠났다. 그리 먼 곳은 아니었다. 이탈리 광장^{la place d'Italie} 바로 맞은편이었다. 나는 중국에서 내 길을 시작했다. 둥글게 돌고 도는 이야기를 사랑하는 나로서는 중국에서 내 이야기를 끝내고 싶었다.

탕 형제의 대형 식료품점은 파리 한복판에 있는 중국 땅, 중화 제국의 축소판이다. 이브리^{Ivry} 거리를 사프란 색상의 옷을 입은 승려들의 긴 행렬이 다음과 같은 바람을 적은 피켓을 들고 박자를 맞추어 걷고 있다.

부처님 오신 날

인류에 평화를

행렬이 지나가면 신도들은 몸을 구부린 채 각 승려들이 들고 있는 시주 그릇에 봉헌물을 밀어넣었다. 나는 아시아에 있는 듯했다. 나는 이브리 거리 48번지의 안마당으로 들어갔다. 벽보에 두 가지 판촉 할인 제품에 대한 정보가 담겨 있었다.

- 태국산 신선한 리치 한 바구니^{약 3킬로그램}에 8€50
- 향 막대, 10개에 1€

나는 가게 안에서 꽤 오랜 시간 동안 아무런 소득도 없이 물건들로 가득 찬 진열대 사이를 누비고 다녔다. 약간 피곤해진 나는 말린 버섯 선반을 정리하고 있던 키가 작은 부인에게 물었다.

부인은 내게 뭔가를 세 번 반복해서 말해주었다. 부인은 프랑스어를 잘 이해하지 못했으며, 내가 자신에게 찾고 있다고 말한 물건이 프랑스 사람인 나에게 필요할 수도 있는지 더 잘 이해하지 못하는 듯했다.

부인은 결국 출구를 가리키며 나가자마자 왼쪽으로 꺾으라고 말했다. 나는 화가 나서 그 자리를 떠났다. 부인은 콧소리로 네 단어를 말했었다. 왜 내가 전혀 못알아듣는 것처럼 보였을까?

잠시 후 빛을 찾았다. 부인은 '테이블 장식^{arts de la table}'이라고 나에게 말해주고 싶었던 것이다. 그녀가 나를 보낸 곳은 부속 건물의 특별 매장이었다.

내가 가짜 돈과 의식용 옷과 두 개의 집 모형을 발견한 곳은 향 막대기가 쌓여 있는 선반의 제일 꼭대기였다. 모두 종이로 만들어져 있었다. 나는 장 피에르 드레즈Jean-Pierre Drége와 피니스테르에서 나눴던 대화를 떠올렸다.

"중국에서 이런 종이를 어디에 사용합니까?"

내가 그에게 물었다.

"이것을 불태우면 그 연기가 하늘로 올라갑니다. 연기를 통해 살아 있는 사람들은 죽은 사람들과 교류할 수 있다고 믿습니다. 이런 방식으로 죽은 사람들에게 돈, 옷, 집, 심지어 화장품을 보내기도 합니다. 죽은 사람들을 기쁘게 해주고, 너무 오랫동안 죽음의 시간 속에 갇혀 있는 것을 막기 위해서이죠.

"그렇다면 책은 어떤 역할을 합니까?"

"책은 그 반대이죠. 여전히 살아 있든지 이미 죽었든지 아무튼 이 자리에 함께 있지 않는 작가와 우리가 서로 교류할 수 있게 해줍니다."

나의 아버지는 지난 7월에 돌아가셨다. 그래서 나는 탕 형제의 제품들을 구입했다. 나의 아버지가 돈을 쓰는 것을 좋아하시지는 않았지만 가짜 돈. 수줍음이 많으셨던 아버지가 과연 이 옷을 입으실지 모르겠지만 의식용 옷, 그리고 아버지가 이 집에서 사실지 모르겠지만 아무튼 집을 구입했다.

이브리 거리에는 여전히 승려들의 흔적이 남아 있었다. 그들은 이미 더 멀리 가버리고 없었지만 말이다. 나는 종이의 길이 단지 지구 표면에만 흔적을 남겼다고는 생각하지 않는다. 종이의 길은 어쩌면 사라진 분들이 계신 곳까지 이어져 있는지 모른다.

감사의 글

우선 나의 편집자이자 형제인 장 마크 로베르Jean-Marc Roberts에게 감사를 전한다. 그의 믿음이 없었다면 나는 여행을 떠나지 못했을 것이다. 그리고 직접 가서 보지 않았다면 우리의 지구를 어떻게 이해할 수 있었겠는가?

종이는 우리가 생각하는 것보다 훨씬 광범위한 시대와 공간에 걸쳐 있는 복잡하고 다양한 하나의 세계이다. 이러한 세계를 깊이 통찰하기 위해서는 안내자가 필요하다. 대부분의 안내자들은 그들이 없었다면 존재하지도 않았을 이 책에 등장하고 있다. 그들에게 감사를 전한다. 하지만 이 책에 등장하지 않은 안내자들도 있으며 그들 역시 결정적인 역할을 해주었다.

세상의 종이에 대해서라면 프랑스에서 가장 잘 아는 사람 중 한 명인 다니엘 포르제Daniel Forget에게 고마움을 전한다. WWFWorld Wild Life Fund의 프랑스 사무소의 매우 적극적인 활동가인 보리스 파테르트레게르Boris Patertreger에게 고마움을 전한다. 용감하고 능률적으로 일하고 있는 이 NGO비정부기구는 환경, 무엇보다 숲의 다양성을 지키기 위해 애쓰고 있다.

도쿄 주재 프랑스 문화원 직원인 엘렌 켈마흐터Hélène Kelmachter는 일본에 대한 연구에 막대한 도움을 주었다. 피에르 노에Pierre Noé의 브라질에 대한 지식은 나에게 참으로 소중했다. 우리 경제의 보다 균형 잡힌 발전을 위하여 애쓰고 있으며, 과학과 금융이라는 두 가지 분야의 전문가, 마티유 구도Mathieu Goudot. 남달리 호기심이 많아서 가장 엉뚱한 진실을 폭로하는 단서를 잘 찾아내는 기자이자 특파원이자 위대한 여행가, 플로랑스 도나렐Florence Donnarel.

나와 함께 30년 동안 원료 분야에 대한 열정을 함께해온 나의 공모자, 필립 샬맹Philippe Chalmin. 이들 모두에게 감사의 뜻을 전한다.

집요한 눈을 가진 나의 편집팀원들도 빼놓을 수 없다. 나는 그들이 너무도 매정해 보여서 영혼이 없는 사람들인 줄 알았다. 크리스토프 길르맹Christophe Guillemin, 조엘 칼메트Joël Calmettes, 니콜라스Nicolas와 마르틴 필립Martine Philippe. 고맙습니다!

마지막으로 내가 로디아Rhodia 수첩에 3B 연필로 휘갈겨 쓴 글들을 책으로 바꾸어놓는 연금술의 천재인 마리 외젠Marie Eugène이 없었다면 내 책은 어떻게 되었을까? 로디아 수첩과 연필을 만든 회사 역시 감사하다. 로디아 수첩과 연필은 여행하는 내내, 나의 왼쪽 바지 주머니에서 내가 메모하는 순간을 끈기 있게 기다리며 나와 함께했다. 참, 카고 팬츠의 주머니도 최고다!

그리고 펠릭스 르클렉 재단, 특히 나탈리Nathalie에게 감사를 전한다. 그들은 나에게 뗏목 운반 인부들의 노고를 여러분께 알릴 수 있도록 해주었다. 그리고 라튀크의 아들, 위대한 펠릭스에게 애정을 담은 찬사를 다시 한 번 보낸다.

종이에 대한 글을 쓰느라 나는 수많은 종이들을 더럽혔다. 나는 여기
서 내 긴 여정의 길잡이가 되어준 책들에게 고마움을 전하고 싶다. 우
선 반드시 필요한 일곱 권의 책이다.

입문용으로 좋은 책: 갈리마르의 『Découverte』 지식 총서 중 『Le
Papier, Une aventure au quotidien』, Pierre-Marc de Biasi, 1999.

깊이 있는 정보를 생생하게 풀어놓은 책: 『Saga du papier』, Pierre-
Marc de Biasi 및 Karine Douplitzky(Adam Biro-Arte Édition, 2002)

곰곰이 생각해볼 만한 책: Régis Debray가 주관해서 발간하는 내
용이 풍부한 잡지, 《Cahiers de médiologie》 4호(《Pouvoirs du papier》,
Gallimar, 1997). 특히 이 호는 Pierre-Marc de Biasi와 Marc Guillaume
의 주도로 제지산업 기술 협의(Association technique de l'industrie
papetière)의 첫번째 회장인 보리스 비앙(Boris Vian)에 대한 헌정본으로
만들어졌다.

시간을 거스르게 하는 책: Dard Hunter, 『Papermaking: the History
and Technique of an Ancient Craft』, New Your Dover Publication,
1789.

현대식 제지법 입문서: 『Le Papier』, Gérard Martin과 Michel Petit

-Conil(PUF, 1997).

감탄을 불러일으키는 책 : 『D'art et de papier』, Marie-Hélène Reynaud(Textuel, 2008).

열정적인 사색으로 가득한 프랑소와 봉(François Bon)의 『Après le livre』(Le Seuil, 2011)도 빼놓을 수 없다.

이 책들을 통해 얻은 기초 지식을 바탕으로, 그 밖의 다양한 형태 및 다양한 수준의 1,000여 권의 책과 10만여 가지의 간행물들을 참고할 수 있다.

극동지역에 관해서라면 Catherine Despeux와 Jean-Pierre Drège의 모든 글들과 Tomas Francis Carter의 『L'imprimerie en Chine』(Imprimerie national, 2011)을 추천한다. 그리고 고대 유물에 관한 재미난 이야기에 관심이 많다면, Peter Hopkirk의 『Bouddhas et rôdeurs sur la route de la Soie』(Picquier, 1995)를 추천한다.

학술적인 연구 논문이나 전망에 대해 살펴보고 싶다면 종이기술연구소(Centre technique du papier, 그르노블)의 보고서를 참고하라.

제지업체가 많은 나라들에 대한 참고 자료이다. 이미 앞서 언급한 책들에도 유용한 자료들이 충분하다. 다만 몇 가지 덧붙이면 다음과 같다.

• Japon papier, Dominique Buisson, Éditions Pierre Terrail, 1991. 저자인 도미니크는 오리가미에 대한 책들 역시 많이 집필했다.

• Le Papier, H. Briant Le Bot, Minuit. 『Traverses』총서, 1983.

• Les Frères Montgolfier, Marie-Hélène Reynaud, Éditions de

Plein Vent, 1982.

- Des forêt et des hommes, Lynda Dionne와 Georges Pelletier, Les publications du Québec, 1997.
- Pasteur : cahiers d'un savant, Françoise Balibar과 Marie-Laure Prévost 공저 (CNRS Éditions-BNF-Zulma, 1995)
- Le Papier à travers les âges de Gérard Bertolini(L'Harmattan, 1999).
- Les Pieds sur terre, Ellen MacArthur(Glénat, 2011)
- Histoires de papier, Lénaïk Le Duigou, Christel Seidensticker 과 Pierre Schmitt(Éditions Ronald Hirlé, 1993).

재활용 경제 분야의 바이블 : Du rare à l'infini, Panorama mondial des déchets, Philippe Chalmin, Catherine Gaillochet, Economica, 2009.

Alberto Manguel의 지침서 : Une histoire de la lecture, Actes Sud, 『Babel』 총서, 1998(나는 이 책을 2001년에 읽었다).

임관 탐험가인 Francis Hallé이 쓴 나무와 숲에 관한 책은 어떤 것도 빼놓을 수가 없다. 경이로운 지식이 풍부한 동시에 경종을 울리는 책들 이다. 그중 몇 가지만 고르자면 다음과 같다.

- Éloge de la plante(Seuil, 1999)
- Le Radeau des cimes(Seuil, 2000)
- La Condition tropicale(Actes Sud, 2010)
- Du bon usage des arbres(Actes Sud, 2011)